뉴욕 · 뉴저지 지역의 한국학교: 역사 및 현황

Korean Schools in the New York–New Jersey Area:
Their History and Current Status

뉴욕·뉴저지 지역의 한국학교: 역사 및 현황

Korean Schools in the New York–New Jersey Area:
Their History and Current Status

2015년 6월 1일 초판 인쇄
2015년 6월 5일 초판 발행

편저자 | 이광호 · 민병갑 · 박종권 · 오지영
펴낸이 | 이찬규
펴낸곳 | 북코리아
등록번호 | 제03-01240호
주소 | 462-807 경기도 성남시 중원구 사기막골로 45번길 14
　　　 우림라이온스밸리 2차 A동 1007호
전화 | 02-704-7840
팩스 | 02-704-7848
이메일 | sunhaksa@korea.com
홈페이지 | www.북코리아.kr
ISBN | 978-89-6324-421-1 (03300)

값 20,000원

뉴욕·뉴저지 지역의 한국학교: 역사 및 현황

Korean Schools in the New York–New Jersey Area:
Their History and Current Status

이광호 · 민병갑 · 박종권 · 오지영 편저

북코리아

북미한인 도서 시리즈

1965년 새 이민법이 발효된 이래 한국인의 대량 미국 이민이 시작된 지도 벌써 50여 년이 흘렀다. 재미동포의 수는 1970년 약 7만 명에서 2014년 현재 약 200만 명으로 증가했다. 200만 명의 재미동포의 약 45%는 13세 미만의 어린 나이에 미국에 온 1.5세이거나 미국에서 출생한 2세 또는 그 이후 세대에 해당된다. 상당수의 젊은 세대 한인동포는 미국에서 교육을 마치고 미국 직장에서 일하고 있으며, 이들 중에는 다양한 한인단체의 직원 및 이사로 근무하고 있는 이들도 많다. 또한 가정을 이루어 3세 아이들을 키우고 있는 이들도 적지 않다. 한국인의 캐나다로의 이민은 미국보다 약간 늦은 1970년대 말부터 본격적으로 시작되었으나, 캐나다에 거주하는 한국인의 수도 이제 20만 명을 육박하고 있다.

처음에 한국 이민자에 대해 연구를 시작한 학자들은 대부분 1세 이민자들이었으나, 최근에는 1.5세 및 미국 출생 한인동포 연구학자들도 늘어나고 있다. 1세 이민자와 젊은 세대로 구성된 학자들은 벌써 25년 가까이 재미동포의 경험에 대해 활발히 연구해왔다. 현재 재미동포와 관련된 연구로는 140여 편의 서적과 몇백 편의 학술지 논문, 그리고 다른 책에 포함된 글이 출판된 바 있다. 캐나다 거주 한인에 관한 연구는 재미동포 연구보다 10여 년 정도 늦은 1980년대 후반부터 시작되었지만, 지금은 캐나다에서도 연구가 활발히 진행되고 있다. 북미동포에 대한 연구는 앞으로 두 나라의 한인 커뮤니티가 커짐에 따라 더욱 활성화될 것으로 예상된다.

북미에 정착한 동포는 세계 다른 어느 지역에 정착한 동포보다 모국과 밀접한 관계를 유지해왔다. 그뿐만 아니라 북미동포는 다른 지역에 비해 외교적·경제적·문화적·교육적으로, 그리고 한국 상품의 수요자로서 모국을 더 잘 도울 수 있는 위치에 있다. 이에 따라 한국의 정부기관이나 해외동포를 연구하는 학자들은 북미한인들의 경험과 한인 커뮤니티에 대해 크나큰 관심을 보여왔다. 그동안 재미동포에 관한 수백 편의 학술논문이 한국의 사회과학 학술지에 발표되었다. 그러나 이렇게 한국 학술지에 발표된 한국어 논문들은 대부분 미국과 유럽의 영어 학술지에 발표된 영어논문보다 학술적 깊이가 다소 얕은 경향이 있다. 더욱이 한국에서는 재미동포의 경험을 심도 있게 다룬 도서도 쉽게 찾기 어려운 반면, 미국에서 영어로 출판된 재미동포에 관한 140여 권의 도서 중 상당 수는 미국 학계에서 우수도서로 인정받은 것들이다.

인터넷의 발달로 이제는 한국의 연구자들도 미국과 유럽에서 발행되는 영어 학술지의 논문을 쉽게 읽을 수 있다. 그러나 일반적으로는 미국과 유럽에서 출판된 북미동포에 관한 책까지 접하기는 쉽지 않다. 이는 한국의 대학 도서관에 북미동포에 관한 영어도서가 많이 구비되어 있지 않기 때문이다. 가능한 한 많은 사람들에게 사회학적 지식이 유용하게 쓰일 수 있도록 상당한 노력을 해온 열렬한 '대중 사회학자'로서 필자는 북미동포에 관한 정보와 자료가 한국에 충분하게 전달되지 못한 것이 늘 안타까웠다. 이에 북미 거주 학자가 재미동포나 캐나다 동포에 관해 쓴 책을 한국에 보급하는 한 가지 방법은 북미동포의 경험에 관한 책을 전문적으로 출판하는 '북미한인 도서 시리즈'를 한국의 출판사를 통해 만드는 것이라는 결론에 이르렀다. 따라서 해외동포의 경험에 관한 책을 주로 출판해온 북코리아 이찬규 사장님과 그 가망성을 타진하였고, 이 사장님은 필자의 제안을 흔쾌히 받아들였음을 이 책을 통해 알린다. 북미동포의 경험에 큰 관심을 보여주고 필자의 북미한인 도서 시리즈에 관한 제안을 주저 없이 받아준 데에 감사의 마음을 전한다.

　북미한인 도서 시리즈의 편집자로서 이 도서 시리즈가 주로 어떠한 종류의 책을 출판할지에 대해 설명하고자 한다. 먼저, 이 시리즈는 북미 거주 한인의 경험을 검토하거나 조명하는 사회과학 분야의 학술서적이나 적어도 반(半)학술적 서적이 될 것이다. 이 시리즈 도서는 한국의 대학 도서관에 보급하고, 일반 연구자와 정부의 해외동포 정책집행자 및 일반 지성인들에게 보급하는 것을 주목적으로 한다. 그동안 북미의 많은 한인단체는 자기 단체의 역사와 활동을 알리는 보고서를 출판해왔는데, 이러한 보고서 형식의 도서는 사회과학 분야 도서의 구성 및 저술 형식으로 바꾸어야만 이 시리즈를 통해 출판할 수 있다. 그러나 미국과 캐나다 거주 한인들의 경험을 동포 개인의 자전적 서술을 통해 알리기 위해 만들어진 사회과학적 가치가 있는 편저는 이 도서 시리즈에 들어갈 수 있다.

　한국 출판사는 학술서적의 대부분을 한국의 독자에게 보급하기 위해 출판하기 때문에 본 도서 시리즈 또한 대부분 한국어로 출판할 것이다. 그러나 북미에 거주하는 저자 또는 편저자는 본 도서 시리즈로 출판된 책 2백~3백 권을 현지 북미한인 커뮤니티와 학자들에게 공급할 수 있을 것이다. 이 시리즈에는 북미에서 영어로 출판된 아주 우수한 도서의 한국어 번역판도 포함될 수 있을 것이며, 내용상 중요한 도서는 영어와 한국어로 모두 출판해 미국의 한인사회와 한국 양쪽에 모두 보급할 수 있도록 할 것이다. 첫 번째 시리즈 도서도 재미 정치인 및 다른 공공분야에 근무하는 개인들의 이야기로 한국에서뿐만 아니라 재미동포사회의 2세를 포함한 한국인 독자와 한국의 독자들에게 모두 큰 관심사가 될 것 같아 한국어로 번역하지 않은 채 영어 그대로 출판할 수도 있다. 한국어로 번역하기 위해서는 경비가 많이 들기 때문에 영어로 된 책을 출판하는 것이 불가피하다고 생각하기 때문이다.

필자는 본 도서 시리즈를 통해 매년 세 권 정도의 책을 출판할 수 있기를 바란다. 2014년 8월에 뉴욕의 퀸즈대학 안에 설립된 재외한인사회연구소에서 『재미한인사회에 힘을 실어준 한인들』이라는 책을 영어와 한국어로 편집했는데 이것이 북미한인 도서 시리즈의 1호이다. 뉴욕 지역의 한국어 교육과 관련된 네 사람이 편집한 『뉴욕·뉴저지 지역의 한국학교: 역사 및 현황』은 북미한인 도서 시리즈의 2호가 된다. 이 두 도서는 여러 사람이 쓴 자서전적 에세이나 논문을 모아서 편집한 것인데 앞으로 한 저자나 그 이상이 저술한 학술도서 및 반학술도서도 출판할 계획이다. 북미한인 도서 시리즈 3호는 오는 7월에 출판될 예정인데, 그 제목은 『뉴욕 지역에서 한국어를 보급한 한인들의 이야기(Stories of Korean Immigrants Who Have Promoted the Korean Langauge in New York)』이다. 북미한인 도서 시리즈 2호인 본 도서는 이 지역의 한국학교의 역사와 현황을 자세히 밝힌 반면, 출판 예정인 북미한인 도서 시리즈 3호는 미국학교와 주말한국학교에서 한국어를 오래 가르친 한국 이민자들의 개인적 경험을 수필로 진솔하게 서술한 책이다.

앞으로 필자는 미국과 캐나다에서 본 도서 시리즈를 널리 선전하고 바람직한 도서 원고를 찾아내고자 한다. 또한 한국의 학자들도 북미교포의 경험을 다룬 좋은 도서원고가 있으면, 이 시리즈를 통해 출판할 수 있다. 관심 있는 저자나 편저자는 필자의 이메일 pyonggap.min@qc.cuny.edu 또는 사무실(미국 718-997-2810)로 연락하기 바란다.

북미한인 도서 시리즈
편집자 민병갑

감사의 글

　2014년 1월에 이 책 편집을 위해서 가칭 '뉴욕 지역 한국학교 40년사 편찬위원회'를 구성했다. 그리고 40여 년간 뉴욕한국학교를 이끄시고 재미한국학교협의회 및 동북부협의회 탄생에 중추적 역할을 하셨던 한국학교의 '살아있는 역사' 허병렬 선생님께 참여를 요청했다. 하지만 허 선생님은 위원으로 활동하기엔 워낙 연세가 높다며 사양하셨다. 그러나 적극 협조를 약속하셨다.

　편찬위원장에는 동북부협의회 회장을 역임해 지역 한국학교 역사를 훤히 알고 있을 뿐만 아니라 재미한국학교협의회 회장 및 이사장을 성공적으로 역임해 신임을 얻고 평판 높은 이광호 엘리자베스한국학교 교장이 맡기로 했다. 학술위원장에는 뉴욕한인사회를 비롯한 미주한인사회 연구로 명망 높은 민병갑 퀸즈칼리지 석좌교수(사회학)를 위촉했다. 민 교수는 퀸즈칼리지에 재외한인사회연구소를 설립해 각종 연구서적을 발간한 업적이 있어 이번 책자 출간에 학술적 미비점을 보완하는 역할을 맡았다. 자료위원으로는 동북부협의회 수석부회장이며, 더불어 뉴욕지역의 대표적 한국학교인 뉴욕한국학교에서 오랜 기간 근무하고 있는 박종권 뉴욕한국학교 교감이 맡았다. 언론인 출신인 박 교감은 동포사회 관련 책을 출간한 경험이 풍부해 자료수집 및 취재의 역을 맡았다. 그리고 편집위원으로는 당시 동북부협의회 편집임원으로 봉사하고 있는 김혜성 롱아일랜드한국학교 교감이 맡아 수고하다가 후에 오지영 동북부협의회 재무임원이 맡아 끝마쳤다. 오지영 편집위원은 모든 원고를 모아 편집하고 출판사와 네 차례의 교정본을 검토하는 데도 많은 시간을 보냈다. 재외한인사회연구소 김영옥 연구원도 두 차례의 교정본을 검토하기 위해 많은 수고를 했다.

한국의 재외동포재단에서 1만 달러의 재정 지원이 없었으면 이 책의 출판은 불가능했을 것이다. 책 출판을 위한 경비가 절실히 필요할 때 재외동포재단이 재정적으로 지원을 해주어서 깊이 감사드린다. 또한 동포재단으로부터 그랜트를 확보해 재미한국학교 동북부협의회에 이 책의 출판을 권고해주신 박희동 뉴욕교육원장께도 크게 감사드린다. 마지막으로 미비한 원고를 받아 여러 번 교정 작업을 통해 이 책을 비교적 짧은 기간 안에 출판하도록 노력해주신 북코리아 이찬규 사장님과 여러 직원분들께도 감사를 드린다.

편집위원 일동

목차

I

들어가면서

1 서문

이광호

미동북부 지역 내 한국학교의 증가

한국인의 미국이민 역사의 시초는 1903~1905년 사이 약 7,200명의 한국인 노동자가 하와이 사탕수수 재배를 위해서 건너온 때로 거슬러 올라간다. 일본이 한국을 합병한 후에는 한국 독립투사들이 독립운동을 위해 미국에 건너왔으며, 하와이에 정착한 한국인 사탕수수 노동자의 신부로 약 1,000명의 한국여성들이 1924년까지 미국에 추가로 건너왔다. 한인 초기이민자들은 대부분 하와이 및 캘리포니아에 정착했으며 미동부 지역에는 아주 적은 숫자의 한국 독립운동 망명자 및 학생들만이 거주했다. 하지만 1965년 미국의 이민법 개정으로 한국인의 미국이민이 가속화됨에 따라 뉴욕 뉴저지 지역의 한인 커뮤니티가 크게 성장하게 되었다. 1960년대 전반에는 수백 명에 불과하던 뉴욕 뉴저지 주의 한인수가 1980년에는 3만 명 정도로 증가했다.

미국의 다른 지역처럼 뉴욕 뉴저지 지역의 한국 이민자수가 증가함에 따라, 한인 2세들에게 한국어와 한국 문화를 가르쳐 주기 위한 한국학교 수가 한국정부의 도움 없이 자생적으로 늘어나기 시작했다. 1973년에 브롱스의 리버데일에 첫 한국학교가 세워졌지만 사실상 그보다 십여 년 전에 이미 뉴욕 맨해튼에 있는 한인교회에서 한국어 교육이 시작되었다. 1970년대에 뉴욕 뉴저지 지역으로 개신교 위주의 한국인 이민이 가속화됨에 따라 많은 한인교회가 주말한국학교를 세우게 되었다. 1980년대는 한인들의 미국이민 절정기로(연간 3만 명~3만 5천 명), 뉴욕 뉴저지 지역의 한인수가 급격히 증가하여 1990년에는 12만 명이 되었다. 교회 및 다른 한인 종교기관(한국 성당, 사찰)에 세워진 주말한국학교 수 역시 놀라울 정도로 늘어났다. 또한 한인경제인협회나 다른 한인단체도 독립된 한국학교를 세우고 운영해왔다.

2014년 현재 뉴욕 뉴저지 지역(코네티컷 일부 포함)에는 약 25만 명의 동포가 살고 있는데, 총 150개의 한국학교가 있다. 이들 대부분은 토요일 오전에 세 시간 정도 한국어 및 한국 문화, 역사와 관련된 과목들을 가르치고 있으며, 개신교 안에 세운 한국학교의 일부는 금요일 저녁이나 일요일 예배 전후 한 시간 정도 한국어를 가르친다. 이들 한국학교의 80%(약 120개)는 개신교에서 세운 것이고, 나머지 20%(30개)는 타 종교기관이나 독립된 비 종교기관에서 세운 것이다. 뉴욕총영사관 한국교육원이 한국학교 운영비 일부와 교과서를 지원하고 있지만 대부분의 비용은 한국학교를 세운 종교기관 및 비 종교기관 단체에서 충당하고 있으며, 학생들이 내는 수업료도 그 일부를 차지한다.

미국 전역에는 현재 1,000여 개의 한국학교가 있는데, 이 중 어느 학교도 정규 교과과정을 제공하지는 않는다. 앞서 말한 대로 이들 대부분이 토요일이나 주말에 세 시간 미만의 수업을 진행하고 있다. 대부분의 주말 한국학교가 한국어 교육에 두 시간 정도를 할애하며 나머지 한 시간은 한국 문화에 관한 특별활동으로 한국 역사, 서예, 태권도, 사물놀이, 전통무용, 전통음악 등을 가르친다.

미 동북부 지역 내 한국학교협의회의 활동

재미한국학교 지도자들은 한국학교 운영자 및 교사들이 친목을 유지하고 정보를 교환하며 한국어교육에 대한 방법을 개선할 수 있도록 도와주기 위해

1981년에 전국한국학교협의회를 결성했다. 전국한국학교협의회는 두 개로 나누어져 있는데, 하나는 재미한국학교협의회(The National Association for Korean Schools, NAKS)이며, 다른 하나는 미주한국학교연합회(Korean School Association of America, KSAA)이다. 뉴욕 뉴저지 지역은 재미한국학교협의회의 동북부지부에 속하며 1985년에 결성되었다. 우리 동북부지부는 뉴욕총영사관 한국교육원과 밀접한 관계를 가지고 이 지역에 속한 한국학교 교사들의 사기를 북돋아주고, 150여 개의 한국학교 학생들의 뿌리교육을 강화시키려는 노력을 해왔다. 협의회는 한국학교 교사들의 사기진작 및 교육방법 개선을 위한 워크숍을 정기적으로 진행하고 있음은 물론, 어린이예술제, 한영/영한번역대회, SAT II 한국어모의고사 등을 통해 학생들이 한국어 실력을 발휘할 기회를 제공하고 있다. 동시에 회원교에서 주최하는 한국동화구연대회, 한국어글짓기대회, 어린이동요대회, 한국역사문화퀴즈대회, 어린이민속잔치를 후원함으로써 한글, 한국 문화 및 역사를 배우는 데 동기부여를 하고 있다.

이 책에 관하여

　뉴욕지역의 한국인 이민이 본격적으로 시작된 지도 벌써 45년이 되었다. 그러나 이 지역의 한국학교나 동북부 재미한국학교협의회 역사와 활동에 관한 기록은 본 협의회 회보와 한국 신문기사를 통해 기록되어 왔을 뿐, 체계적으로 정리되지 못한 채 토막정보로만 남아 있었다. 따라서 현 시점에서 뉴욕 뉴저지 지역의 한국학교 발전 역사와 한국학교 현황에 관한 기록을 담은 책을 출판하는 것은 아주 중요한 일이다. 이같이 한국학교의 기록을 담은 책은 여러 사람들에게 중요한 자료로 쓰일 수 있다. 첫째로, 이러한 책은 한국학교를 운영하는 교장이나 교사들과 재미한국학교협의회 지도자들에게 도움이 되는 자료를 제공할 수 있다. 둘째로, 한국학교의 역사 및 현황은 동포 이민역사의 중요한 일부분이기 때문에 재미

동포사회 연구에 관한 의미 있는 문헌이 될 수 있다. 셋째로, 해외동포 민족교육을 담당하고 있는 교육원이나 해당 한국정부기관에 중요한 자료로 쓰일 수 있다. 마지막으로 재미동포가 현지에서 2세에게 언어·역사·문화 교육을 어떻게 진행하고 있는가에 관한 정보는 한국에 있는 많은 사람들에게도 큰 관심사가 될 수 있다.

이러한 책을 편집하고 출판하기 위해서는 많은 경비와 상당한 시간이 필요한데 이 두 가지를 모두 충족하기는 힘든 일이다. 때마침 박희동 뉴욕한국교육원장이 2013년 말에 재외동포재단에서 1만 불의 그랜트를 받아서 우리에게 책의 출판을 권고한 것이 중요한 발단이 되었다. 당시 박 원장은 3~4개월 정도의 기간을 예상하고 책의 출판을 권했지만, 각 한국학교로부터 그 학교의 역사와 현황을 정리한 글을 받고 정리해서 책을 출판하는 것은 예상 외로 많은 시간이 걸렸다. 결과적으로 재외동포재단에 사업보고 마감기일을 넘기는 사태가 벌어져 많은 관계자들을 곤혹스럽게 했다. 하지만, 사업의 의미를 감안한 관계자들의 독려와 배려에 힘입어 중도포기 되지 않았다는 사실에 무척 감사하다. 이 작업을 시작한 지일 년 이상이 지나 한국의 북코리아에서 '북미한인도서 시리즈'를 통해 이 책을 출판하게 된 것을 다행스럽게 생각하며, 이 책의 출판을 위해 많은 시간을 할애해 준 편찬위원에게 감사의 말을 전한다. 재미한국학교협의회 동북부지부가 그동안 한국학교의 발전을 위해 여러 가지 행사를 해왔지만, 그 가운데서도 이 책의 출판은 우리 지부의 중요한 사업 중의 하나로 앞으로 널리 기억될 것으로 생각한다.

책을 제작하기 위해 처음에는 역사가 깊고 학생 수가 많은 한국학교를 선정하여 그 책임자들(대부분 교장)에게 2~3개월 안에 각 학교의 역사와 커리큘럼, 특별활동, 재정상태 및 교사 등에 대한 현황을 자세히 써 줄 것을 부탁했다. 그 중 내용이 미흡한 원고는 다시 수정·보완 해 줄 것을 요청하였고, 그 결과 14개 학교로부터 완성된 원고를 받아 다시 많은 편집 작업을 거쳐 이 책에 실을 수 있게 되었다. 이 외에도 5편의 원고가 이 책에 들어있는데, 한국학교 이외의 한국학교협의회나 미국학교의 한국어 프로그램 및 모국어 유지의 중요성에 관한 논문들이다.

이 책의 구성에 대해 간략히 말하면, 1부에는 책에 관한 소개글과 함께 퀸즈 칼리지 사회학 석좌교수 민병갑 박사의 연구논문 '이중언어와 이중문화의 필요성'을 담았다. 이중언어 학생들이 영어만 쓰는 학생보다 학교성적이 높다는 사회학적 연구를 정리하여 소개한다. 그다음부터 본격적으로 이 곳 미동북부 지역 14개 한국어학교에 관한 원고를 크게 네 부분으로 분류하여 소개하였다. 첫째 분류(2부)는 뉴욕 뉴저지 각 지역의 한인 커뮤니티에서 세운 한국학교이다. 이 학교들의 특징은 각 지역의 뜻있는 한국 이민자들이 비영리 단체를 만들어 그 이사진들이 학교 운영 자금을 지원한다는 점이다. 또 종교기관과 관계없는 한국 커뮤니티가 세운 학교이기 때문에, 민족의식이 강하고 한국어뿐 아니라 여러 가지 한국문화 활동 및 한국 축제를 겸하고 있다. 또 교사들 역시 한인 커뮤니티 전체에서 선발되었기 때문에 교육 배경이나 한국어 교육방식 면에서 자격을 갖추고 있는 사람들이 많다.

둘째 분류(3부)로는 두 개의 한인성당과 원불교에서 세운 한국학교를 한 데 모았는데 한국성당과 원불교당 모두 아주 민족적이어서 여기에 세워진 한국학교는 개신교의 한국학교보다 한국의 민족정신을 강조하고 전통문화활동을 더 많이 한다. 예를 들면 성바오로정하상 성당의 한국학교와 원광한국학교는 사물놀이가 대중화되기 오래 전부터 사물놀이팀을 만들어 종교기관 내뿐 아니라 한인사회와 미국사회에서도 자주 사물놀이 공연을 하고 있다. 원광한국학교의 경우 30명 이상으로 구성된 강력한 사물놀이팀(1989년 시작)을 가지고 있는데, 뉴욕 지역의 미국사회 행사에서도 공연을 할 뿐만 아니라, 1997년부터는 뉴욕 전체 한국어린이들을 위한 민속놀이잔치를 시작하여 동포사회에서 우리 문화 전통유지를 위해 큰 공헌을 하고 있다.

셋째 분류(4부)에 포함된 4개교는 모두 한인개신교 교회에 세워진 한국학교라는 공통점이 있다. 타 한국학교와 분류할 수 있는 뚜렷한 특징으로는 개신교회에 세워진 한국학교는 2세들에게 한국어와 문화, 역사를 가르치는 목적 외에도, 비 개신교도들을 한국교회로 인도하는 선교적 목적도 있기 때문에 한국어린이들에게 한국 문화와 한국얼을 넣어주려는 노력에 한계가 있다는 사실이다. 특히 한국 개신교는 복음주의이기 때문에 3·1절 기념일에 삼일절 노래를 부른다든지 만세를 부르는 등의 민족적 행사는 자제하고 있다.

네 번째 분류(5부)로 맨해튼한국학교, 뉴저지 AWCA 입양아한국학교 및 뉴저지 소재 우리한국학교, 코네티컷 소재 뉴헤이븐한국학교를 한 데 묶었는데, 그들 4개교 모두 비 종교기관에 의해 특수한 목적을 가지고 세워진 한국학교라는 공통점이 있다. 맨해튼한국학교는 1983년에 맨해튼을 중심으로 한 뉴욕한인경제인협회가 그 자녀들에게 한국어 및 문화교육을 제공하기 위해 세웠다. 지금은 한인도매상 수가 크게 줄어들고 초기 설립회원들의 연령이 높아짐에 따라 맨해튼의 2세에 대한 한국어 교육의 필요성이 낮아진 반면, 성장한 2세들이 맨해튼 금융회사에서 일을 하고 맨해튼에 거주하기 때문에 3세들의 한국어 교육의 필요성이 늘어났다. 그래서 이 한국학교는 현재 등록한 학생의 상당 비율이 한인 3세 및 국제 결혼한 부부의 한인자녀들이다. AWCA는 아주 중요한 한인복지기관인데, 그 안에 ANGEL(Adoptees Network for Good Education & Leadership) 입양인 한국학교를 세웠다. 이 학교는 2주에 한 번씩 토요일에 만나지만, 입양부모 한 사람이 반드시 같이 참여하는 것을 원칙으로 하고 있으며, 아주 심도 높은 한국문화 체험 교육을 강조하여 입양인들이 한국의 정체성을 유지하도록 하고 있다. 우리한국학교는 한국 상사에서 일하는 주재원(임시체류) 자녀들을 위한 학교이다. 그래서 주재원들이 뉴욕에서 3~4년 체류한 후 귀국할 때 자녀들이 성공적으로 한국에서 적응할 수 있도록 토요일 전일제로 한국의 교사자격증이 있는 교사들이 한국의 교과서를 사용하여 가르친다.

6부에는 한국학교와 더불어 한국어보급 및 발전을 위해 함께 고민하며 협력하고 있는 유관단체들을 소개했다. 재미한국학교 동북부협의회(NAKS-NEC) 연혁 및 SAT II 한국어의 추진배경 및 현황에 대해 이광호 전 재미한국학교협의회 회장이, 그리고 한국어를 미국학교에 보급하기 위해 노력하고 있는 한국어정규과목추진회의 사무총장을 맡고 있는 이선근 박사가 기고했다. 아울러 이정혜 교사가 뉴욕시 퀸즈 플러싱에 있는 동서국제학교의 한국어 프로그램에 관해 소개했다.

2 이중언어와 이중문화의 필요성

민병갑

미국의 두 번의 대량이민시대

1880년부터 1930년까지 약 50년간이 미국역사에서 대량이민시대(the mass migration period)로 알려졌다. 이 시기에 약 2천8백만 명의 이민자들이 미국에 건너왔다. 1880년 이전의 이민자들 거의 대부분이 미국국가를 건설한 서북유럽 출신의 개신교도들이었는 데 반해, 1880년 이후에 미국에 온 이민자들의 대부분은 자본주의의 발전이 늦은 남유럽(이탈리아와 스페인 등)과 동유럽(러시아, 폴란드 및 헝가리 등)에서 온 비 개신교도들(가톨릭, 유태인 및 동방정교도)이었다.

'대량이민시대'에 들어온 비 개신교 이민자들은 처음에 미국 태생의 개신교도들로부터 엄청난 차별을 받고 직업도 미국사회 밑바닥의 막노동에 종사했다. 하지만 그 후손들은 미국사회에 빨리 동화되어 오늘의 미국 백인사회를 형성하고 있다. 그 당시 미국에 이민 온 민족 중 민족문화 전통유지와 자신의 커뮤니티를 유지하기 위해 무한한 노력을 한 유태인 민족을 제외한 타 백인민족 모두 미국사회에 동화되어 오늘날 그 후손의 80%이상이 타 민족과 결혼해 3,4,5세대가 된 그 후손들은 거의 모두 민족정체성을 잃었다.

1930년대의 경제공황 시기와 1945년대 전반의 2차대전 시기에는 미국이민이 가장 적은 시기였다. 2차대전 이후 미국과 유럽의 경제가 점차 호전되면서 미국은 많은 이민자가 필요해졌다. 유럽국가들도 전후 경제가 복구되어 유럽인들의 미국이민을 꺼리자 미의회는 1965년에 유럽의 백인 위주로 제정된 인종차별적 이민법을 철폐하고 세계 모든 국가에 미국이민의 기회를 공평하게 주었다. 이 새 이민법의 발효는 제3세계, 특히 세계인구가 집중되어 있는 아시아 국가와 남미국가로부터의 대량이민을 초래하게 되었다. 미국의 이민을 연구하는 학자들은 1970년대부터 미국이 '제2의 대량이민시대'를 연 것으로 보고 있는데, 이러한 2기 대량이민시대는 거의 끝이 없이 계속될 것으로 예상되고 있다.

두 번의 대량이민시대에 온 이민자들의 미국사회 적응의 차이점

오늘날 제2의 대량이민시대에 주축이 되는 아시아계, 남미계 및 카리비아 연안의 흑인이민자들은 전체 미국이민자의 약 80%를 차지하고 있으며, 앞으로 이 세 소수인종의 비율은 계속 늘어날 전망이다. 오늘의 이민민족은 인종적으로 미국의 주류를 이루는 백인과 다르기 때문에 인종차별을 받을 수 있다.

이 외에도 오늘의 새 이민민족은 그들의 미국사회 적응 면에서 19세기 백인 이민민족과는 크게 다른 점이 두 가지 있다.

첫째로, 과거에는 미국정부가 동화주의 정책을 써서 이민자와 그 자손들이 미국문화와 사회에 빨리 동화되도록 만들었는 데 반해, 오늘날의 미국정부의 기본정책은 다문화주의로, 모든 이민민족이 자기 문화전통을 유지할 수 있도록 공립학교 교육제도와 커뮤니티 활동에서 다원성을 강조하고 있다. 영어가 서툰 이민자녀들은 이중언어를 통해 수업을 받을 수 있게 하며, 이민학생들의 문화역사를 반영하는 과목들이 많이 늘어났다. 또한 학부형이나 병원환자, 공공기관 이용자들을 위한 이중언어 서비스도 확장되었다. 이러한 미국정부의 정책전환은 이민자와 그 자녀들의 미국사회 적응을 쉽게 하고 있으며 이민민족이 자신의 문화전통을 유지하면서 긍지를 가지고 미국에 사는 것을 쉽게 만들었다. 이것은 이민자들에게는 아주 다행스러운 일이 아닐 수 없다.

둘째로, 오늘날 이민자들이 19세기말과 20세기초의 백인 이민민족자들과 크게 다르게 미국생활을 할 수 있게 만든 요소는 항공, 통신, 인터넷 기술의 놀라운 발전으로 이민자들이 모국과 초국가적 관계(Transnationalism)를 유지하면서 살 수 있게 되었다는 사실이다. 과거의 백인이민자들은 미국에서 본국을 방문하는 것이 아주 힘든 일이었으며 전화를 통해 소식을 전하는 것도 쉽지 않았다. 하지만 오늘 한국이민자나 타 이민자들은 본국을 자주 여행할 수 있으며, 본국에 있는 친척이나 친구와 전화통화는 물론 화상통화를 쉽게 할 수 있다. 뉴욕 거주 한국유학생들은 한국에 있는 부모, 형제들과 일주일에 몇 번씩 통화를 하고 있으며, 또한 발달된 대중매체로 인해 오늘의 이민자들은 매일 TV를 통해 본국의 음악프로그램이나 연속극을 볼 수 있다. 과거에 비해 오늘의 이민자들이 이렇게 쉽게 본국과 연결되어 살 수 있는 것이 얼마나 다행스러운 일인지 모른다.

이중언어와 이중문화가 왜 유리한가?

1.5세 및 2세 한인들이 한국어에 익숙하면, 우선 부모세대와 가까운 관계를 유지할 수 있으며, 한인 커뮤니티 자체 내에서 세대 간의 벽과 갈등을 줄일 수 있다. 또한 이들 젊은 세대의 한인들이 한국어와 한국문화를 유지하는 것은, 그들의 민족정체성을 유지하는 데 절대적으로 필요한 요소가 된다. 미국 출생 한국인과 타 아시아계 2세는 영어와 매너 측면에서 완전한 미국인처럼 행동을 해도, 색깔의 차이 때문에 계속 백인으로부터 어느 정도의 인종 차별을 받게 된다. 캐나다 토론토대학교 사뮤엘 노의 연구 결과에 의하면, 민족정체성이 강한 캐나다의 2세 한인들은 인종차별을 받아도 스트레스를 덜 받고 자신 있게 행동한다고 한다. 반대로, 민족정체성이 약한 한인들은 백인들로부터 차별을 받을 때 스트레스를 더 받으며 좌절한다고 한다(Noh et al. 2014).

　　일부 한국 이민자들은 2세 자녀들이 한국어에 익숙해서 이중언어 배경을 가지면 한국 가족이나 한인 커뮤니티 안에서는 유리하지만 미국 학교에서의 학업이나 미국 사회 진출을 위해서는 불리하거나 별로 도움이 안 된다고 생각하고 있을지 모른다. 하지만 연구 결과는, 이중언어와 이중문화 배경을 가지고 있거나 민족 정체성이 강한 2세 학생들이 영어만 하는 2세 학생들보다 학교 성적이 더 높다는 결과를 보여준다. 19세기말과 20세기에 미국에 이민온 백인들의 자녀에 관한 연구결과는 본국의 문화전통을 잊고 미국에 빨리 동화된 아이들이 학교성적이 높았다. 이 결과는 미국정부와 학교가 이민자녀들을 빨리 미국사회에 동화시키기를 원했기 때문에 일어난 당연한 결과였다. 하지만 최근에 연구된 결과에 의하면 20세기말에 이민온 아시안과 라틴계 이민자들의 자녀들은 모국어와 영어에 능통한 이중언어 학생들이 영어만 쓰는 학생들보다 성적이 더 높게 나왔다.

　　모국어 유지가 학교 성적에 긍정적 영향을 끼친다는 사실을 가장 체계적으로 보여 준 저서는 민조우(Min Zhou)와 칼 뱅스톤(Carl Bankston, Jr.)이 공동으로 집필한 『미국인으로 성장: 베트남계 어린이들이 어떻게 미국 생활에 적응하는가? (*Growing Up American: How Vietnamese Children Adapt to Life in the United States*)』이다. 이 책은 뉴올리언스의 한 저소득층 흑인 지역 고교에 재학 중인 베트남계 학생들을 대상으로 한 설문 조사를 토대로 쓰여졌다.

표 1 ▶ 베트남계 고교생의 모국어 능력과 평균 성적과의 상관 관계(%)

평균 성적	베트남어 읽고 쓰기				
	전혀 못하거나 아주 조금 함	조금 함	어느정도 잘함	아주 잘함	총계
F~D	20.4	3.3	1.0	0.0	4.0 (14)
C	30.6	24.4	12.0	8.2	16.7 (58)
B–	12.1	21.1	12.0	8.3	13.2 (46)
B+	28.6	38.9	50.0	36.7	39.9 (139)
A	8.3	12.3	25.0	46.8	26.2 (91)
총계	100.0 (149)	100.0 (90)	100.0 (100)	100.0 (109)	100.0 (348)

출처: Zhou, Min and Carl Bankston, Jr., 1998, *Growing Up American: How Vietnamese Children Adapt to Life in the United States*, New York: Russell Sage Foundation, p.120.

〈표 1〉은 이 책에 들어 있는 베트남계 고교생의 모국어 능력(읽기와 쓰기)과 그들의 학교 성적과의 상관관계를 나타내는 도표를 약간 변형한 것이다. 베트남어를 아주 잘한다고 한 학생의 거의 반(47%)은 평균 성적 A를 받았고 그들 중 아무도 제일 나쁜 성적인 F~D를 받지 않았다. 반면에 베트남어를 전혀 못하거나 약간 한다고 응답한 학생 중 8%만이 평균 A를 받았으며, 20%나 되는 학생이 F~D 성적을 받았다. 〈표 1〉은 베트남어를 잘하는 학생은 학교 성적이 좋은 반면, 잘 못하는 학생은 학교 성적도 나쁘다는 것을 명확히 보여 준다. 이 책에 제시된 다른 도표들은 베트남 전통 가족 제도를 긍정적으로 생각하거나 베트남인 친구가 많은 베트남 학생일수록 성적이 더 좋고 또 대학에 진학하는 것을 중요하게 생각하고 있다는 것을 보여준다.

루벤 람바트(Ruben Rumbaut) 교수는 1986년과 1988년에 샌디에이고(San Diego) 시 교육국 내의 학교에 재학 중인 이민 자녀 학생들을 상대로 대규모 설문 조사를 실시하였는데, 그의 연구 중 가장 중요한 발견은 모국어와 영어 양쪽에 다

능숙한 학생이 어느 한 쪽에만 능숙한 학생보다 성적이 현저하게 높다는 사실이었다. 〈표 2〉는 그의 저서에 포함된 도표를 변형하여 간결하게 정리한 것인데, 이런 사실을 극명하게 보여준다.

표 2 ▶ 샌디에이고 시 교육국 이민 자녀 학생의 언어 능력별 평균성적(1989년)

출신 지역	평점(GPA)			
	모국어 능숙 / 영어 미숙	영어 능숙 / 모국어 미숙	두 언어에 모두 능숙	전체(총 표본)
동아시아계 (중국, 한국, 일본)	2.86	2.58	3.02	2.78 (1,050)
인도차이나계 (베트남, 라오스, 캄보디아)	2.35	2.72	2.94	2.62 (3,102)
필리핀계	1.94	2.38	2.49	2.41 (3,311)
라틴계	1.74	2.01	1.91	1.91 (15,656)

출처: Rumbaut, Ruben, 1995, "The New Californians: Comparative Research Findings on the Educational Progress of Immigrant Children," In *The California's Children*, edited by Ruben Rumbaut and Wayne Cornelius, San Diego, CA: Center for U.S.–Mexican Studies, University of California at San Diego, p.36.

우선 위 표는 중국·한국·일본계 학생들로 구성된 동아시아 학생이 타 민족 학생들보다 평균 성적이 훨씬 높고, 라틴계는 제일 낮다는 것을 보여준다. 베트남을 포함한 인도차이나계 학생의 성적은 동아시아계 학생보다 낮지만 필리핀계보다 높았다. 백인 학생은 이민 자녀의 비율이 적어서 이 통계에 들어 있지 않지만 필리핀계 학생보다 약간 높은 평점을 보여준다. 이러한 추세는 샌디에이고 지역에만 국한된 것이 아니라 미 전역에서도 비슷한 양상을 보인다.

〈표 2〉에서 더 관심을 끄는 것은 아시아계 학생 중에서 모국어와 영어, 양쪽

언어에 모두 익숙한 학생이 모국어나 영어 중 어느 한 가지에만 능숙한 학생보다 학교 성적이 더 좋다는 사실이다. 영어에만 능숙한 아시아계 학생은 주로 미국 출생자들로, 아이들의 학업과 일류 대학 진학의 중요성을 강조하지 않는 미국 문화의 영향을 더 많이 받아서 1.5세로 구성된 아시아계 이중언어권 학생에 비하여 학업 성적이 떨어진다. 특히 한국계를 포함한 동아시아계 학생은 모국어에 능숙하고 영어에 미숙한, 주로 12세 이후에 미국에 온 이민 학생이 영어권 학생보다 성적이 더 좋은데, 이것은 유교권인 동아시아 국가 출신 이민 학생들이 본국에서부터 강조된 좋은 학업 성적과 일류 대학 진학의 중요성을 강하게 의식하고 공부를 더 열심히 했기 때문인 것으로 해석된다.

미국의 아시아계 학생이 영어만 능숙하게 하고 미국 관습만 잘 익히면 학교에서 공부를 잘할 것 같은데, 왜 이중언어·이중문화권의 학생이 공부를 더 잘하고, 모국어와 모국 문화에 익숙지 않은 미국 출생 학생들이 학업에서 어려움을 겪을까? 이 질문에 대한 답은 오늘날의 미국 청소년 문화에서 쉽게 찾을 수 있다. 오늘날 미국 청소년 문화는 밤에 바깥에 나가 돌아다니는 행아웃(hang out), 데이트, 조기 성 생활, 마약 복용 등 많은 부정적인 면을 가지고 있어서, 아시아계 학생들이 미국 문화에 동화된다는 것은 이러한 부정적 미국 청소년 문화에 동화 된다는 것도 의미한다. 한국 내에서도 이런 부정적 서구 청소년 문화의 영향으로 청소년 문제가 커지고 있다. 한국에서도 청소년들을 건전하게 키우기 위해서 아이들을 서구 문화의 나쁜 면으로부터 보호하여야 되듯이, 미국에서도 아이들에게 동양 문화의 좋은 관습을 심어 주어 이들이 미국의 좋지 않은 청소년 문화에 휩쓸리지 않도록 보호하는 것이 필요하다.

아시아계 이중언어권 학생들이 영어권 학생보다 성적이 좋은 이유는 모국어를 배운 학생들은 그만큼 집에서 부모와 많은 시간을 보내므로 아시아의 문화와 관습을 접할 기회도 많기 때문이다. 아시아 문화 가치관 중에 어른을 존중하는 것과 학교 성적의 중요성을 강조하는 것은 분명히 학교 공부에 도움이 된다. 앞에서 우리는 아시아계 미국 출생자들 중 한국계를 포함한 대부분의 경우, 여자가 남자보다 대학 졸업 비율이 높다는 사실을 알았다. 아시아계 여자들이 교육 수준에서 약간 앞서는 이유도 아시아계 이민자들이 아들보다는 딸을 더 전통적으로 키워 딸들이 밖으로 나돌지 않고 집안에 있게 하여 외부의 나쁜 청소년 문화로부터 보호하였기 때문이다.

람바트 교수의 또 다른 연구에 따르면 미국 출생 학생들은 외국 출생 학생보다 건강도 더 나쁘고 마약 사용률이나 청소년 범죄율도 더 높은데, 이것도 미국 출생 청소년들이 부정적인 청소년 문화에 더 많이 물들기 때문에 일어나는 현상이다. 미국 청소년들은 식습관에서 야채나 과일을 꺼리고 고기나 패스트푸드를 즐기고 물 대신 탄산음료를 많이 마시는 경향이 있는데, 이것이 건강에 해가 된다는 사실을 우리는 잘 알고 있다. 모국의 문화 전통을 지키는 청소년들은 부모와 집에서 식사를 많이 하기 때문에 건강에 해가 되는 음식을 피할 수 있다.

이중언어, 이중문화권 학생들이 영어만 하는 학생보다 학교 공부를 더 잘할 수 있게 기여한 또 다른 요소는 1960년대부터 미국의 교육 제도가 동화주의(Anglo-Conformity) 원칙을 버리고 문화 복수주의(Multiculturalism)로 방향을 크게 전환하였기 때문이다. 과거 동화주의 원칙의 교육 제도는 소수 민족 자녀나 이민 자녀가 자기의 문화 전통을 버리고 백인 문화에 동화하게 만드는 것을 목표로 삼았다. 이와 대조적으로 새로 도입된 문화복수주의 교육은 소수 민족 및 이민 자녀들의 문화, 역사, 언어 배경을 학과목에 반영하고 소수 민족 교사의 채용을 늘려서 소수 민족 학생이 학교에서 소외감을 느끼지 않도록 여러 가지 조치를 취하였다. 따라서 모국어와 모국 문화를 잘 아는 이민 자녀 학생들은 학교에서 자기 민족에 관련된 특기를 효과적으로 살릴 수 있는 기회를 많이 가지게 되었다. 예를 들어 뉴욕시에서만도 여러 고등학교에서 한국어를 외국어로 선택할 수 있기 때문에 한국어를 잘하는 2세 한국 학생은 자신의 외국어 실력을 발휘할 수 있다. 또 이들은 한인교회 및 재미한국학교 동북부지부에서 여는 한국어글짓기, 동화구연 대회, 나의 꿈 말하기 대회, 한영/영한 번역대회 등에도 참가하여 자신의 한국어 실력을 발휘할 수 있다.

이처럼 2세 교포가 한국의 문화 전통을 유지하면 학교에서 성적을 받는 데에 이롭고, 결국 그들의 주류 사회 진출을 돕는다. 또한 이중언어, 이중문화에 익숙한 2세는 학교 공부에만 유리한 것이 아니라 사회에 나가서 직업을 구할 때도 더 좋은 기회를 얻을 수 있다. 우선 지난 20~30년 동안 미국의 많은 대학교가 한국학 프로그램을 개설하여 한국계 교수를 많이 채용하였는데, 한국학 분야에서는 한국인 배경이 분명히 유리하게 작용한다. 그뿐 아니라 미국 대기업도 아시아 관련 부서의 일을 맡기거나 아시아 국가에 있는 지사에 파견하기 위해 종종 아시아계 2세를 선호하는 경향이 있다. 한국어에 능숙한 2세 교포는 미국에 설립된 한국 기업체의 지상사(支商社)에도 근무할 수 있고, 좋은 대우를 받고 한국으로 파견되기도 한다. 세계화 시대인 오늘날 이민 2세들의 이중언어, 이중문화 배경은 그들이 직장을 잡는 데 큰 도움을 준다.

〈참고문헌〉

Noh, Samuel, Illho Kim, and Neha Ahmed. 2014. "Psychological Effects of Discrimination among Korean-Canadian Youth: Role and Salience of Ethnic Identity as a Moderator." In *Second-Generation Korean Experiences in the United States and Canada*, edited by Pyong Gap Min and Samuel Noh. Lanham, MD: Lexington Books.

Rumbaut, Ruben. 1995. "The New Californians: Comparative Research Findings on the Educational Progress of Immigrant Children." In *California's Immigrant Children*, edited by Ruben Rumbaut and Wayne Cornelius, San Diego, CA: Center for U.S.-Mexican Studies, University of California at San Diego.

Zhou, Min and Carl Bankston, Jr. 1998. *Growing Up American: How Vietnamese Children Adopt to Life in the United States*. New York: Russell Sage foundation.

II

자립학교

1 뉴욕한국학교

박종권, 허병렬

들어가면서

뉴욕한국학교 편은 타 학교에 비해 많은 지면이 할애됐다. 이 지역 내 최초의 학교라는 점과 미주한국학교 발전에 기여한 점, 그리고 한국어교육에 이바지한 점 등이 모두 독보적이고 기록할 만한 가치가 있다고 판단되었기 때문이다.

현재 뉴욕 뉴저지 일원에는 1백 50여 개에 달하는 한국학교가 운영되고 있다. 그중 뉴욕한국학교는 미 동부지역 최초의 한국학교로 평가된다. 이 학교가 1973년 개교하기 이전부터 뜻있는 몇몇 한인교회에서 한글교실들을 운영하긴 했다. 하지만 뉴욕한국학교는 학교로서의 체계를 갖춘 첫 학교이다. 아울러 뉴욕한국학교는 '최초'라는 역사성 못지않게 미주한국학교 역사에 중요한 역할을 해왔다. 미주지역 한국학교 지도자들이 모여 현 재미한국학교협의회라는 조직체를 구상(80년)한 곳도 이곳이고, 현 동북부협의회가 창립(85년)된 곳도 뉴욕한국학교이다. 또한 뉴욕한국학교는 종교기관이나 특정단체의 산하기관이 아닌 독립된 학교로서 성장발전하며 '한국학교'의 전형을 제시해 왔다.

뉴욕한국학교가 이런 위상을 확보할 수 있었던 것은 두말할 나위 없이 허병렬 당시 교장의 선구적 역할에서 비롯된다. 그녀의 투철한 전문성과 미래를 보는 혜안, 그리고 한국어교육을 위한 치열함과 열정 등이 당시 한국학교 대표자들에게

영감을 불러 넣었다고 평가된다. 나이 90을 바라보는 그이지만 2015년은 각별하다. 교직 70년을 맞는 해인 까닭이다.

뉴욕한국학교의 역사자료는 거의 대부분 허병렬 개인에게 의존했다. 다행히도 건강하신 데다 기억력도 생생한 편이어서 구술을 듣는데 큰 문제는 없었다. 더구나 개교 초기인 73년부터 문집을 발행했는데 그곳에 학교의 대소사가 수록되어 있어 자료도 잘 정리되어 있는 편이었다. 그리고 70년대 개교 초기 주요행사들은 뉴욕한국일보에 빠짐없이 보도되어 있어 자료 확보에 큰 어려움이 없었다. 그러나 40년이 넘는 세월 속에 쌓인 61권의 문집과 신문기록들을 찾으며 정리해 내는 일은 엄청난 작업이었다. 특히 허 선생님의 기억과 기록이 일치하지 않는 경우가 종종 있어 애를 먹었다. 많은 시간을 소요한 끝에 확인된 것은 역시 기억보다는 기록(문집이나 기사 등)이 사실에 가깝다는 것. 그런 의미에서 이번 편찬 작업도 중요한 가치를 지닌 기록물로 남길 바란다.

개교 이전 한인사회 관련 사료로는『뉴욕한인회 50년사』(뉴욕한인회 발간) 및『대뉴욕한인 100년사』(미주한인 이민 100주년 대뉴욕기념사업회 발간)를 참조했다.

70년대 이전의 뉴욕한인사회

미주 한인 이민사를 1903년 하와이 사탕수수밭 노동이민을 원년으로 삼고는 있지만, 이는 지역적 한계에 그쳤고 또 지속적으로 이루어지지 않아, 미동부 한인 이민사회 형성에는 거의 영향을 미치지 않았다. 뉴욕을 중심으로 한 미동북부지역은 1883년 조선에서 최초로 미국에 파견된 외교사절단, 보빙사 일원으로 미국에 왔던 유길준이 미국에 남아 공부할 것을 결심하여 최초의 한국인 유학생이 된 것을 필두로 많은 유학생들이 거쳐가며 한국의 선각자를 배출한 지역이다. 유학생들이 중심이 되어 '한인회'를 창립한 것이 1921년, 같은 해 창립된 뉴욕한인교회 또한 한인사회의 구심점 역할을 하며 뉴욕의 독립운동본부 역을 수행했다. 유학 물결은 한국전쟁 이후 큰 증가를 보였고 뉴욕한인사회를 형성하는 기틀을 마련했다. 그런 흐름 속에 현재의 '뉴욕한인회'가 1960년에 발족된 것이다. 뉴욕한인회 서상복 초대회장을 비롯한 초기 회장들은 직간접적으로 미국에서 독립운동가로 활동을 해 당시 한인사회는 민족정신, 우리말 교육 등 민족뿌리교육에 지대한 관심을 갖고 있었다.

60년대 후반에 이르러 뉴욕한인사회는 '커뮤니티'로 괄목할 성장을 한다. 서서히 상권, 밀집지역이 형성되어갔다. 곳곳에 한인 종교기관(63년 뉴욕중앙교회, 69년 퀸즈한인교회, 70년 뉴욕장로교회·뉴욕제일장로교회·브롱스한인교회, 71년 브루클린한인교회·뉴저지제일교회, 72년 롱아일랜드교회, 74년 퀸즈한인천주교회, 75년 불교 원각사·뉴저지 에리자베스한인교회)이 들어선 것도 이 시기. 한인사회는 긴밀히 연결되기 시작했다. 이민개혁안이 통과된 것이 1965년. 3년 뒤인 68년에 본격 이민이 개방된다. 1967년 한국일보 뉴욕지사 개점을 계기로 본국판 뉴스가 전달되며 동포언론시대가 개막되었고, 71년부터는 로컬뉴스가 추가되면서 한인사회는 활력을 더해갔고 여러 직능단체가 창립되며 조직화되어갔다. 항일, 애국 등 '조국'을 중심으로 돌아가던 한인사회는 60년대를 기점으로 안정과 정착 그리고 아메리칸드림을 향한 경제적 관심으로 전환한다.

독립된 한국어 교육기관의 필요성 자각

지금도 마찬가지이지만, 당시 동포들은 모이기만 하면 자녀교육에 대한 의견을 교환하였다. 미국 의무교육에만 일임하는 것은 부모의 성의가 부족한 것이다. 우리는 한민족 교육을 첨가해야 할 것이며, 그 방법을 연구해야 한다. 만약 이를 실천하지 못하면 역사의 죄인이 되지 않겠나. 그 방법은 무엇인가? 교회에 한글학교를 열자. 그런데 그것만으로 충분할까. 교회의 한글학교는 1주에 한 번, 교회 예배시간에 한글교실을 여는 것이었다. 당시 뉴욕에는 뉴욕한인교회 부설로 뉴욕한국어학교가 있었다.

허병렬은 뉴욕한인교회에서 1967년부터 1972년까지 한글을 가르쳤다. 뉴욕한인교회의 한국어 교육은 뉴욕한인회 3대 회장인 김형린이 회장에 선출되자마자 '국어쓰기운동'을 펼치며 1962년에 세운 뉴욕한국어학교에서 시작됐다. 허병렬은 그곳과 퀸즈한인교회에서 5년간 한국어 지도를 하며, 다음의 세 가지 한계를 극복하고자 교회 부설이 아닌 독립 한국학교 설립의 꿈을 가지게 되었다.

- 교회 부설 한글학교는 교회의 여러 사업 중의 하나이다.
- 주당 한 시간의 한글학교는 시간적으로 불충분하여, 즉 함량미달의 교육이 자명하다.
- 자녀들에게 한글뿐만 아니라, 뿌리를 일깨울 수 있는 한국역사/문화교육을 해야 한다.

개교 준비

학교 설립에 뜻을 함께한 사람들이 많다. 그중에서도 첫 이사회를 구성, 학교의 틀을 마련해 준 이들로는 김홍준, 정한길, 엄호택 등을 꼽을 수 있다. 법률자문은 손창문 변호사가 법적절차를 밟아줬다. 이사회에서는 무엇보다도 학습장소를 선정하는 게 급선무였다. 지금처럼 한인사회가 밀집지역을 구성하지 않았던 당시에는 한인이 집결하기에 편리한 위치를 선정하는 것이 중요했다. 용커스, 웨체스터를 기점으로 한 뉴욕의 업스테이트 지역, 그리고 퀸즈와 맨해튼 등지에서 모이기 적합한 장소로 브롱스의 리버데일을 선정했다. 마침 그곳에는 1971년 개교한, 당시로선 최신시설을 갖춘 현대식 건물의 존에프케네디고등학교*가 우리를 기다리

고 있었다. 이곳의 강당 또한 훌륭한 음향시설과 조명을 갖추고 있어 이후 동포사
회의 크고 작은 공연행사가 줄을 잇게 된다. 학교가 선정되자 개교준비는 급물살
을 탔다. 교사진을 구성하는 것은 큰 어려움이 없었다. 뉴욕에는 각 분야의 전문
가들이 활동하고 있었고 한국학교 참여에 적극적이었다. 뉴욕은 말 그대로 '인재
의 보고'였다. 전문가들이 자원하고 나서니, 교사채용의 근거를 마련해야 했다. 이
사진들은 교사채용 조건으로 아래의 내용들을 제시했다.

- 매스미디어를 통한 공채
- 각 교과목의 전문 교사
- 교사경력 유경험자 우대
- 한국문화교육에 대한 강한 의지
- 배우자의 이해와 협력

이러한 절차를 거쳐 구성된 초기 교사진은 다음과 같다.

- 한국어: 허병렬(초급), 김혜순(중급)
- 한국노래: 최혜영
- 한국무용: 진수방
- 서예: 석수산
- 태권도: 장진일
- 유치반: 오영주

개교일은 5월 5일로 확정했다. 어떤 이는 학년이 시작하는 가을에 개교를 하
면 될 것을 왜 어정쩡한 5월에 개교를 하는지 궁금해 했다. 그러나 '국어'교육에

---

* 학교이전: 뉴욕한국학교는 존에프케네디고교에서 37년간 있다가 2011년 현재의 인텍아카데미
(In-Tech Academy 2975 TIBBETT AVENUE, BRONX, NY 10463)로 둥지를 옮겼다. 인텍아카데
미는 2000년에 설립된 테크놀로지 특화고교이다.

목말랐던 당시로선, 가을까지 기다릴 수가 없었다. 더구나 5월 5일은 어린이날로 기념되고 있지 않은가. 어린이날은 학교 설립이념과 딱 들어맞는 날이기도 했다.

처음 등록한 학생 수는 20가정에서 온 32명이었다. 주로 웨체스터, 스카스데일, 용커스 그리고 리버데일 인근에서 왔다. 개교식 등 공식행사를 마친 후 체육실에서 두 그룹으로 나누어 한국어 지도방법을 모든 참가자들에게 선보였다. 공개수업 형태로 허병렬이 기초반을, 김혜순이 중급반을 맡아 진행했다. 학부모들은 감개무량한 표정이 역력했다.

개교식 직후 학부모들이 자발적으로 학부모회를 조직하며 적극적인 참여와 협조를 결의했다. 학부모회는 개학 당일 각 부서를 조직할 정도로 열성적이었다. 당시 뉴욕한국학교는 '의사학교'라고까지 불릴 정도로 학부모들 중 상당수가 의사 직업을 갖고 있었다. 학부모회가 공식적으로 학교의 조직으로 편성된 것은 개교일로부터 반 년이 지난 74년 1월 26일이다. 이후 학부모회는 학교의 성장발전에 한 축으로 역할을 하게 된다. 부서는 아래와 같이 구성되어 있다.

- 봉사부: 간식준비, 장소정리
- 규율부: 아동선도, 교사보조
- 교육부: 세미나, 캠프, 취미반
- 재무부: 기금모금, 유지비 마련 등
- 홍보부: 주소록, 소식지 간행

교가

개학 당시에는 교가가 없었다. 3년 후 교가가 정식으로 작곡되고 발표되기 전까지는 전교생이 부를 노래로 「누구하고 노나」를 선정해 불렀다.

'까치 까치 까치는/누구하고 노나/까치 까치 까치는/까치하고/놀지.'

본래는 '꾀꼴 꾀꼴이'로 되어 있는 노랫말을 길조인 까치로 바꿔서 불렀다. 그러나 80년대부터는 노랫말을 바꿔 부른다. '까치하고 놀지'를 '누구하고나 놀자'로 바꾼 것이다. 글자 몇 자를 바꾼 것이지만, 시대의 변화와 교육이념의 변화를 상징하는 사건이라고 허병렬 교장은 설명했다. 그리고 '반성'이라고 표현했다. 다음은 허병렬이 개교 35주년을 맞아 2008년 개교 당시를 회고하며 쓴 글 중 일부이다.

"당시는 한국 사람끼리 모여서 한국식으로 미국에 사는 것이 이상적이라고 보았다. 또 '뭉치면 산다.'라는 말도 생각났다. 한국 학생들을 모아놓고 한국의 자랑스러움을 알려서 자긍심을 가지게 하는 일은 큰 뜻이 있었다. 그러나 '우리는 미국에 살고 있다. 필요한 언어는 영어이다. 한국말을 가르치면 그 말을 어디서 쓰겠으며, 그것 때문에 귀중한 에너지가 분산되고, 학생들의 마음에 갈등이 생긴다.' 등등의 반대를 물리치기 힘들어서 하나의 제안을 하였다. '시험 기간을 가지자. 10년 동안 한국 문화 교육을 실시해 보고 다시 생각하자. 그동안은 찬부의 토론을 자제하자.' 이것이 바로 동포 사회에서 학교 탄생의 기반이 되었다. 그 학교가 35년 동안 자랐다.

〈중략〉

세상과 사람의 마음은 시시각각 변하고 있다. 변화는 영원하다. 한국학교도 변하는 것이 자연스럽다. 학생, 학부모, 교사들이 변하고 있다. 학생은 다양해지고, 한국을 잘 모르는 2세 학부모와 교사들이 늘고 있다. 여기에 따라 교과과정과 교육방법이 변해간다. '까치끼리만 놀자'던 노랫말도 바꿔야 한다. '누구하고나 놀자'로 했다. 친구를 가려서 사귄다면 제한된 자기 자신의 확대를 뜻한다. 무한대로 자기 자신을 확대하고 싶으면 다양한 친구를 사귀는 것이 그 길이다. 한국문화를 지녔다는 자기의 특색을 가지고 친구를 넓게 사귀면서 인류문화에 공헌하는 길이 열려 있다. 이것이 한국학교의 교육 이념이다.”

개교 3년이 지난 76년에 비로소 교가(김혜순 작곡, 허병렬 작사)가 탄생했다.

'상쾌한 이 아침에 동생과 언니와 손을 잡고서 한자리에 모여 웃음속에 우리 한국 배우며 꿈을 키우자 빛~나라 자랑스런 뉴욕한국학교'

가사와 멜로디가 모두 경쾌한 데다가 어린이들도 쉽게 따라 부를 수 있도록 구성되어 있다. 뉴욕한국학교는 모든 공식행사에서 교가를 제창하고 있다.

교육철학

80년대 이후 뉴욕한국학교는 허병렬의 동시(童詩) '같은 지구에서'를 교육이념으로 하고 있다.

까만 눈도 파란 눈도 사과를 보며 책을 읽는다

낮은 코도 높은 코도 향내를 맡으며 푸른 공기를 마신다

까만 머리도 노란 머리도 길게 자라며 바람에 나부낀다

노란 손도 갈색 손도 손가락이 다섯이며 만지면 따뜻하다

노란 마음도 하얀 마음도 갈색 마음도

서로서로 맞닿으면 뜨거운 사랑을 안다

우리들은 자란다 같은 시대에 같은 지구에서.

학교 문집

뉴욕한국학교 문집은 학교의 족보로 존재한다. 학교에 몸담았던 모든 이들의 발자취가 고스란히 기록되어 있고, 학교의 변화 모습이 담겨있기 때문이다.

1973년 개교 첫 학기부터 발행된 문집은 2014년 현재 61호까지 발행됐다. 처음 20년간은 매 학기마다 발행, 즉 1년에 두 번 발행했다. 당시로선 소식지 역할

이 컸던 까닭이다. 하지만 통신의 발달로 소식지로서의 역할이 감소하면서 93년 이후 문집, 학교앨범, 1년을 정리하는 내용 등으로 꾸며져 일 년에 한 번씩 발행되고 있다. 초기엔 어려움이 많았다. 당시는 컴퓨터는커녕 복사기도 없던 시절이었다. 다행히 한글 타자기를 가지고 있는 이가 있어 그 타자기에 매달려 교재도 만들고 문집도 만들었다. 특히 교정을 보고 수정을 하면서 다시 타이프라이터에 맞추는 것은 여간 힘든 일이 아니었다. 그렇게 시작된 문집이 2014년 5월 현재 61호까지 발행됐다. 학교에는 1호부터 최근호까지 단 한 권도 빠짐없이 모두 보관되어 있다. 학교 문집은 단 한 명의 학생도 빠뜨리지 않고 글을 싣는다는 원칙이 있기 때문에 학교를 거쳐간 모든 학생들의 작품과 교사들의 정성과 얼이 녹아 있다. 따라서, 40년간 쌓인 문집은 시대의 변화에 따른 인쇄 및 제본과정, 그리고 내용의 변천을 여실히 보여준다.

창간호 첫머리 글, 개교 후 2개월이 지나 나온 첫 소식지, 학교안내문을 겸하고 있으며, 설문 등을 통해 학부모들의 의견수렴을 하려는 노력이 보인다. 이후 2호부터는 매 학기가 끝나는 시점에 학생들의 작품들을 담아 발행되었고, 93년부터는 매 학년 말에 문집형태로 발행되었다.

[편집 원칙] 문집은 철저히 모든 학교구성원의 참여 원칙이다. 전교생이 참여해야 한다. 교사와 학부모의 글도 싣는다. 이로써 재학생 모두의 이름이 기록됨은 물론, 학생 개개인의 성장과정이 고스란히 담겨진다. 편집 또한 원본 원칙이다. 부득이한 경우를 제외하고는 학생 원고에 손을 대지 않는다. 즉 겉보기 좋은 문집, 잘 쓴 글 모음만이 아닌, 학교공동체 전원의 살아있는 기록을 남기고자 함이다.

학생들의 작품이 표지를 장식하기 시작한 11호(78년 12월)와 개교 5주년 기념 12호의 겉표지 모습(위)
초창기 문집 1~6호 (1973~1975)(아래)

아동연극

　　뉴욕한국학교 연극발표는 미주한인사회 '어린이연극'의 역사라고 해도 과언이 아니다. 이는 어린이연극이 가장 효과적인 한국어 교육의 방법 중 하나라는 허병렬 교장 선생님의 신념에 의해 개교 이래 40여 년간 꾸준히 실천되고 발전되어왔기 때문이다. 한국어교육의 일환으로 실시되는 어린이연극은 매년 학습발표회 또는 교내강당 공연을 통해 발표되고 있으며 이는 학생들의 한국어 실력향상은 물론, 발표력 향상 그리고 재능개발에 큰 도움을 주고 있다고 평가받고 있다. 특히 외부 극장의 큰 무대에서 실시된 연극공연은 학생들에게 평생 못 잊을 추억을 선사함과 더불어 한국문화 이해 및 습득, 한국어 실력향상의 큰 계기를 만들어 왔다. 이러한 교육적 성과를 바탕으로 뉴욕한국학교는 앞으로도 아동연극을 계속 발전시켜가며 한국어교육의 지평을 넓혀 나갈 것임을 분명히 한다.

　　뉴욕한국학교의 연극공연은 재능 있는 아이들만 선별되어 준비되는 여타 공연과는 달리 한국말 대사가 거의 불가능하고 한국문화를 접해볼 기회가 없던 학생들도 참여해 훌륭한 우리말 연극을 완성한다는 데 큰 의미를 갖는다. 해외동포 2세 뿌리교육에 우리말 연극 공연이 얼마나 효과적일 수 있는가를 확인시켜준 결과라고 할 수 있다. 더욱 뜻 깊은 것은 매번 50여 명이 출연하는 공연마다 기획과 연출, 노래지도 및 안무, 의상과 소품, 무대장치 등 일체의 과정이 학생과 학부모 그리고 교사들의 자원봉사에 의해 준비되고 있다는 사실이다. 특히 의상과 소품 같은 경우는 학부모들이 천을 구입하고 재단하며 재봉틀까지 학교로 가져와 옷을 만드는 과정을 통해 학부모들에게도 자연스레 한국문화연구의 기회를 제공하고 있다.

　　뉴욕한국학교는 지난 86년, 맨해튼 Off Broadway Center에서 '흥부전' 공연을 펼친 바 있으며 25주년을 맞은 98년에는 LaGuardia Community College에서 '심청전'을, 그리고 2005년에는 '나무꾼과 선녀'를 뉴욕시 랜드마크로 지정되어 있는 유서 깊은 플러싱 타운홀에서 펼쳐 큰 호평을 받은 바 있다. 그리고 35주년이 되는 2008년에는 네번째 정식 무대공연인 '흥부와 놀부'를 또 다시 플러싱 타운홀에 올려 신명난 고전 한마당을 펼쳤다.

[극장 공연]
1986년 '흥부전' 공연, 맨해튼 오프브로드웨이센터(Off Broadway Center)
1998년 25주년 기념 '심청, 뉴욕에 오다' 공연(LaGuardia Community College)
2005년 '나무꾼과 선녀' 공연, 플러싱 타운홀 (Flushing Town Hall)
2008년 35주년 기념 '흥부와 놀부' 공연, 플러싱 타운홀 (Flushing Town Hall)

1986년 뉴욕한국학교의 아동연극이 처음으로 외부 극장 무대에 올려졌다.
오프브로드웨이센터에서 공연된 '흥부전'

뉴욕한국학교가 1998년 라과디아 커뮤니티칼리지 극장에서 공연한 '심청, 뉴욕에 오다'

학부모반(학부모 평생교육대학)

　　70년대 한국의 국제적 위상은 초라했다. 미국 내에서 소수민족으로서의 한인 위상도 하위권에 머무르던 시절이다. 그런 시절이니 미국에서 자녀를 키우는 부모들이 자녀들에게 한국어와 한국문화를 배우라며 자녀를 이끌어 가기란 쉽지 않았다. 그런 시절에 소중한 토요일을 아이들의 정체성 확립에 투자한 학부모들이니 그 열정을 가늠키는 그리 어려운 일이 아니다. 동서고금을 막론하고 부모의 적극적 학교 참여와 관심은 학교의 성공, 즉 자녀교육의 성공적 결과로 이어진다. 한국에선 한때 '치맛바람'이라 하여 학부모들의 지나친 교육열이 사회문제로까지 대두됐지만, 뉴욕한국학교에서의 학부모 참여는 학부모반의 뜨거운 열기로 나타났다. 자녀들이 학습하는 동안 학부모들도 필요한 지식이나 기능을 배우도록 계획해서 많은 성과를 올리고 있다. 이는 학부모들의 자기개발뿐 아니라, 학부모들이 학교에 적극 참여하며 학부모 간 친목 및 연대를 강화하며, 또한 교사들과도 친밀한 관계를 형성해 학교발전에 크게 일조한 것으로 평가된다.

　　1973년 개교 첫날 공개수업을 참관한 학부모들은 그다음 주부터 학부모반 개설을 희망했다. 처음에는 학부모들끼리 둘러앉아 자기소개 및 자녀교육에 관해

이런저런 이야기를 나누는가 싶더니 서로서로가 각기 다른 전문직을 갖고 있음을 알게 되고, 그것이 모두가 공유할 만한 소중한 자산임을 깨달은 것이다. 이것이 1973년부터 시작된 본교 학부모반이다. 한국전통악기 연주라든가, 한국무용, 한국노래, 서예, 교육세미나, 문예창작, 연극 등 적정 수의 학부모들이 희망하는 과목을 개설했다.

초기 평생교육대학의 프로그램은 다음과 같다.

- 서예
- 꽃꽂이
- 한문
- 기타

- 한국민속학
- 미용체조
- 한국무용
- 사진

- 동양무술
- 정구(연식 테니스)
- 영어

학부모반은 80, 90년대를 지나며 전문적 기관으로 자리 잡았다. 이는 향후 평생교육대학으로 발전해 오늘날까지 지속되고 있다. 학부모들의 참여 열의와 배움에 대한 열성은 대단했다. 일례로 학부모들 중 30년을 넘게 학부모반에 출석하는 이들이 있다. 자녀가 재학할 당시 맛들인 학부모반의 재미를 아이가 졸업한 후에도 이어가고 있는 것이다. 이외 다수의 학부모들도 10년 이상씩 학부모반에 참여하며 함께 인연을 쌓아가고, 인생을 배우며, 문화를 즐기고 있다. 어떤 학부모들은 우스갯소리로 처음엔 아이를 위해 학교에 왔는데, 이젠 자신을 위해 아이를 데리고 오고 있다고 얘기한다. 실제로 자녀가 결석한 날도 학부모는 출석하는 모습을 종종 보게 된다.

뉴욕한국학교 학부모반의 명성이 높아지면서 외부 전문 강사들의 강연도 줄을 이었다. 미국 내에서 자녀를 키우는 데 도움이 되는 교육 강연을 필두로, 미국 및 한국과 관련된 역사, 문화, 철학, 인문학, 시사 등 교양강좌도 열려 인기를 끌었다. 그런데 명성이 생기면서 논란이 일은 적도 있다. 강좌를 빙자한 홍보, 즉 외부단체들이 자신들이 개최하는 행사에 참여를 유도하기 위해 '행사 홍보'를 한다든가, 방문한다든가, 보험인·회계사 같은 상업인들이 생활강좌를 하며, 특정 회사를 소개하는 등의 일이 생기기도 했다. 이후 원칙을 세우고 학부모반의 사전토의와 검증을 통해 강사를 초빙해 오고 있다.

아울러 학부모들의 전시회와 음악발표회도 정기적으로 개최되었다. 이러한 성공적 학부모반 운영은 뉴욕한국학교가 40년을 버텨온 버팀목 역할을 했다고 평가받는다.

최근 운영되는 학부모반은 다음과 같다(학기별로 다를 수 있음).

- 한국무용
- 국악기연주
- 노래교실
- 아동연극
- 서예

- 한국화
- 한국역사
- 문예창작
- 교육상담
- 교육세미나

- 뜨개질
- 외국인 한국어반
- 영어

발자취

[기록으로 보는 뉴욕한국학교]

- 장학금 수여: 65명
- 본교 문집: 61권 발행
- 학교 신문: 2회 발행
- 학습발표회: 70회
- 노래자랑: 30회
- 학생+학부모 작품전시회: 58회
- 졸업식: 37회
- 한글날 기념행사: 40회
- 공개수업 및 상담: 60회
- 가족여름캠프: 3회
- 가족 스키캠프: 1회

- 졸업생 교사 채용: 3명
- 평생교육대학 세미나: 635회
- 소풍: 40회
- 체육회: 40회
- 지역사회봉사:
- 한국학교노래자랑: 1회
- 양로원 위문: 2회
- 머킨스홀 음악회: 1회
- 갤러리 서예전시회: 2회
- 극장 연극공연: 4회
- 코리안퍼레이드: 34회

역대 재직자 명단

교장: 초대 허병렬(1973~2009), 2대 최선경(2009~2014), 3대 유숙희(2014~)

교사: 강병주, 강화자, 고유봉, 고정숙, 고필재, 김혜순, 공영희, 곽경숙, 곽은선, 곽태선, 권지용, 권현주, 김경옥, 김금희, 김난원, 김대엽, 김만옥, 김명수, 김명숙, 김미나, 김병택, 김선희, 김성실, 김수자, 김안순, 김영림, 김영선, 김영숙, 김영순, 김영욱, 김영희, 김원교, 김원아, 김윤아, 김일수, 김재순, 김정혜, 김종란, 김준겸, 김지나, 김지숙, 김창화, 김혜선, 김혜순, 김홍교, 노려, 독고 욱, 문옥경, 박경심, 박민우, 박상겸, 박 아이리스, 박영미, 박영숙, 박용수, 박정선, 박지향, 박진원, 박홍수, 배한영, 백경환, 백명선, 백은주, 백정민, 서경애, 서병선, 서은령, 서차영, 선수산, 선우 문혜, 심영이,

안미숙, 양명희, 염 피터, 오영주, 오은주, 원윤경, 유숙희, 유용숙, 유은숙,
유태훈, 육인원, 윤영주, 윤옥자, 윤태희, 윤호진, 이경숙, 이경동, 이경순,
이경희, 이광실, 이명숙, 이민하, 이병천, 이선옥, 이수자, 이수민, 이숙녀,
이숙재, 이순묵, 이심원, 이영란, 이영렬, 이영연, 이영자, 이원복, 이원희,
이일령, 이전경, 이정자, 이정혜, 이종록, 이종수, 이창봉, 이춘경, 이춘희,
이해경, 이헌철, 이혜수, 이혜옥, 임송자, 임옥자, 임헌정, 장두이, 장지은,
장진일, 장태상, 장한량, 장한욱, 장혜옥, 전부영, 전현수, 정광덕, 정동호,
정명자, 정승은, 정인자, 정재윤, 정행유, 조경숙, 조문혜, 조미경, 조상욱,
조엽자, 조정희, 주한광, 진봉일, 진수방, 진재숙, 차주양, 천세련, 최경훈,
최미선, 최선호, 최숙희, 최월희, 최윤정, 최인환, 최일단, 최진달미,
최 테레사, 최혜영, 한규남, 한상안, 한애순, 한영희, 한혜경, 허영림, 허영은,
홍승혜, 홍원화, 황경옥, 황인주

현직 교사: 유숙희(교장), 박현숙(교감, 행정담당 겸 서예반),

　　　　　박종권(교감, 교과담당 겸임 중급1반),

　　　　　허병렬(초급1), 김은주(초급2), 박수연(초급3),

　　　　　이인신(중급2반 겸 문화), 김수진(고급반), 김영은(무용),

　　　　　염정은(유치반), 이성헌(역사), 이진영(유아반), 최명미(아기방),

　　　　　최지환(북춤), 최필남(동요 및 합창반), 코토 마태(태권도)

이사장: 조일환, 한충희, 한태진, 추재옥, 김영순

이사: 김홍준, 정한길, 엄호택, 김승태, 한기범, 김수재, 박두하, 강경훈, 김귀영,

　　　김건인, 윤종선, 송학린, 변건웅, 추재옥, 정근영, 허문호, 서태석, 한태진,

　　　찰스 허, 임건식, 고근택, 김영순, 김병기, 김지현, 박성남, 박귀영, 서명규,

신현종, 강준모, 송관호, 우난희, 유휘정, 이성진, 정은숙, 최구자, 최수인,

한치남, 허경렬, 허창학, 이지연, 박상우, 조흥연, 한태순, 염 피터, 이충희,

전영재, 찰스 윤, 송규섭, 한현달, 강환유, 유재두, 정국창, 성동현, 안진섭,

다니엘 양, 안진성, 권혁달, 이애숙, 김문호, 에드워드 박, 조디, 라쉬(무순)

현 이사회: 허병렬(이사장), 김수재(재무), 이소영, 황영섭, 조미나, 최민홍, 김용현,

허춘자, 김원자, 김지숙, 전미란, 이미정, 최지은, 임소영, 이수진, 박기숙,

저스틴 이, 캐런, 존슨

학부모회장: 김승태, 이영승, 정근영, 최애숙, 이혜선, 정재옥, 이승만, 이종욱,

김정순, 안선희, 박청병, 임정훈, 백영희, 한태진, 이성진, 유희정,

박경원, 정은숙, 윤용삼, 정여경, 김재옥, 양정남, 임소영, 한은심,

김영순, 홍종웅, 이운학, 현재문, 김진, 서명규, 김미수, 정재옥,

우난희, 한영희, 김명숙, 현재완, 최선경

교과과정

　뉴욕한국학교가 '한글학교'도 아니고 '한국어학교'도 아닌 '한국학교'임을 분명히 해주는 것이 바로 학교의 교과과정이다. 학생들을 당당한 코리안아메리칸으로 배출해내기 위해서는 정체성 확립이 가장 큰 명제다. 모국어로서의 한국어 그리고 음식과 풍속, 찬란한 문화유산을 통한 자부심 고취를 위해 커리큘럼이 구성됐다. 그런 까닭으로 영어라든가 수학, 서양미술, 악기연주 등, 때로는 이사회와 학부모들의 수업개설 요구도 있었지만, 강력한 의지로 배제해 왔다. 학습효과를 높이기 위한 교과과정 연구는 개교 이전부터 시작해 40년이 지난 오늘날까지도 계속 진행형이다. 시대의 변천에 따라 학교 구성원이 빠르게 변화되어 왔기 때문이다. 학생의 배경도 초창기에는 부모 모두가 한국인인 경우가 절대 다수였지만, 세

월이 흐르며 다문화 가정 자녀, 입양아, 그리고 이제는 오로지 한류에 대한 관심으로 학교를 찾는 외국인 학생 등 구성원이 다채롭다. 설사 한인 가정의 자녀라 할지라도 가정에서의 사용언어 배경을 살펴보면, 한국어를 전혀 사용하지 않는 가정, 엄마·아빠 중 한쪽은 한국어가 가능하고 다른 한쪽은 영어만 사용하는 등 다양하다. 한인이민역사가 오래되고, 이민 2세, 3세대를 거치며 학교와 교과과정의 변화를 요구하고 있다.

1. 한국어 교육

뉴욕한국학교 교과과정은 허병렬이 펴낸 한국어 1~6 교과서를 중심으로 구성되어 있다. 교재가 절실하던 시절이었던 만큼 뉴욕한국학교는 허병렬 당시 교장을 중심으로 많은 교사들이 참여해 교재개발에 박차를 가했다. 이외에도 재미한국학교협의회의 교재출판을 주도하며, 1973년부터 2003년까지 8권의 한국어 책을 집필했으며, 3권을 편집해 총 11권을 발간했다. 모국 대한민국의 발전과 더불어 재외동포에 대한 한국정부의 지원이 활기를 띠기 시작한 90년대 이후부터는 교육부를 비롯한 재외동포재단, 재외동포교육진흥재단 등에서 현지 상황에 맞는 교재들이 속속 출간되어 보급되고 있다. 특히 컴퓨터 보급과 인터넷 등이 생활화된 2000년대 이후에는 DVD영상교재를 비롯, 스터디코리안닷넷(studykorean.net) 등을 통한 다양한 교육자료 등이 활용되고 있다.

2. 정체성 교육

한국어 못지않게 중요한 커리큘럼으로 자리잡고 있는 것이 정체성 확립과 관련한 과목들이다. 한국역사, 문화, 동요, 한국무용, 서예는 필수과목으로, 그리고 태권도, 컴퓨터(한글), 민속놀이, 북춤은 선택과목으로 선정해 마지막 수업시간인 4교시에 진행된다. 이외에도 연극, K-팝 등 비정기적으로 학급을 개설해 학생들의 관심을 반영해 오고 있다.

3. 역사교육 시범학교

창립 당시부터 한국역사/문화 교육은 수업시간의 큰 비중을 차지했다. 초등부 저학년에서는 문화를 통해 한국을 배우고, 중등부에서는 역사 속 주요인물의 업적을 통해 민족자긍심을 높이고, 고등부에서는 미주이민사를 포함한 구체적 한국역사를 통해 민족혼을 습득하도록 커리큘럼을 구성했다. 이러한 교육환경에 힘입어 뉴욕한국학교는 2012~13 뉴욕한국교육원으로부터 '우수 역사교육시범학교'로 선정되었다.

4. 졸업 규정

1977년 첫 졸업생을 배출했다. 당시에는 졸업규정이 마땅히 없어 12학년으로 고등학교를 졸업하면, 자연히 한국학교도 졸업하는 방식이었다. 그러나 뉴욕한국학교 졸업장을 받고 싶어 뒤늦게 입학하는 학생이 생기는 등 졸업관리가 필요하게 되었다. 뒤늦게 입학한 경우 한국어 능력은 졸업자격이 되더라도 뉴욕한국학교의 정신, 즉 코리안아메리칸으로서의 정체성 확립이라든가 한국문화에 대한 인식, 한국역사에 대한 기본이 미약했다. 그래서 제시된 것이 '학교 재학 5년 이상' 5년은 다녀야 확고한 정체성을 확립할 수 있고 또한 한국문화의 기본적 소양이 몸에 밸 것이라고 판단한 것이다. 5년 재학 자격조건이 너무 엄격하다는 지적을 받아 2009년부터는 졸업자격을 3년 재학 이상으로 완화했다. 현재의 졸업자격은 3년 이상 재학, 한국어능력검정시험(TOPIK) 4급 이상을 획득한 학생 중 학교장의 인터뷰에서 합격하는 것이다.

5. 유치반

정규학교 1학년에 입학하기 전의 학생들, 즉 4~5세의 아동이 대상이다. 2000년대 들어서부터는 학생들 대다수가 주로 영어권으로 한국어, 한국문화를 처음 접하는 학생들이다. 이는 동포자녀의 경우도 마찬가지. 따라서 커리큘럼은 한국어 기본, 한국문화 소개에 맞춰져 있다.

대상	영어권에 있는 4~5세의 아동		
학습목표	말하기	듣고 인지하기	쓰기
교과과정	1. 노래하기 2. 사물의 이름과 기능을 익히고 　 간단한 문장으로 말하기 3. 자기 소개하기 – 이름과 나이	1. 전래동화 들려주기 　 그림으로 표현하기 　 그린 그림 설명하기 2. 한글 자모음 소리 알기	1. 자기 이름 쓰기 2. 한글 자모음 쓰기 3. 간단한 낱말을 듣고 쓰기

6. 한국어 초급

학습목표	학습과정 (Motivation and Process)
1. "난 알아요!" 학생들은 자신이 알고 있는 내용을 바탕으로 새로운 내용을 발견한다.	"난 알아요!" 란 랩노래(Rap Song) 를 가르쳐준다. 그 노래의 내용은 학생들이 알고있는 지식을 바탕으로 시작해 더 많은 내용을 이해하고 '내 지식'으로 만든다. 교사: 무엇을 알아요? 학생: 내 가족에 대해 알아요. 교사: 가족을 소개해 주세요. 학생: 엄마, 아빠, 할머니, 동생하고 살아요. 교사: 할머님하고 한국어 해요? 학생: 난 김치찌개를 좋아해요. 교사: 어머 어머… 나도 좋아해요. 난 청국장을 좋아해요. 　　　 청국장 먹어봤어요? 학생: 된장찌개는 먹어 봤어요.

2. "여우야, 여우야 뭐하니?" 학생들은 행동을 통해 동사(verb)를 배운다.	"여우야, 여우야 뭐하니?"를 따라서 한다. 교사: 친구들은 무엇을 즐겨요? 학생: 축구하는 것, 수영하는 것, 그림 그리는 것, 노래하는 것, 잠자는 것…. 교사: 그럼 선생님이 "태진아, 태진아 뭐하니?" 하면 　　　"축구한다! 그림 그린다! 수영한다." 하고 대답하세요. 이런 식으로 "여우야, 여우야"를 응용한다. 축구하는 그림도 그리고 수영하는 그림도 그린다. 앞에 나와서 설명과 발표도 한다.
3. "두껍아 두껍아 헌 집 줄게 　　새 집 다오"	질문의 중요성: 교사: 왜 두꺼비는 헌 집을 좋아할까요? 학생: 정말? 왜 헌 집을 좋아할까요? 교사: 친구들은 어떤 집에서 살아요? 안에는 무엇이 있어요? 학생: 우리집은 아파트예요. 소파, 피아노, 책상이 있어요. 학생: 사람도 있어요. 할머니, 강아지, 삼촌….

7. 한국어 중급

학습목표와 학습과정

현재 중급반은 초급반에서 진급한 학생들로 11세부터 14세까지의 나이 분포를 보이고 있다. 학생들의 한국어 실력은 나이만큼이나 격차를 보인다. 실력 차는 나이에 상관없이 초급과정에서의 숙련, 가정에서의 한국어 사용, 부모의 지속적 지도 등 환경에 따라 다르게 나타난다.

중급 1반과 2반의 학습목표는 TOPIK 초급(1급 이상) 합격. 한국어능력검정시험(TOPIK)이 객관적인 측정을 하고 있고 또한 개개인에게 부문별(듣기, 문법, 독해, 쓰기) 언어능력을 분석해 주고 있어 학생평가의 기준으로 삼고 있다. 교재는 한국어6을 기본으로 하며, 일기쓰기를 지속적으로 지도해 문장력 및 맞춤법, 문법을 향상시킨다. 일기쓰기는 1학기 초에는 8문장 정도만을 쓰게 해 부담감 없이 매일 쓰는 습관을 들이며, 그 양을 차차 늘려간다.

2학기에는 한글책 읽기를 중점적으로 지도해, 독해력 향상 및 독후감 등을 통한 에세이 실력 향상을 꾀한다. 5백 권이 넘는 학교도서는 그 수준이 다양하고 재있게 편집되어 있어 학생들이 실력에 맞춰 선택할 수 있도록 자율권을 주고 있다.

8. 한국어 고급

학습목표

고급반은 중급반에서 진급한 학생들로 13세에서 18세까지의 학생들로 구성된다. 고급반 학습목표는 한국어 실력만의 고급이 아니다. 코리안아메리칸으로서 가지는 꿈과 열정과 발걸음이 한국학교를 통해 고급이 되도록 지도한다. 비록 발음이 어눌하고 사용할 수 있는 어휘나 문장의 수준이 높지 않다 하더라도 눈동자가 흔들리지 않고 한국인의 겸손함과 땀과 눈물을 마음으로 이해할 수 있는, 그리고 그 이해함을 실천할 수 있는 코리안아메리칸으로 성장시켜 나가고자 한다.

학습과정

초·중급 과정을 통해 익힌 한국어를 정확하게 구사하고 특별히 영어에는 존재하지 않는 '조사', '높임말 사용', '바른 단위명사 사용', '가족호칭' 등에 중점을 두어 자연스러운 한국어 구사자가 될 수 있는 것에 목표를 둔다. 또한 한국어 능력평가(TOPIK)에 각 수준별로 응시하여 합격할 수 있도록 대비한다. 본교는 졸업자격을 한국어능력평가 4급 이상으로 제한하고 있어 최소한의 한국어능력을 갖추고 졸업할 수 있도록 한다. 2013년 4월에 치러진 TOPIK에 뉴욕한국학교 고급반 응시자 전원이 합격을 이루는 결실을 맺기도 하였다. 한국정부에서 주관하는 공신력 있는 한국어 능력시험인 TOPIK은 학생들에게 자신들의 학업성취도에 대한 도전심도 유도하고 있다. 교실 안에서 교과서를 통해서 문자로 배우는 역사와 문화가 아닌 숨 쉬는 공간에서 배우고 느끼고 생각하는 역사 문화가 될 수 있도록 체험과 현장수업에 중점을 두어 내적인 성장이 이루어질 수 있는 수업이 되는 것에 목표를 둔다. 실제로 2013년에는 NYU 한인학생들이 주축이 되어 추진한 '3·1절 프로젝트'에 직접 참가해 뉴욕 센트럴파크에서 독립선언서를 영어로 낭독하였는데 이 경험이 학생들에게 3·1절을 기억하고 그 의미를 새기는 좋은 기회가 되었다.

한국이 제3세계가 아닌 '나의' 또 다른 나라라고 하는 인식을 심어주기 위해서 한국에서 좋은 활동을 하고 있는 여러 단체들과 직접적으로 소통하며 연결의 끈을 이어주는 것 또한 고급반에서 이루어지고 있는 수업과정 중의 하나이다. 교사가 교과서를 통해서 학생들에게 전해줄 수 있는 것은 한계가 있고 그 범위가 제한적일 수밖에 없다. 고급반 교사는 교과서의 내용을 가르치는 사람의 역할에서 더 나아가서 세상과 학생들을 연결해 주고 세상의 다양한 사람들을 통해서 학생들이 더 넓고 깊이 있게 배우고 생각하고 성장할 수 있도록 디딤돌 역할을 한다. 아울러 학생들을 세상에 소개하는 '창구'가 될 수 있도록 '열린 교실'을 운영한다.

9. 태권도

태권도는 신체의 각 분절을 좌우 균형 있게 구사하도록 짜여져 있으며, 인체 관절의 유연성 및 근력, 근지구력, 민첩성, 순발력을 향상시켜준다. 또한, 태권도는 공격보다는 방어를 우선하는 기술습득 원리로 이는 평화와 공정성을 존중하는 태권도 정신에서 비롯한다. 교육적 관점에서 태권도는 근본적인 자기변화와 혁신을 도모하며, 태권도 수련을 통해서 길러지는 자신감, 집중력, 인내심, 예의, 겸손의 정신은 건전한 자아개념을 형성하여 사회성 발달에 관여한다.

학습과정(반복 연습)
- 1주: 자신의 나쁜 습관을 없애고, 바른 정신을 깨우칠 수 있도록 명상을 한다.
- 2주: 서기, 모아서기, 주춤서기, 학다리서기 등 태권도의 기본 동작을 배운다.
- 3주: 지르기, 찌르기, 치기, 막기 등의 손 기술 동작을 배우며, 심신을 수련하다.
- 4주: 앞차기, 옆차기, 반달차기, 뒤차기, 굴러차기 등의 발 기술 동작을 배운다.

- 5주: 감사형의 기본 동작을 익힌다.
- 6주: 품세(팔괘 1~8장, 태극 1~8장, 고려, 금강, 태백, 평원, 십진, 지태, 천권, 일여 등)
- 7주: 겨루기, 맞춰 겨루기 등을 배운다.

10. 북춤

2011년 한국문화원으로부터 국악장비를 무상임대 받은 것이 북춤반 활성화의 계기를 마련했다. 참가학생 모두에게 북이 지급될 수 있게 되었고, '한류'의 영향으로 학생들 또한 한국전통문화에 대한 관심이 급속히 높아져 북춤반은 선택과목 중 가장 북새통을 이루는 반이다.

수업목표

학생들에게 한국의 전통음악과 장단을 익숙하게 하고 북과 장구 실력을 향상시킴을 목표로 한다. 학생들 각자에게 악기가 제공되며 50분간 진행되는 수업시간에 학생들은 직접 연주하며 실력을 쌓는다. 학년 말에는 공연물 최소 한 작품을 완주할 수 있어야 하며, 각종 행사에 언제든 출연할 수 있는 준비를 갖춘다. 북춤반은 개교기념행사 축하공연, 학습발표회, 졸업식 등 교내행사는 물론 재미한국학교 동북부협의회 주최 예술제 공연 등 외부행사에도 자주 출연하며 뉴욕한국학교의 대표적 공연 예술팀으로 자리매김했다.

2013년도 주요공연 일지

일시 및 장소	행사명	작품	공연물 평가
2013.1.26 뉴욕한국학교	학교 개학식	창작 모둠북 공연 "슈퍼맨의 두드림"	지난해 예술제에 출품한 "슈퍼맨의 두드림" 난타를 공연

2013.5.11 뉴욕한국학교	개교 40주년 기념 축하공연	창작 모둠북 공연 "뉴욕 한국 아리랑"	개교 40주년을 기념하여 새로운 창작 모둠북을 윤도현의 "아리랑"에 맞추어 공연함. 좀 더 다양한 장단과 안무를 추가하여 흥겹고 신명나는 퓨전스타일의 난타공연으로 북과 장구, 소고로 한국의 소리를 만들어냄
2013.5.18 뉴욕장로교회	재미한국학교 동북부협의회 주최 제27회 어린이 예술제	창작 모둠북 공연 "둥둥둥 뉴욕 한국 아리랑"	신나는 록음악으로 편곡된 윤도현의 아리랑을 북 장구, 소고로 연주. 구슬프고 아름다운 우리의 민속음악 아리랑에 한민족의 신명과 흥을 불어 넣어 재생산된 작품. 거기에 뉴욕한국학교 학생과 교사들의 아이디어로 힘찬 북소리와 율동을 더해 재밌고 쉽게 우리 가락을 배우고 익힐 수 있도록 함. 춤과 함께 풀어낸 작품을 통해 농악 연주형태를 배움
2013.6.15 뉴욕한국학교	학습 발표회 및 '코리아 아리랑 유랑단 레디 팀' 방문 기념 공연	창작 모둠북 공연 "뉴욕 한국 아리랑"	무대공연을 통해 농악 기본 가락을 복습하고, 학교를 방문한 '코리아 아리랑 유랑단 레디 팀'의 전문공연을 보고 난 후 우리 학생들의 공연을 답례로 공연함. 유네스코에 등재된 '아리랑'을 더욱 깊게 이해하는 시간이 됨
2013.8.7 뉴욕한국문화원	개교 40주년 기념 뉴욕한국문화원 공연	창작 모둠북 공연 "뉴욕 한국 아리랑"	뉴욕한국학교 개교 40주년을 기념하여 한국학교 최초로 뉴욕한국문화원에서 공연을 함으로써 학생들이 우리 문화 지킴이로서의 자부심을 갖게 되었음
2013.9.14 뉴욕한국학교	개학식	창작 모둠북 공연 "뉴욕 한국 아리랑"	개학식 무대에 '아리랑'을 공연함으로써 다시 한 번 복습하게 됨
2013.10.12 뉴욕한국학교	한국동요작곡가 권길상 선생님과 함께하는 한국문화 한마당	창작 모둠북 공연 "뉴욕 한국 아리랑"	'아빠하고 나하고' 등 한국동요계의 아버지 권길상 선생님께서 뉴욕한국학교 방문을 기념하여 공연함. 한국문화를 이어가고 있는 뉴욕한국학교 학생들임을 확인
2013.12.14 뉴욕한국학교	방학식 및 뉴욕공립 고교 내방 기념공연	창작 모둠북 공연 "뉴욕 한국 아리랑"	한국어와 태권도를 배우는 뉴욕의 public school 고등학생들이 방문하여 서로의 공연을 상호 관람하며 한국문화의 세계화에 대한 길을 넓힘

11. 한국무용

학습목표

전래동요와 국악동요를 통해 한국의 독특한 리듬과 그에 따른 움직임을 익힌다. 오랜 세월 동안 어린이들의 입에서 입으로 불려지면서 전해진 노래를 전래동요(傳來童謠)라고 한다. 누가 지었는지 누가 처음 불렀는지는 알 수 없다. 세상 모든 것이 신비하고 경이롭게 느껴지는 어린 시절, 친구들과 해 저무는 줄 모르고 놀면서 불렀던 동요는 친구들과의 우정을 다져주고 음악적 즉흥력과 리듬, 장단에 대한 감각을 키워주었다. 아이들이 불렀던 노래는 실생활 속에서 보고 느낀 것을 있는 그대로 표현하였을 뿐만 아니라, 무한한 상상력으로 새로운 것에 대해 탐구하게 하고, 공동체적인 삶을 느끼게 해주는 것이었다.

전래동요는 어른으로서는 흉내낼 수 없는 상상력과 때 묻지 않은 순수함, 자연과 생명존중에 대한 생각 들을 담고 있다고 할 수 있다. 전래동요는 우리 아이들이 우리장단·우리소리·우리놀이가 아주 익숙한 아이로 자라게 하기 위한 첫걸음인 것이다. 전래동요의 장단과 가락을 살려 근래에 창작되고 있는 것은 국악동요 또는 창작동요라고 한다.

학습과정

- 신체와 관련된 음악으로 신체용어를 익히며 워밍업을 하기
- 기본동작과 함께 "얼쑤~ 절쑤~ 지화자 좋다!" 말하며 한국무용 호흡법 익히기
- 재미있는 가사의 국악동요 또는 전래동요로 동작 연결하여 작품 익히기
- 부채춤, 검무, 소고춤 등 소품을 이용한 한국무용 익히기

12. 문화

한국문화 교육의 필요성과 목적

한국어교육에 있어서 문화교육은 필수적이다. 학생 정체성을 위해서는 두말할 나

위 없이 문화교육은 중요하다. 하지만 외국어로서의 한국어교육에서 문화교육은 소홀히 인식되어왔고, 짧은 수업시간으로 인해 문화수업의 중요성을 인식하면서도 문화를 별도 수업으로 할애하기보다는 언어를 통해 문화를 인식한다는 차원의 소극적인 문화교육이 진행되고 있는 것이 한국학교들의 현실이다. 그러나 본교는 개교 당시인 1973년부터 역사·문화수업을 중시해왔다. 언어는 문화의 일부이며 그 언어에 그 문화가 스며들어있어 문화에 대한 올바른 이해 없이는 언어능력 향상에도 한계가 있기 때문이다. 한국학교에서의 문화교육은 다음과 같은 효과를 갖는다.

- 문화 교육은 한국어 실력을 향상시키며,
- 한국어 문화권에 대한 친근감이 생기도록 도와준다.
- 정체성 갈등을 겪고 있는 Korean – American들에게 정체성을 확립시키고,
- 선조의 슬기로운 지혜와 위대한 문화유산을 배움으로써 한국인의 자긍심 고취
- 아울러 부모세대에 대한 이해에 기여해 가족 간의 세대 격차를 좁히는 역할도 한다.

학습과정

대상은 1학년, 2학년 학생이다. 교재로는 한국문화 총 4권을 활용한다.

〈예 1〉 무궁화

대상: 1 반

준비물: 교과서 그림(무궁화, 무궁화 노래 가사와 악보가 있음)무궁화 한 다발 (보라색, 하얀색, 분홍색 , 연분홍색), 크레용

교사는 무궁화를 학생들에게 보여주면서 질문한다. "이것이 무슨 꽃이에요?" 학생들은 '무궁화'라고 답한다. 그러면 교사는 '무궁화 노래'를 가르치며 두세 번 부

른다. 이때 교사는 '무궁화는 우리나라 꽃'이라고 강조하며 무궁화에 얽힌 이야기를 해준다(다른나라 꽃에 대하여도 얘기한다). 그 후 학생들에게 교과서 속 무궁화 그림에 색칠을 하게끔 한다. 그 사이 교사는 무궁화 나무 한 가지씩을 나누어주고 집으로 가져가게 한다.

〈예 2〉 추석 – 송편빚기

대상: 2 반

준비물: 교과서(2 봄) 교과서 그림들, 둥글게 떠 있는 보름달, 비석이 있는 산소,
    송편 한 쟁반, 한복 한벌, 쌀가루 반죽덩어리(집에서 준비), 소(콩, 밤, 볶
    은깨 등)

추석이야기 소개(음력의 의미, 8월 보름), 우리나라 4대 명절 중 하나. 햇곡식으로 만든 송편을 먹고, 햇과일을 먹고 성묘를 간다. 밝고 큰 둥근 보름달이 떠있는 아래서 '강강술래' 노래를 부르며 춤을 춘다.

*송편을 직접 만들고 먹는다.

쌀가루로 반죽된 것을 조금씩(송편 한 개 분량씩) 학생들에게 나누어준다.

나누어준 반죽으로 우선 공을 만들고. 손가락으로 우물을 파고, 준비된 소(콩, 밤, 볶은깨 등)를 넣고 벌어진 입을 다물도록 손가락으로 붙이고, 만든 송편을 찜통에 늘어놓아 찐다. 송편 익는 냄새가 나면 꺼내어 먹으며 맛을 평가하게끔 한다.

13. 역사

학습목표

이 수업의 목표는 한국역사의 기초를 바탕으로 학생들의 한국역사에 관한 호기심을 키우는 데 있다. 한류열풍을 통해 세계인들의 한국에 대한 관심이 점점 커져가고 있는 상황이지만, 미국 교육과정에서는 세계사 중 동양역사 속에 한국사는

너무나 미흡하게 소개되어 있다. 그래서 본교는 역사수업을 통해 학생들이 '한국의 오천 년 역사'와 '찬란한 문화유산'을 자긍심으로 받아들일 수 있도록 교육목표를 두며, 스스로 한국사에 호기심을 가질 수 있도록 유도한다.

학습과정

- 중급반: 단군신화부터 고려시대의 인물과 사건에 대한 학습
- 고급반: 조선시대부터 대한민국 성립까지의 인물과 사건, 근대와 현대의 큰
  사건들에 대한 학습

현재 뉴욕한국학교는 뉴욕한국교육원으로부터 역사교육시범학교로 선정되어 성남요한천주교회한글학교(교장 김종철)와 연계하여 현지 사정에 맞는 재미있는 역사교육안을 개발하고 있다. 특히 최근 국제적 이슈가 되고 있는 '독도'를 주제로 해 다양한 교수법을 연구하고 있다.

14. 컴퓨터

학습목표

뉴욕한국학교에서는 90년부터 컴퓨터반을 운영해 왔다. '한국학교에서 왠 컴퓨터반?' 하고 의아해할 수 있겠지만, 컴퓨터반은 학생들의 한국어실력을 향상시키는 데 크게 일조하고 있고 또한 한국학교를 졸업한 학생들이 한글과 멀어지지 않게 하는 훌륭한 도구가 된다고 평가한다. 간단히 말해 컴퓨터반은 일상화된 컴퓨터 생활에서 학생들이 한글(한국문화권)을 장애 없이 활용할 수 있도록 하기 위해 개설된 수업이다. 즉 한글타이핑 능력, 웹상의 한국어콘텐츠 활용능력, 한글문서 작성이라는 학습목표 달성을 통해 학생들이 거부감 없이 한글일기를 쓰고, 한글콘텐츠를 활용할 수 있도록 하는 것이다.

컴퓨터반 개설취지 및 교육목표

컴퓨터에 익숙한 2세들이 이메일, 인터넷검색, 한글문서 작성 등 컴퓨터 사용 시 한글타이핑의 장애를 제거하고, 나아가 컴퓨터에서 한글을 자유자재로 사용할 수 있을 정도로 숙달하며, 컴퓨터를 통한 한글/한국어의 생활화로 제2의 한국어 습득 기회를 제공했다. 인터넷에서 한글/한국어 콘텐츠에 보다 쉽게 접근하고, 친숙도를 향상 시킨다.

운영방안 및 학습계획

중등반 이상(일반적으로 11세 이상)을 우선 대상으로 한다. 이때는 문서작성에 눈 뜰 나이, 또한 한국어 독해능력도 일정 수준 도달, 한글콘텐츠에 관심을 가질 시기이다. 교재로는 노트북컴퓨터를 1인당 한 대씩을 지급하고 아래아 한글에 설치되어 있는 한컴타자연습을 활용해 직접 훈련시간을 갖도록 한다.

[1학기]

한글타이핑 한컴타자연습 (12~14 시간)

자리연습: (4시간) 자판 익히기(레벨 1~8)

합격선 제시: 시간 90초 이내, 정확도 95% 이상

낱말연습: (4시간) 자판 익히기(레벨 1~8)

합격선 제시: 시간 5분 이내, 정확도 95% 이상

짧은 글 연습: (2시간) 7분 이내/95% 이상

긴 글 연습: (2시간)

놀이: 타이핑 게임

기말시험

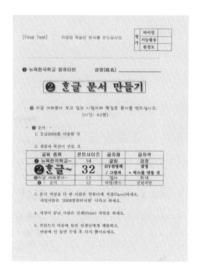

[2학기]

아래아 한글(2004) 활용법(14~16시간)

타이핑 복습: 낱말연습, 짧은 글 연습(1시간)
문서작성 요령 습득: 글자체 변형, 그림삽입
매 시간마다 문서 작성 후 프린트로 제출, 마이크로소프트 워드와 유사…수업활기

허병렬 선생님의 수필

허병렬 선생님은 40여 년 동안 뉴욕한국학교와 재미한국학교협의회 일로 바쁘게 생활하시면서도 틈틈이 수필을 써서 한국일보에 정기적으로 게재하고 여러 편을 책으로 출판했다. 그 수필은 대부분 2세 교육에 관한 내용이다. 이 분이 쓴 수필과 에피소드를 소개한다.

한국교육의 처녀지, 미국에서 교육실험을 하다

미국은 넓다. 땅만 넓은 것이 아니고, 아직도 일을 할 수 있는 범위가 드넓은 처녀지이다. 이 느낌이 1960년 초 미국에 왔을 때 '한국계 미국 자녀를 위해 각종 교육 사업을 할 수 있다'라는 생각을 하게 된 동기이다. 2014년 현재 필자가 미국에 산 햇수는 51년이고, 교직 생활은 국내외를 합해 70년이 된다. 더욱이 그 교수의 대상이 3세의 유치원생부터 대학원생과 성인에 이르기까지 미국과 한국교육기관에서 골고루 가르칠 기회가 있었음은 다행이다.

그것도 미국에 닿은 지 얼마 있다가 일할 수 있는 자격을 부여받은 까닭에 일하면서 공부할 수 있었으므로 교육석사를 5년 걸려 받게 되었다. 중요한 것은 이 시기에 미국에서 할 일이 명확해져서 졸업논문의 주제가 '한국문화 교육의 이론과 실제'였고, '재미있는 한국문화'라는 제목으로 교과서를 제작하여 제출하였다. 이는 1967년부터 1972년까지 뉴욕한인교회의 한국어반 교사를 체험하면서 얻은 결과이다. 미국에서 50년 동안 각 단계의 교육 사업을 할 수 있었던 것은 한국교육연구기관에서 그 바탕을 이루었기 때문에 가능했다. 1945년부터 1964년까

지 서울사대, 이대사대의 교생지도와 함께 초등학교·대학교의 학생을 20년 동안 가르친 경험이 있다.

이런 경험을 통하여 미국 한국학교의 새로운 커리큘럼 창안에 모델을 제시할 수 있었다. 또 이 기관에서 사용할 수 있는 교과서를 직접 집필·편집할 수 있었다. 이것은 문교부 국정교과서의 국어과 편찬위원이라는 경력이 바탕이 되었고, 동아출판사에서 5권의 새로운 동화책을 출판한 경험 또한 도움이 되었다. 필자는 어느 교과이든 교과서를 비롯한 시청각 자료가 없이는 효과를 올릴 수 없다고 생각한다. 만일 이런 자료가 없을 때는 교사가 만들 수밖에 없다는 생각을 한다. 이런 교육철학의 실험장이 미국에 있다는 것은 새로움에 도전하려는 필자의 열정과 일치하였다. 친구들이 가끔 질문을 한다. 그 끊임없는 에너지가 어디서 나오느냐고. 그 비밀을 작은 소리로 밝히자면, 필자는 사범학교(서울대학교 사범대학 전신)에서 일본인 학생 150명, 한국인 학생 50명, 합계 200명이 졸업할 때 최우수 학생이었다. 그날 필자는 '좋은 선생'이 되는 것으로 이를 현실로 증명하겠다는 결심을 하였다.

그리고 필자의 50년 미국생활은 뉴욕한국학교와 미주 한국학교의 성장과 함께하였다. 미국생활을 시작한 시기와 환경은 새로운 교육실험 장소로 모든 것을 갖추고 있었다. 뉴욕시는 언제나 활력에 넘치고, 한국계 이민의 자녀수가 나날이 증가하였으며, 우수한 교사진을 형성하는 데 필요한 인재가 모이는 지역임은 얼마나 다행이었나. 결국은 어렸을 때부터 즐기던 그림 그리기, 글쓰기, 연극하기의 꿈을 뉴욕한국학교 경영을 통해 직접적으로 간접적으로 이루었다. 이 행복을 주신 주위의 여러분께 깊이 감사드린다. 그리고 크게 외친다. '나는 행운아!'라고. 필자 자신의 이야기를 써야 하는 이 글이 뉴욕한국학교가 중심이 되었음은 학교가 바로 나 자신이기 때문이다.

영감을 주신 멘토 김애마 학장님

처음 미국에 온 것은 1959년 AID 자금의 장학금을 받고, 테네시주 College for Teachers Nashville에서 공부하기 위해서였다. 1964년 12월 두 번째로 뉴욕주립대학의 장학금을 받고 교육석사를 받으려고 미국에 왔다. 두 번째로 온 후 곧 영주권을 받게 되어서 풀타임으로 일하면서 공부하게 되어 1969년에 Bank Street College of Education New York에서 석사학위를 받았다.

뉴욕에 살게 된 이유는 항상 내게 활기가 넘치는 분위기가 필요하고, 이곳이 교육실험장소로 적당하다는 생각 때문이었다. 이 시기는 일생 동안에서 가장 바빴다고 할 수 있다. 일주일 7일 동안 일하면서 공부하였다. 또한 1967년부터 1972년까지는 일요일에 뉴욕한인교회에서 가르쳤고, 그 후 1~2년은 일요일에 뉴욕 퀸즈한인교회에서 가르쳤다. 특기할 것은 이 기간 동안에 귀한 교육 경험을 한 것이 바탕이 되어 미국에서 평생 한국어교육의 과제를 찾게 된 것은 하나의 행운이다. 석사논문은 '한국문화교육의 이론과 실제'가 주제였고, 같이 출판한 학생용 교과서는 '재미있는 한국문화'이다. 이 연구 주제결정에는 바로 김애마 학장님의 도움이 있었기 때문이다. 그 후 필자는 김 학장님에게 "제가 여기서 할 일을 찾았기 때문에 선생님과의 약속을 어겨도 좋겠습니까"라는 질문을 편지를 통하여 하였고 교육석사를 받고 나서 보낸 편지의 답장이 왔다. '거기서 한국문화교육을 하는 것과 여기서 사범대학 학생을 가르치는 목적은 같습니다. 개인적으로는 새로운 일에 도전하는 편을 선택합니다.' 나의 멘토이신 이분의 격려는 계획한 일을 실천하는 원동력이 되었다.

동포사회의 여망 담아 뉴욕한국학교 설립

뉴욕한국학교가 한 중요한 일은 한민족 해외 이주에 따른 자녀교육을 위한 교육시스템 모델을 개발한 것이다. 필자의 역할은 일반 교사처럼 교실에서 가르치면서 교장직을 맡는 것을 조건으로 하여 교장직을 맡아서 1973년부터 2009년까지 봉사하였다. 개교하는 당일까지도 교장직을 사양한 까닭은 교육행정보다 교사의 직분을 사랑했기 때문이다. 현재는 이사장직과 초급 한국어교육을 맡고 있다.

뉴욕한국학교는 1973년 5월 5일 32명의 학생이 등록하여 개교하였으며 본교 설립이사로는 김홍준, 정한길(재무이사), 엄호택 등이 있었다. 어떤 이는 학년이 시작하는 가을에 개교를 하면 될 것을 왜 어정쩡한 5월에 개교를 하는지 궁금해 했다. 그러나 '국어'교육에 목말랐던 당시로선, 가을까지 기다릴 수가 없었다. 더구나 5월 5일은 어린이날이 아닌가. 어린이날은 학교설립이념과 딱 들어맞는 날이기도 했다. 앞서 언급했듯, 이곳은 향후 한인사회의 주요행사들이 개최될 정도로 교통과 시설 등 현대적인 제반환경을 갖추고 있었다. 이러한 절차를 거쳐 구성된 뉴욕한국학교의 개교 교사진은 허병렬(한국어 초급), 김혜순(한국어 중급), 진수방(한국무용), 최혜영(한국노래), 석수산(서예), 장진일(태권도), 오영주(유치반) 선생님 등이었다.

뉴욕에서는 각 분야 전문가들이 많이 활동하고 있어서, 말 그대로 '인재의 보고'였다. 전문가들이 한국학교 교사직을 자원하고 나서니, 교사채용의 기본을 마련해야 했다. 필자와 이사진들은 교사채용 조건으로 매스미디어를 통한 공채, 각 교과목의 전문교사·교사경력 유경험자 우대, 한국문화교육에 대한 강한 의지, 그리고 배우자의 이해와 협력을 정했다.

뉴욕한국학교는 40년 동안 하루하루 건강하게 성장하였다. 학생들의 수효는 12학급을 운영할 정도였고, 다양한 커리큘럼 운영으로 학교는 즐거운 한국문화 학습 장소가 되었다. 뉴욕한국학교 문집은 학교의 족보로 존재한다. 학교에 몸담았던 모든 이들의 발자취가 고스란히 기록되어 있고, 학교의 변화모습이 담겨있기 때문이다. 창간호부터 한 권도 빠짐없이 보관된 본교의 글모음은 이민 세대의 발전을 여실히 보여주는 또 하나의 증거자료이다. 여기에 그때그때의 학사예정표를 곁들였더라면 좋았겠다는 생각이 드는 요즈음이다.

세계 각 민족의 문화는 서로 다를 뿐, 우열의 차이는 없다. 어느 민족의 문화든지 인류문화에 공헌하고 있다. 이것이 각 민족의 문화를 보는 눈이고, 마음이어야 한다. 미국이 다양한 문화가 섞인 나라이기 때문이다. 한국문화는 그동안의 노력에 따라 점차로 세계 각국에 소개되는 과정에 있다. 이는 세계 각국으로 이민하는 한민족의 진취성에 따른 결과이기도 하다. 우리 한민족 2세 교육도 이런 정신으로 다루어야 하겠고, 한국문화 역시 세계문화를 거쳐 인류문화로 다루어져야 하겠다. 이것이 바로 필자와 뉴욕한국학교의 확고한 정신임은 말할 것도 없다. 시대의 변화에 따라 학생들이 다양해진다. 여기에 맞는 커리큘럼을 편성할 수 있는 한국학교이어야 한다. 여기에 밝은 미래가 있다.

재미한국학교협의회(NAKS)의 마중물

어떤 모임이든 규모가 클수록 힘이 세다. 회원이 많을수록 생각이 풍부하고 실천력이 강하다. 그래서 한국어와 문화교육에 뜻을 가진 사람들이 많이 모일 수 있도록 마중물 역할을 하기로 하였다. 1980년 12월 동부지역 한국학교 대표자들을 뉴욕한국학교로 초빙했다. 오전에는 뉴욕한국학교의 모든 교사가 전 교과를 수업하는 실제 상황을 공개하였다. 이어서 참가 교사들의 간담회를 가졌으며, 오후에는 뉴욕시 맨해튼의 식당 '인천집'에서 연장 회의를 열었다. 그 결과로 한국학교 교사들의 전국적인 유대를 가지기 위하여 하나의 단체를 구성하기로 결정을 내렸다. 이것이 재미한국학교협의회(NAKS)의 태동이었고, 1981년 4월 15일 워싱턴에서 창립총회를 가졌다.

1985년 5월 11일 이날은 본교 개교 12주년일이다. 이때 또 한 번의 큰 마중물을 붓는다. 당시 워싱턴 주미대사관 김영춘 교육관의 협력을 얻어 본교 개교기념일에 미국 동부지역에 있는 한국학교 교사 연수회를 가졌다. NAKS의 제2회 교사강습회인 이 날이 역사적인 이유는 바로 이 날 동북부협의회가 탄생했기 때문이다.

뉴욕한국학교가 재미한국학교 전국협의회 및 동북부협의회 탄생의 모태가 됐다는 데 대해 필자는 큰 자긍심을 갖는다. 실로 본교가 마중물 역할을 한 것이다. 재미한국학교협의회는 현재 미국 전역에 14개 지역협의회를 두고 1,000여 학교가 있으며, 2014년에 제32회 전국학술대회가 인디애나폴리스에서 열렸다.

필자는 NAKS(National Association for Korean Schools)에서 제4대 회장(1988년 9월~1990년 8월)으로서 2년, 그리고 이어서 4대 이사장(1991년 9월~1994년 8월)으로서 3년을 봉사했다. 특기사항으로는 「한인교육 연구」지 편집인으로 1989년 창간호부터 2002년까지 제20호를 펴냈다. 이는 모두 NAKS의 성장 발달을 위해 공헌하고 싶었기 때문이며 거의 자청하여 봉사하였다. 모든 교육활동은 거기에 적합한 자료가 있어야 목적을 달성할 수 있다. 미국에서 시행하는 교육이 국내와 다르다는 것은 교육 자료도 달라야 한다는 것이다. 교육의 목적이 새롭고 다른데, 거기에 알맞은 자료가 있을 수 없었다. 이것은 새로운 자료를 만들어야 한다는 뜻이다. 한국어교육도 이 범주에서 벗어나지 못한다. 그래서 자비로 『한글 1, 2, 3』을 1973년부터 1982년까지의 기간 동안에 출판하였다. 그 이후에 『뉴욕한국학교의 어린이 극본모음』, 『한국문화 1, 2』, 『한자공부 1, 2』의 교육자료를 출판하였다. NAKS의 필요에 따라 한국어 책 7권을 출판하였다.

뉴욕한국교육대학을 실험하다

어느 날, 뉴욕 시 동쪽 50가 부근을 걷다가 보통 살림집 건물에 떳떳하게 미국 사립학교 간판이 붙어있는 것을 보고 걸음을 멈췄다. 살림집이 학교라고? 더 놀라운 것은 필자가 어느 틈에 문을 열고 그 안으로 들어간 일이다. 사무실에서 만난 분에게 학생이 있느냐고 물었다. 그리고 그에게 필자는 "부럽습니다. 저도 학교를 가지고 싶은 꿈이 있습니다." 그 꿈 이야기를 듣고 싶다는 분에게 간단히 설명하였다. 한국학교 수효가 늘어가는 현상, 교사들의 상호간의 질을 높이기 위한 시설이 필요한 시기임을 알렸다. 그는 몇 가지 질문을 더 하였고, 필자는 자리를 뜨려고 하였다. 그가 기다리라는 손짓을 하더니 책상서랍을 열고, 열쇠 세 개를 꺼내 주었다. 정문, 사무실, 2층 교실 열쇠에 대한 설명을 하면서 당장 렌트비 없이 사용하라는 것이다. 참으로 꿈같은 이야기다!

그래서 1991년 봄 3개월 동안 가칭 '뉴욕한국교육대학'의 실험기가 있었다. 토요일 오후 3시부터 6시까지, 그 학교에서 강의를 하였다. 과목은 당시 가장 필요하다는 것을 선정하였고, 강사는 이론과 실제를 두루 설명할 수 있는 분을 초빙하고, 학생들은 둥그렇게 앉아서 강의를 듣고 자유롭게 질의응답을 하였다. 예상외로 학생들 20명이 모였고 출석률도 좋았다. 하지만 3개월 후에 종강식을 해야 했다. 문제가 생긴 것이다. 필자의 계획을 오해한 분들이 있었기 때문이다. 1973년 개교한 뉴욕한국학교가 교장 없이 개교한 사실을 모르는 분들이니 이해할 수 있다. 필자는 행정이나 직책에 거의 관심이 없다. 오직 교실에서 학생들을 가르치는 일에 관심이 있다. 개교식까지 교장직을 거절했다가 그 해 11월 11일 이사회의 결정에 따라 교장직을 맡은 후, 36년간 이를 담당하였다. 그런 사람이 교육대학 학장을 꿈꿨겠나. 그때 오해하셨던 분들이 필자의 계획을 알게 된 것은, 3개의 열쇠를 반환한 후의 일이다. 교육 강의 실험은 성공하였고, 친구들에게는 오해를 샀고, 드디어 학교는 문을 닫았다.

뉴욕한국교육대학의 실험 결과는 현재 뉴저지에서 시범적인 한국학교 운영을 하고 있는 산 증인 한 분으로 만족한다. 그리고 몇 장의 사진과 수료증 사본이 있다. 모든 것은 때가 있다. 요즈음 여러 단체에서 한국학교 교사 교육을 시작하였다. 교육의 성패는 오직 교사의 질에 달렸기 때문이다. 일차적인 실험은 이미 20여 년 전에 끝났고, 지금은 성공적인 방법으로 교사 교육이 이루어지길 바랄 뿐이다. 오늘은 그 옛 학교의 겉모습을 보러 가서 깊이 머리를 숙이겠다. 이 이야기는 20세기의 정겨운 동화이다.

세대를 잇는 에피소드

뉴욕한국학교 역사가 불혹에 접어드니, 졸업생이 학부모가 되어 자녀들을 데리고 오는 사례가 줄을 잇는다. 설사 학부모의 입장으로 오지 않는 경우라 해도 많은 졸업생들이 뉴욕한국학교와의 인연을 소중히 이어가려는 모습을 보여줄 때 나는 정말 행복하다. 여기가 바로 이런 에피소드들이 모이는 학교이다. 2세들에게 한국학교는 선택적 학교이다. 더군다나 황금 같은 토요일 아침시간에 진행되는 학교에 몇 년간 빠짐없이 출석하기란 여간 곤혹스런 것이 아닐 것이다. 그 곤혹스러움을 이겨낸 사람은 다름 아닌 학부모들이다. 자녀에게 바른 정체성을 심어주겠다는 신념의 부모들이 있었기에 마침내 자녀들은 한국학교를 졸업한다. 그리고 이제 청장년으로 성장한 졸업생들은 동심의 추억 한 가운데에 뉴욕한국학교가 있음에 행복해하며 부모님께 감사를 표한다. 엄마 손에 이끌려 왔던 그들이 이제는 자녀의 손을 이끌며 한국학교에 오는 것은 어찌 보면 당연하고 자연스럽지 않은가. 자신의 행복감을 자녀에게도 계승코자 함이다. 이와 관련된 몇몇 에피소드를 소개한다.

한 시간 반의 이른 등교는 40년간의 철칙이다. 임차하고 있는 학교를 우리 사정에 맞게 정리하는 시간이 필요한 까닭이다. 그 날도 예정된 일을 하고 있는데 젊은 남녀가 나타나 인사를 하였다. 내가 물끄러미 그들을 보자 남자 쪽이 "선생님, 저…" 하고 자신이 누구인지를 소개하려는 듯했다. 그제야 나는 그 '소년'이 확연히 떠올랐다. "아! 아무개네. 반갑다. 그런데 웬일로…", "오늘이 제 약혼식 날이에요. 그래서 제가 자란 학교를 수잔에게 꼭 보여주고 싶어서…" 필자는 그들을 껴안고 행복했다.

"오늘은 기념할 날이지요. 지난 토요일에는 내가 뒷자리에 앉았어요. 오늘은 내가 앞자리에 앉아서 차를 운전하고 학교에 왔어요. 가끔 뒷자리의 엄마, 아빠가 웃었어요. 야! 신난다. 내가 컸어요. 이렇게." 제대로 잠을 못 잤다. 흥분해서, 혹시 밤새 없어질까 봐. 어제 저녁 어떤 학부모가 1만 달러를 현금으로 가져왔다. 그래서 그것을 은행에 입금하러 가는 길, 자연스럽게 보이려고 가끔 발걸음을 조절하였다. 이 금액은 사위 될 사람이 처가에 선물로 가져온 것이란다. "이런 뜻있는 금액은 뜻있게 쓰려고 학교에 기부합니다."

서해안의 유명 대학에서 교편을 잡고 있는 아들을 방문하려는 부모도 거의 40년 가까운 학교의 지인이다. "거기서 즐겁게 지내고 오겠습니다. 손자 손녀하고…", "말이 잘 통하시나요?", "그럼요, 그 애들은 한국말로 키웠대요. 그 애들 엄마도 아빠처럼 여기 졸업생인데…, 제가 말씀드리지 않았군요." 어느 토요일 아침, 커다란 카키색 주머니를 어깨에 멘 졸업생이 나타났다. "반갑다, 무엇을 잔뜩 넣었지?", "제가 쓰던 야구 도구 전부지요. 후배들한테 주고 싶어요." 필자는 그의 손을 잡았다.

또 다른 어느 토요일 낯익은 남매가 산더미 같은 물건을 등에 메고, 수레를 끌고 왔는데 마치 이삿짐 같았다. "집안을 정리하다가 여기서 필요할 것 같아서 가져왔어요." 이런 사실은 신문에 내야할 것 같다고 주위에서 떠들기 시작하자, 그들은 고개를 살래살래 저었다. 그들이 가져온 물건들은 훌륭한 전시실에 보관하고 싶다. 하지만 그것들을 값지게 활용하는 것이 남매에게 감사하는 방법이다.

얼마 있으면 세 살이 된다는 어린이, 그의 조부모와 엄마 아빠 일행이 본교를 방문하였다. 그 목적은 어린이에게 부모가 자란 곳을 보이고, 어른들은 그 옛날을 더듬어 보기 위한 것이란다. 그런데 필자는 그 조부모를 잊을 수 없다. 본교 희망자 제1호이기 때문이다. 당시의 부모가 쓴 편지 사연은 이렇다. "우리 아들이 나이가 아직 모자라지만, 귀교에 다닐 수 있도록 특별 배려를 바랍니다." 곧 교사회가 열려 이를 가결시켰다. 바로 그분들이 오신 것이다. "본교의 기틀을 잡아주신 분들을 잘 기억하고 감사드립니다." 이것이 필자의 인사말이었다.

결혼 청첩장이 자주 온다. 때로는 미국이름뿐이어서 어리둥절한다. 미술전람회 초대장도 가끔 온다. 어린이들이 성장하여 어른이 된 것이다. 그들이 옛 학교를 상기하면서 보내오는 반가운 소식들이다. 그들은 모두 열심히 생활하고 있다. 그들이 어디서 어떤 일을 하는지 묻지 않는다. 틀림없이 사회의 좋은 일꾼일 테니까. 다만 바라는 것은 본교의 교육 특성이 그들의 생활 한 부분을 돕기 바란다. 그것이 바로 본교 존재 이유가 아닌가. 다만 한 가지 변명을 한다면, 옛 학생들을 곧 알아보지 못한다고 섭섭해하지 말기 바란다. 그것은 어린 학생들만 기억하는 옛 사람들이 놀랄 만큼, 혈기 왕성한 청년·장년으로 성장하였기 때문이니까. 수 없는 에피소드들이 이어져 학교 역사의 긴 띠를 이룬다. 에피소드 안팎의 주인공들은 지금이 에너지를 100% 발휘할 수 있는 전성기이다. 그들의 현명함과 끈기는 이 활약기간을 연장할 수 있는 능력이 될 것이다. 그 끈기가 본교 재학 중 축적이 되었다면 얼마나 큰 기쁨일까. 뒤돌아보면 본교 40년의 역사는 수없는 에피소드의 주인공들이 거쳐 간 길목이었고, 그 길을 다듬고 있던 관계자들은 오고가는 그들에게 보탬이 되도록 노력한 것이다. 역사는 누가 만드나? 나라의 역사는 국민들이 만든다. 학교 역사는 학교와 관계있던 모든 사람의 작품이다.

허병렬 선생님 약력

- 생년월일: 1926년 1월 17일
- 출신지: 서울 출생
- 학력

  1938년   경성여자사범대학 부속 보통학교 졸업

  1942년   경기여자고등학교 졸업

  1944년   경성여자사범학교 본과 졸업(서울대학교 사범대학 전신)

1958년   동국대학교 문리과대학 국문과 졸업

1960년   B.S.,George Peabody College for Teachers Education, Nashville, TN

1969년   M.S.,Bank Street College of Education, New York, NY

• 경력

1945~1964년   서울대학교 사범대학 부속초등학교 교사 10년
　　　　　　　　이화여자대학교 사범대학 부속초등학교 교사 10년

1967~1972년   뉴욕한인교회 한글학교 교사

1973~2009년   뉴욕한국학교 초대교장 36년

1978~1980년   Columbia University 한국어과 강사

1976~1988년   뉴욕한국일보 어린이신문 편집인. 어린이사생대회
　　　　　　　　개최책임자

1988~1990년   Queens B. Community College 한국어과 강사

1988~1990년   재미한국학교협의회(NAKS) 총회장

1991~1994년   재미한국학교협의회(NAKS) 이사장

1991~2002년   「한인교육 연구」지 편집인

1994~현재   뉴욕한국일보 고정 칼럼니스트

2009~현재   뉴욕한국학교 이사장, 초급 한국어 교사

• 저서

1973년~2003년   한국어 책 11권을 출판함(8권 집필. 3권 편집)

1987년   창작동화집『동그라미』펴냄

1989년   수필집『思索의 콜라주』출판

2003년   수필집『思索의 여행』출판

2013년   수필집『생각하는 나무』출판

- 전시·공연(3회의 동화전의 작품판매금은 전액 뉴욕한국학교에 기부함)

  1981년   한국화랑에서 동화전 개최

  1986년   아동극 「흥부와 놀부」 제작 뉴욕 Broadway off Center 에서 공연

  1994년   교직 근속 50주년 기념 작품전시회 개최

  1998년   아동극 「심청 뉴욕에 오다」 La Guardia 극장에서 공연

  2005년   아동극 「나무꾼과 선녀」 Town Hall (Flushing)에서 공연

  2006년   맨해튼 소재 「훈 갤러리」 동화전 「어린이들의 노래」 개최

  2008년   아동극 「흥부와 놀부를 만나다」 Town Hall (Flushing)에서 공연

- 수상

  1984년   뉴욕시장 Edward I. Koch 로부터 소수민족 우수인상을 받음

  1985년   새싹회에서 제29회 소파상 받음

  1989년   대한민국 정부에서 국민훈장 석류장 받음

  1989년   The World Who's of Women 에 수록됨

  1991년   새싹회에서 새싹문학상 받음

  2001년   제25회 월남장(月南章)을 받음

  2003년   국제 한민족 재단에서 자랑스러운 한민족상을 받음(베를린에서)

  2004년   제12회 KBS 해외동포상 수상

  2006년   서울대학교 자랑스러운 재미 동문으로 선정됨

  2007년   재미한국학교협의회 40년 장기근속 표창

  2013년   뉴욕한인회 지역사회 봉사상 수상

2 롱아일랜드한국학교

이선근, 고은자, 안중식

개요

36년의 전통과 역사를 가지고 있는 롱아일랜드한국학교의 창립 당시 학교명은 브루클린한인교회 한국어학교이다. 브루클린한인교회 안중식 담임목사가 한인 2세들에게 한국인의 정체성을 심어주고 뿌리 교육을 시키기 위하여 1978년에 한국학교를 세웠다. 뉴욕 주 안에서 여덟 번째로 세워진 초창기 한국학교이다. 연세대학교 한국어학당에서 외국인에게 한국어를 가르친 경험이 있었던 이선근 박사와 김근순 박사, 한국초등학교 교사로 있었던 이영자 선생, 그리고 뉴저지 초등학교에서 교사로 있는 김지숙 선생 등 네 사람이 교사로 임용되었다. 교장은 이선근 박사가 임명되었다. 한국어 말하기를 중심으로 하는 한국학교를 운영하기로 하자는 뜻에서 브루클린한인교회 한국어학교로 이름을 지었다.

학교를 교회 안에 세웠기에 첫 학기에는 학생들 모두가 교인들의 자녀들이었으며 학생수는 31명이었다. 교실은 교회 건물을 사용할 수 있어 큰 문제는 없었지만 교과서가 문제였다. 뉴욕에 있는 몇 안 되는 다른 학교도 같은 어려움을 겪었다. 대부분의 학교가 한국에서 사용하는 초등학교 국어교과서를 사용하고 있었다. 우리 학교는 말하기 교육을 하기로 하였기에 우리 교회에 나오시는 박창해 교수가 교재 준비를 해 주기로 하였다. 한국에서 한국어 회화교육을 처음 시작하신 분이라 얼마나 다행스러웠는지 모른다. 한국어 말하기 수업을 위해 이선근 선생과 김근순 선생이 같이 준비한 교안을 사용하여 연세대학교 한국어학당에서 사용하던 현대 언어교수법을 수업에 적용하였다. 그 당시 다른 학교에서는 읽기, 쓰기, 이해하기 교수법으로 한국어수업을 하고 있었는데, 브루클린 한국어학교는 현대교수법을 아는 교사들이 있었기에 한국말을 잘 못하는 우리 2세들에게 한국어 회화 교육을 중심으로 한국어를 가르치는 최초의 학교가 되었다.

초창기에 한국어를 가르칠 때 가장 힘들었던 것은 학부모들이 자녀들의 한국어 교육에 적극적으로 협조해 주지 못하는 것이었다. 새로 이민 온 부모들은 먹고 살기 위하여 우선적으로 사업에 신경을 쓰고 자녀 교육은 등한시하였다. 자녀와 만나서 대화를 할 시간도 부족했기에 학교에서 배우는 한국어를 학생들이 가정에서 직접 사용할 기회가 많지 않았다. 학생들의 학습에 진전이 별로 없는 것을 깨닫고 생각해 낸 것이 한국어 동화구연대회였다. 학생들이 동화를 선택하여 집에서 연습할 때에 부모님들의 절대적인 도움이 필요하다는 것을 학부모들에게 강조하고 협조를 요청하니 부모들이 마지못해 협조를 하였다. 동화구연대회가 성공을 거둘 수 있을지 걱정을 하면서 계속 학부모들에게 전화를 걸어 협조를 요청한 덕분에 대회를 치를 수 있었다. 어린 학생들이 발표하는 동화구연을 보고 학부모들이 큰 박수로 학생들을 격려하였으며 이 행사가 있은 후부터 학생들의 태도가 달라졌다. 부모들도 전보다 자녀에게 더 많은 관심을 가지고 학습 지도에 더 많은 시간을 할애해 주었다. 이로 인해 학교 교육의 학습 효과도 높아져 갔다. 학생 수도 꾸준히 늘어났다. 그리하여 이 대회를 교내 행사로 그치지 말고 대외 행사로 하는 것이 한글학교 활성화에 도움이 될 것으로 믿어 학부모들의 도움을 얻었다. 1985년에 재미한국학교 동북부지역협의회 산하 한글학교를 대상으로 동화구연대회를 개최하였다. 이 대회는 예상 외로 11개 학교에서 25명의 학생들이 참가하여 큰 성공을 거두어 자연적으로 해마다 대회가 개최될 수 있었다. 특별히 1987년에 개최되었던 제3회 대회에서 1등을 차지한 학생을 한국 기독교방송국에서 주최하는 전국동화구연대회에 참가시켰다. 150여 명의 참가자 가운데서 당당히 2등을 하여 주최 측과 대회에 참가했던 모든 사람들을 놀라게 했다. 외국에서도 한국어를 잘 가르치면 한국에서 자라는 아동들 못지않게 한국어를 할 수 있다는 사실을 뉴욕 동포들이 알게 되어 가정과 학교에서 한국어 교육에 더 큰 관심을 갖게 되었다. 이런 놀라운 소식을 알게 된 뉴욕 중앙일보에서는 전면을 할애해서 브루클린 한인교회 한국어학교와 동화구연대회에 대한 기사를 실어 주었다. 이 동화구연대회는 날로 발전하여 많은 한글학교에서 교내동화구연대회를 연례행사로 하기 시작하였다. 각 학교 교내동화대회에서 상을 탄 학생들을 본교가 주최하는 동화구연대회에 참가시키고 있다. 2014년 4월 5일에 개최된 제30회 동화구연대회에는 27개 학교에서 42명이 참가하였다.

교회는 브루클린에 있다가 그동안 교실부족과 주차문제로 새로운 예배장소를 찾아 롱아일랜드 Garden City로 옮기고 교회이름도 롱아일랜드한인교회로 바꾸었다. 몇 년 후에 학교이름도 롱아일랜드한인교회 한국학교로 바꾸었다.

연혁

1978년	1978년 9월 16일 브루클린한인교회 한국어학교 개교 교장: 이선근, 교사: 김근순·이영자·김지숙, 학생 31명
1983년	제1회 교내 동화구연대회 개최(이후 매년 실시함) 박의근 선생 교사 임명
1984년	신혜수 선생 교사 임명
1985년	제1회 미 동북부 동화구연대회 개최 27명 참가
1986년	제2회 미 동북부 동화구연대회 개최 35명 참가 차영실 선생 교사 임명

1987년	제3회 미 동북부 한국어 동화구연대회에서 1등으로 수상한 학생이 한국 기독교방송국 주최 전국 어린이 동화구연대회 출전 150명 중 2등 수상
	제1회 어린이예술제 참가 (이후 매년 출전함)
	이선근 교장 제2대 동북부지역한국학교협의회 회장으로 당선
1988년	제4회 미 동북부 한국어 동화구연대회 개최
	제1회 교사연수회 교사 4명 참가 (이후 매년 참가함)
1989년	제5회 미 동북부 한국어 동화구연대회 개최
	브루클린 한인교회와 한국어학교가 Long island, Garden City로 이전
1990년	제6회 미 동북부 한국어 동화구연대회 개최
1991년	제7회 동화구연대회 개최
	이선근 교장이 개인사정으로 사임
1992년	제8회 미 동북부 한국어 동화구연대회 개최 13개교 25명 참가
	– 금상: 오세일 (롱아일랜드한인교회 한국학교)
1993년	제9회 미 동북부 한국어 동화구연대회 개최 8개교 20명 참가
	– 금상: 조연수 (갈보리 무궁화한국학교)
1994년	제10회 미 동북부 한국어 동화구연대회 개최 17개교 30명 참가
	– 금상: 오은정 (아콜라 한국문화학교)
1995년	제11회 미 동북부 한국어 동화구연대회 개최 12개교 26명 참가
	– 금상: 안명철 (롱아일랜드한인교회 한국학교)
1996년	교내 단어 경시대회 시범
	제3대 교장 이영자 집사 임명
	제12회 미 동북부 한국어 동화구연대회 개최 12개교 26명 참가
	– 금상: 윤영찬 (뉴져지한국학교)
	동북부협의회 주최 SAT II 한국어모의고사 응시
1997년	제13회 미 동북부 한국어 동화구연대회 주최 13개교 27명 참가
	– 금상: 김지영 (뉴져지한국학교)
	재미한국학교협의회 주최 제1회 SAT II 한국어 모의고사 응시 (이후 매년 응시)
1998년	제14회 미 동북부 한국어 동화구연대회 주최 16개교 36명 참가
	– 금상: 박보라 (무궁화갈보리한국학교)
	제16차 NAKS 학술대회 참가 (Atlanta, GA): 2명: 변규범, 고은자

1999년	제15회 미 동북부 한국어 동화구연대회 주최 13개교 34명 참가
	– 금상을 대상으로 변경 대상: 김원석 (뉴져지한국학교)
	제17차 NAKS 정기총회 및 학술대회 참가 (Dallas,TX)
	개교 20주년 학교 표창 수여
2000년	제4대 교장: 이문모 집사 임명
	제16회 미 동북부 한국어 동화구연대회 주최 21개교 53명 참가
	– 대상: 한미영 (롱아일랜드한인교회 한국학교)
2001년	제17회 미 동북부 한국어 동화구연대회 주최 18개교 30명 참가
	– 대상: 스테파니 오 (우리한국학교)
2002년	제18회 미 동북부 한국어 동화구연대회 주최 21개교 36명 참가
	– 대상: 조원희 (사랑한국학교)
2003년	제19회 미 동북부 한국어 동화구연대회 주최 18개교 36명 참가
	– 대상: 유채리 (퀸즈한인천주교회 한국학교)
	고은자 교사 교무 임명
	미 동북부 글짓기대회 2명 참가
2004년	제5대 교장 변규범 선생 임명
	제20회 미 동북부 한국어 동화구연대회 주최 17개교 31명 참가
	– 대상: 임아라 (뉴져지한국학교)
	교육인적자원부장관 감사장 : 안중식 설립자
	NAKS 초청 강사: 안중식
2005년	제21회 미 동북부 한국어 동화구연대회 주최 23개교 39명 참가
	– 대상: 이원우 (뉴져지한국학교)
	고은자 교무 재미한인학교동북부지역협의회 11대 임원 선출 (편집장)
	미 동북부한영·영한번역대회 참가 2명 입상
2006년	제6대 교장 고은자 집사 취임
	재미한인학교동북부지역협의회 제3회 교사의 밤 참가
	– 모범 교사: 나지원
	제22회 미 동북부한국어 동화 구연대회 주최 26개교 68명 참가
	– 대상: 함동민 (아콜라한국문화학교)
	제7회 미동북부동요대회 13명 참가
	– 최우수상 (중창), 은상 (독창)
	제10회 문집 발간
	미 동북부 한영·영한번역대회 2명 참가 각각 입상
	한국역사문화퀴즈대회 2명 참가 각각 입상

2007년	제23회 동북부동화구연대회 주최 32개교 53명 참가
	– 대상: 김하은(아콜라한국문화학교)
	제25차 전국학술대회 참가: 장소: Dearborn. MI. 강사: 최덕희
	고은자 교장 제12대 재미한국학교동북부협의회 수석부회장 선출
2008년	동북부 교사의 밤 7명 참가
	– 모범 교사상 최덕희
	SAT II 한국어 모의고사 실시(응시 19명)
	제24회 한국어 동화구연대회 주최 32개교 52명 참가
	– 대상: 안예진 (중등부: 아콜라한국문화학교)
	동북부 나의꿈 말하기대회 참가
	– 금상: 한소희
	제8회 미동북부 동요대회 4명 참가
	– 중창(최우수상, 은상)
	전국학술대회 참가(Boston): 고은자 교장 교육과학기술부장관 감사장 수여
	동북부 역사문화퀴즈대회 4명 참가
	– 대상: 최규현
2009년	초대 이사장 임명 : 김재숙
	교내 삼일절 행사: 역사 퀴즈대회
	제25회 한국어동화대회 주최 24개교 33명 참가
	– 대상: 이상수(뉴져지한국학교), 본교생 2명 참가: 강혜나(은상) 강현구(장려상)
	어린이날 행사: 음식 바자회
	동북부 동요대회 4명 참가
	– 은상: 규진 케넌
	전국학술대회 참가(플로리다) 재미한국학교지역협의회에서 개교30주년 표창
	고은자 교장 재미한국학교협의회(NAKS) 14대 임원(교육부장)
	학부모 세미나 개최
2010년	뉴욕시정부비영리법인단체 정식 인가: EO-272-132-029 (롱아일랜드한국학교)
	롱아일랜드한국학교 이사회 발족 – 초대 이사장 김재숙, 부이사장 유지성, 총무 김성호 외 6명
	제26회 미동북부 한국어 동화구연대회 주최 22개교 34명 참가
	– 대상: 이소연(롱아일랜드한국학교)
	오카타리나 교사 교육과학기술부장관 감사장 수여
	고은자 교장 제13대 후반기 재미한국학교동북부협의회 회장
	김은련 교사 재외동포 문학 대상 수상(단편소설)

2011년   제27회 동북부 한국어 동화구연대회 주최 21개교 31명 참가
　　　　　－ 대상: 강혜나 (롱아일랜드한국학교)
　　　　　봄학기 종강 및 학습발표회 － 제12회 문집 발간
　　　　　미동북부협의회 교사연수회 참가 － 배영란 음악교사: 동북부 강사
　　　　　NAKS 학술대회 참가 (샌프란시스코) － 배영란 음악교사 전국학술대회 강사
　　　　　고은자 교장 국립국어원장 표창장 수여
　　　　　재외동포재단연수회 참가 － 김혜성 교사
　　　　　가을학기 개강/학교 이전 － 장소: P. S. 94
　　　　　동산반 개설 - 김경순 교사, 검도반 신설 － 임재경 정무관

2012년   제2대 이사장 추대 유지성
　　　　　미 동북부 교사의 밤 9명 참가 － 모범교사상: 한혜진 교무
　　　　　SAT II 한국어 모의고사 응시 (24명)
　　　　　제28회 미동북부 한국어 동화구연대회 주최 24개교 49명 참가
　　　　　－ 대상: 임세현 (뉴져지한국학교)
　　　　　제1회 어린이날 소풍 (Alley Pond Park) 82명 참석
　　　　　봄학기 종강 및 학습 발표회
　　　　　－ 개근상 5명: 강현구, 김채수, 박현철, 정지웅, 조재원
　　　　　－ 제13회 문집 발간
　　　　　제30차 NAKS 학술대회참가 (Washington DC. 2명)
　　　　　오카타리나 교사: 35년 장기근속 교사상 (재외동포재단이사장상)
　　　　　가을학기 개강 및 교사 임명
　　　　　새싹반 개설 － 최덕희 교사

2013년   SAT II 한국어모의고사 실시: 22명
　　　　　제29회 동북부한국어동화구연구연대회 주최 31명 참가, 26개교
　　　　　－ 대상: 박도영 (원광한국학교)
　　　　　한국어능력고사 실시 (본교 지정 학교)
　　　　　－ 34명 참가: (초급: 21명, 중급: 10명. 고급: 3명)
　　　　　제2회 어린이날 소풍 (Alley Pond Park － 98명 참석)
　　　　　제27회 어린이예술제 5명 참가 － 임재경 지도교사 검도 기본
　　　　　가을학기 개강 및 교사 추가 임명
　　　　　학교 이전: P. S. 811 학생 142명
　　　　　－ 성인반 신설: 차재경/개설: 꽃동산반 (문혜은 교사) 한라산반 (김은호 교사)
　　　　　맨해튼 코리안 퍼레이드 참가 － 64명
　　　　　제15대 재미한국학교동북부협의회 임원 추대: 김혜성 교감 (편집장)
　　　　　2013년 동전 모아 아이사랑 돼지 저금통 캠페인
　　　　　링컨 센터 재즈 뮤지컬 공연 관람 72명 ('Dr, Butterfly')
　　　　　학부모 공개수업

현황

1. 학생 현황

브루클린한인교회 한국어학교가 개교한 1978년 9월에 등록한 학생수는 31명이었다. 학생 전원이 브루클린한인교회 교인 자녀들이었다. 1983년에 교내 동화구연대회를 개최한 후 학부모들의 반응이 좋으니, 그때까지 주저하고 있던 교인들도 자기 자녀들을 학교에 등록시켜 학생수가 40명이 되었으며 이 대회를 대외행사로 확대하기로 하고 1985년 제1회 미 동북부 한국어 동화구연대회로 발전시키니 많은 외부 학생들도 한국어학교에 입학해 학생 수가 65명이나 되었다. 경험이 많은 교사와 현대 언어교수법으로 한국어 말하기 교육을 통해 학생들이 한국어를 자연스럽게 배울 수 있었기 때문이었다. 2014년 가을학기부터 베이사이드 고교로 이전하여 금요일반을 신설(오후 3:00~6:00)하였고 토요반은 오전 9:30~12:30에 수업이 열린다.

2. 교원수

총 25명(교장 1명, 교감 2명, 정교사: 10명, 특별활동교사: 5명, 보조교사: 6명, 경비원 1명)

3. 총학생수

142명(남: 78명, 여: 64명 – 2013년 가을학기 기준)

재정

교회 부설로 세운 학교이기 때문에 교실 임대료가 필요 없었기에 학교 운영에 재정문제는 없었다. 그러나 일부 교회가 운영하는 학교와는 달리 교사들에게 사례금을 지급하였다. 무료 봉사는 교사들이 책임감을 잃을 가능성이 있어 사례금을 위해 학생들로부터 등록금을 받았다. 여러 가지 행사로 인해 예상 외의 많은 비용이 들 때는 교회로부터 재정 지원을 받을 수 있었고 학부모들의 후원금도 있었기에 재정문제는 별로 없었다.

독립기관으로 등록된 후부터는 후반기에 이사회를 통해서, 재무 1명, 전문인 감사 2명이 총괄하여 재정 관리를 엄격하게 하고 있다.

이사회

2012년 6명의 이사회 발족. 2013년 14명의 이사진이 모여 전·후반기로 나누어 연2회 학교 운영 방안을 논의한다.

역대 고문 및 이사장
- 고문: 안중식, 이선근, 이영자, 이문모, 변규섭
- 초대이사장: 김재숙(2009년 9월~2012년 9월)
- 2대 이사장: 유지성(2012년 10월~현재)
- 총무이사: 임병남, 재무감사: 김은순·안한식, 재무이사: 안미진

교과목

1. 한국어

초창기 한국어 수업은 두 시간 내내 한국어만 가르쳤다. 학생들은 한국어 말하기, 듣기, 쓰기, 읽기를 다 학습하였는데 말하기 중심으로 한국어를 가르쳐 주었다. 말하기를 잘할 때 듣고 읽고 쓰기는 쉽기 때문이다. 적은 수의 학생들을 모아 가르치는 것이 말하기 반에서는 필요하기 때문에 같은 수준의 한국어 실력을 가진 학생들을 한 반에 모으기 위해 학기 초에는 분반시험을 본다. 그렇게 하여도 문제가 해결되는 것은 아니다. 한국어 실력이 비슷해도 나이 차이가 많게 되면 학생들이 좋아하지 않아 작은 학교를 운영하기가 쉽지 않다.

2. 음악

우리 학교에서 음악 수업을 택한 것은 정서교육을 가르치기 위한 것뿐만 아니라 한국어 발음 공부에 큰 도움을 주기 때문이다. 아무리 어려운 발음이라도 음률을 통해 연습을 하면 어렵지 않게 한국어를 배울 수 있다. 음악을 배울 때 가사도 외우기가 쉬워 한국어를 공부하는 데 큰 도움이 된다. 셋째 시간에는 어린 학생들에게는 음악을 공부하게 하였다.

3. 역사와 문화

한인 2세들에게 정체성을 심어주고 뿌리 교육을 시키는 데 무엇보다도 한국 역사와 문화, 나아가서 한국 풍습을 가르칠 필요가 있다. 나이 어린 학생들은 역사와 문화를 배울 때 이해하는 능력이 아직 부족해 초등학교 상급반 학생이거나 중·고등학교 학생들에게 기회를 주었다.

특별 활동

1. 교내 동화구연대회

1978년에 브루클린한인교회 한국어학교를 세우고 한국어를 가르칠 때 가장 힘들었던 것은 학부모들이 자녀들의 한국어 교육에 적극적으로 협조해 주지 못한 것이었다. 새로 이민 온 부모들은 무엇보다도 먼저 살기 위하여 사업에 신경을 썼지 자녀 교육에는 마음만 간절할 뿐 신경을 쓸 시간이 없었다. 자녀와 만나서 대화를 할 시간도 부족했기에 학교에서 배우는 한국어를 학생들이 가정에서 직접 사용할 기회가 없었다.

학생들의 학습 진전이 별로 없는 것을 깨닫고 생각해 낸 것이 한국어 동화구연대회였다. 학생들이 동화를 선택하여 집에서 연습할 때에 부모님들의 절대적인 도움이 필요하다는 것을 학부모들에게 강조하고 협조를 요청하니 마지못해 협조를 시작하였다. 동화구연대회가 성공을 거둘 수 있을지 걱정을 하면서 계속 학부모들에게 전화를 걸어 협조를 요청한 결과, 부모들이 자기 자녀들에게 신경을 써도와주기 시작하여 드디어 만족할 만한 대회준비가 되었다. 어린 학생들이 발표하는 동화구연을 보고 학부모들이 큰 박수로 학생들을 격려하였으며 이 행사가있은 후부터 학생들의 태도가 달라졌다. 부모들도 전보다 자녀에게 더 많은 관심을 가지고 학습 지도에 더 많은 시간을 할애해 주었다. 이로 인해 학교 교육의 학습 효과도 훨씬 높아지고 학생 수도 늘어났다.

2. 동북부지역 동화구연대회

이 동화구연대회를 통해 좋은 생각이 떠올랐다. 이 대회를 교내 행사로 그치게 하지 말고 대외 행사로 하는 것이 한글학교 활성화에 도움이 될 것으로 믿어학부모들의 도움을 얻어 1985년 재미 한국학교 동북부지역협의회 산하 한글학교를 대상으로 동화구연대회를 개최하였다. 대회를 치르기 위한 예산도 필요하지만 학부모들의 헌신적인 도움도 필요했다. 이 대회는 예상 외로 많은 학교에서27명의 학생들이 참가하였으며 예상보다 더 큰 성공을 거두니 자연적으로 대회는 해마다 개최될 수 있었고 많은 학교에서 교내 동화구연대회를 중요한 학교행

사의 하나로 만들어 매년 대회를 개최하여 시간이 갈수록 동화구연 수준이 높아지게 되었다. 특별히 1987년에 개최되었던 제3회 대회에서 1등을 차지한 학생을 한국 기독교방송국에서 주최하는 전국 동화구연대회에 참가시켰는데, 150여 명 참가자 가운데서 당당히 2등을 하여 주최측과 대회에 참가했던 모든 사람들을 놀라게 했다. 외국에서도 한국어를 잘 가르치면 한국에서 자라는 어린이들 못지않게 한국어를 할 수 있다는 사실을 뉴욕 동포들이 알게 되어 가정과 학교에서 한국어 교육에 더 큰 관심을 갖게 되었다. 2014년에 개최된 동화구연대회가 벌써 30회 대회이다. 이 대회에 27개 학교에서 42명의 학생이 참가하였다.

3. 어린이날 봄 소풍

해마다 가정의 달 5월 초에 어린이날 봄 소풍을 간다. 학생 및 학부모들과 함께 퀸즈 Alley Pond Park에서 신나는 운동회를 연다. 이날 학생들은 제기차기, 줄다리기, 보물찾기 등 다양한 게임과 이벤트로 하루를 만끽한다.

4. 스승의 날 행사

유치반 학생들은 '스승의 날'에 종이 카네이션과 김밥을 만들어 한국어 교육에 힘써온 교사들에게 전달하며 감사의 마음을 전한다.

5. 추석행사 윷놀이

가을학기가 시작되는 9월 즈음 추석행사를 한다. 체육관에서 추석 알리기 행사를 실시한다. 한국문화를 알리기 위해 실시되는 이날 행사에서 학생들은 팽이치기와 제기차기, 윷놀이, 송편 빚기 등 한국의 전통 놀이를 체험한다.

6. 코리안 퍼레이드 참가

뉴욕한인회가 주최하고 한국일보가 주관하는 맨해튼 코리안 퍼레이드에 참가한다.

7. 종강식 및 학습발표회

각 반에서 학습발표회를 열고 한 학기를 종강한다. 학생들은 학부모들 앞에서 한국어 실력을 뽐내며 다채로운 공연을 펼친다.

학생 수 증가, 수업 장소 이전
베이사이드 고등학교에서 새 역사를 써 나가다.
(32-24 Corporal Kennedy St, Bayside, NY)

2013년 9월 7일 가을학기 개학날은 롱아일랜드한국학교의 새로운 전기를 만든 날 중 하나로 기억될 것이다. 개학 전후로 등록생이 몰리면서 부득이 인근 PS 811 초등학교로 장소를 이전해야만 했다. 2014년 9월 5일 가을학기엔 다시 Bayside High school로 더 좋은 환경으로 장소를 이전하였다.

브루클린한인교회 한국어학교에서 시작해 34년 전통을 지닌 우리학교는 5년 전 교회가 문을 닫으면서 한때 중단 위기에 봉착할 때부터 시작되었다. 학교는 한국어 교육에 대한 사명감으로 뉴욕 주정부에 비영리법인단체로 정식 인가를 받아 그간 Little Neck의 PS 94 초등학교에서 수업해 왔다. 어렵게 다시 시작할 당시만 해도 등록생이 23명에 불과했다. 그간 꾸준한 노력으로 성장을 거듭해 왔다. 가을학기 개학 당일에는 120명이 넘는 학생이 몰린 것이다. 개학 후 2~3주까지도 등록생이 이어지는 점을 감안하면 올해 가을학기 등록생은 150명에 이르렀다. 등록생이 정원을 초과할 줄은 미처 예상치 못한 것이었다. 학교는 PS 94 초등학교의 수용 인원이 100여 명으로 제한돼 있어 인근 PS 811 초등학교(61-25 Marathon Parkway, Little Neck, NY 11362)로 장소 이전이 불가피해졌다.

개학 직전에서야 장소 이전이 결정되어 미처 통보를 받지 못한 학생과 학부모들이 기존의 PS 94 초등학교를 찾으면서 혼란이 커지는 해프닝이 벌어지기도 하였다. 올해 성인반도 개설하며 새로운 변화를 시도하고 있다. 성인반은 한인 2·3세와 백인 및 중국인 등 타인종들의 호응에 힘입어 새로 선보이고 있다.

오늘이 있기까지… '한글 행렬' – 교장 고은자

한글의 행렬은 매주 토요일 아침 6시부터 열린다. 기상의 알람이 어김없이 나를 깨운다. 그것을 위해 전날 밤에 할 일을 차곡차곡 정리해 놓는 것도 빼놓지 않는다. 혹시 뭐 잊은 게 없나 해서 두리번거리다가 자정이 넘어 숙면에 든 금요일 밤이다. 하지만 아랑곳하지 않고 눈을 떠야 하는 분명 토요일 아침인 것이다.

미국에 정착한 지 20여 년이 되어간다. 그중에서 나 자신에게 가장 잘한 일을 물어 본다면 그것은 오직 2세 한글교육이다. 그 길만을 가고 있다고 자신감 있는 답변으로 붙이리라. 한국학교를 운영해 온 지도 7년이 다 되어 간다. 어렵고 힘겨웠던 나날들을 어찌 다 헤아릴 수 있을까. 넘어지고, 뒤집어지고, 흐트러져서 헤어나지 못할 때가 오히려 나 자신을 강하게 만들지 아니하였는가.

4년 전 33년 된 교회가 미국 노회로부터 징계를 받아 문을 닫았다. 이민자로

서 정말 어처구니없는 참혹한 풍경을 나는 처음으로 보게 되었다. 미리 소식을 들은 교인들은 다른 교회를 선택해 놓기도 하였다. 그렇지 아니한 이들은 무심코 그저 교회에 다니면서 허무함을 달래며 난감한 현실을 맛보아야만 하기도 하였다. 30여 년 동안 오직 한 교회를 섬기며 정들었던 교인들이었기에 말이다. 고통은 이때부터 시작되었다. 오갈 곳 없는 우리 2세들과 학부모들의 애달픈 마음을 쓰다듬어 주었을 때가 지금까지도 잊지 못할 걸림돌로 가슴에 남아 있다.

곧바로 몇몇 장로들과 나는 뉴욕시 교육청에 비영리 단체로 신청을 하였다. 허가가 나올 때까지 그 당시 내가 섬겼던 미네올라에 위치한 조그마한 동네 교회를 빌려 22명의 학생들과 함께 수업에 임하였다. 그 후 일 년이 지나 기다리던 정식 인가를 받으니 이것이야말로 주님의 뜻이라는 것에 눈물겹도록 감사하기만 하였다. 이제부터라는 각오 아래 수업할 장소를 찾아 나섰다. 롱아일랜드 근교에 있는 공립학교들의 웹 사이트를 낱낱이 뒤지며 방문하기에 여념이 없었다. 드디어 Little Neck에 있는 공립 초등학교의 교장 승인을 받아 교실 사용허가를 교육청으로부터 얻게 되었다. 급한 대로 1998년 9월에 비록 23명밖에 안 되는 학생들을 데리고 다시 한글 익히기에 열의를 다하였다.

24시간이 모자랄 정도로 커리큘럼과 학교 운영 방안에 몰두하였다. 발바닥이 불어터지도록 돌아다니며 학생 개개인을 챙기기에도 신경을 쏟았다. 공립학교 사용료만도 교회에서 운영하는 한국학교의 두 배 정도의 지출이 추가로 들어가기 때문이었던 것이다. 그러려면 먼저 자금이 따라야 하기에 지원금을 모아 보려고 갖은 애를 써가며 몰두하기 시작하였다. 염치도 불고하고 여기저기 전화하며 직접 찾아가 2세 교육에 동참해 달라고 호소에 나섰다. 그러다 보니 애원하는 일은 어느새 나의 일과가 되어 자존심은 온데간데 없는 허무감에 감돌 때도 있었다. 하지만 2세 교육에 몸과 열정을 바치기로 마음 깊이 다짐한 나 자신이기에 어찌하랴…. 그저 묵묵히 목적을 향해 달려가야만 하지 않겠는가.

한번은 우리 학교가 거래하는 모 한인은행에 액수가 중요하지 않으니 조금이나마 지원해 달라고 요청을 했다. 물론 학교 자료와 문집을 들고 담당자에게 찾아간 것이다. 학교의 자료를 보면서 생각해 보겠으니 다음 주에 다시 오라는 것이었다. 조금이라도 기대를 하며 가벼운 마음으로 집에 돌아왔다. 다음 주를 한 달이 넘게 기다리는 느낌으로 그 은행에 기대를 했던 내가 너무 무리했었는지 일주일 후에 다시 찾아 갔다. 지점장은 "한글학교는 교육기관이라고 할 수 없으니 도와줄 수가 없다."라는 것이다. "그러면 어떤 교육이 교육기관인지요?"라고 물으니 본인들은 장애인들만 도와준다는 것이다. "그런데 왜 한글학교는 교육기관이 아니라고 하지요?"라고 반문을 하니 잘 모르고 있다며 죄송하다는 것으로 넘어간 적을 어찌 다 헤아릴 수 있나… 이런 일로 넘어지며 실망했던 기억들이 주마등처럼 흘러갈 땐 나도 모르는 사이에 눈시울을 적시게 된다.

2013년 가을학기는 시작되었다. 지난 봄학기에 일곱 반이었던 것이 이번에 다섯 반이 늘어났다. 그래서 3년 만에 열두 반이 되었다. 이렇게 늘어날 때마다 정교사와 보조교사를 채용하는 일이 급해진다. 예전에도 그랬듯이 우선 정교사를 채용하는 일은 한국에서 사대를 나온 교사이력에 신경을 썼다. 그것은 교수법이 다른 과와 다르기 때문이다. 보조교사는 대학 재학생으로 교육학을 전공하는 자에게 집중을 하고 있다. 갑자기 갑절로 늘어난 학생 수는 나에게는 꿈을 이룬 듯 새롭게 다가왔다. 하지만 부푼 꿈을 안고 그 뒤끝을 담당하기에는 아직도 나에게는 미숙한 것들이 있다.

교사들은 커리큘럼을 짜는 데 신경을 곤두세워야만 하는 세밀함이 필요하다. 담임교사가 결석을 하는 날엔 합반의 조화 연구도 필요하다. 대리교사도 미리 선정해 놓아야 하는 것도 염두에 두어야 한다. 학부모들이 자녀들을 통해서 학교에 제시하는 요구사항도 나에겐 크나큰 숙제다. 그 문제점들을 교사들과 의논하여 개선방안을 연구해야 한다. 이번 학기에는 142명을 한 학기 동안 알차게 한국어와 역사 문화를 보급해야 하는 당찬 도전이 요구되는 것이었다. 우선 특별활동에서 4교시로 나누어 말 그대로 특별반을 개설하였다. 그 특별반은 성인반과 고전무용반이다. 다른 하나는 음악반에서 목소리가 커서 다듬으면 수준급이 된다는 음악 전문교사가 택한 것이다. 개개인의 목소리를 가다듬어 주며 특별 양성하는 수업진행이다.

한 학기를 시작하는 동안 늘 초조함을 가지고 있다. 새롭게 시작한다는 각오 아래 움직이며 생각에 잠기는 게 나의 일상이 되어 있다. 100명이 넘으면 소원이 없겠다던 소망이 드디어 이루어지니 생각이 어느새 200명으로 간절함이 바뀌어져 있다. 그 소원이 이루지면 또 300~500명으로 욕심을 부릴 것임에 틀림없으리라. 오늘도 어김없이 숨 쉬는 시간 시간마다 연구에 몰두하고 있다. 먼 훗날 우리 2세들이 나를 알아보지 않아도 좋다. 그저 내가 노력한 만큼 아이들에게 모국어 교육의 결실이 맺어지기만을 간절히 바랄 뿐이다.

한국학교를 시작하게 된 뒷이야기 – 설립자 안중식

1. 시작하는 말

1965년 미국의 이민법이 개정됨에 따라 1970년부터 한국 이민의 수는 크게 늘어났다. 한국이민자의 교육수준이 높은 것 때문에 정착과정에서 육체노동보다는 정신노동에 더 많은 사람들이 종사하게 된 것도 사실이다. 그러나 미국사회에 적응하는 문제는 교육수준이 아니라 언어의 문제였다. 이민자의 초기 정착지를 선정하는 문제에서 캘리포니아주 로스엔젤레스(Los Angeles)를 선호한다든지 동부의 뉴욕시를 택하는 중요한 이유는 언어의 부담이나 문화적응에 크게 어려움이 없다는 사실 때문이다. 이것이 미국사회 혹은 미국 문화 적응에 저해요소이면서도 동시에 한국 문화와 전통을 수호하는 일에 도움이 된 것도 사실이다. 이러한 이유 때문에 초기 이민자들이 시간이 가면서 미국 직장보다는 자영업으로 안정된 정착을 원했던 이유도 미국 직장에서의 언어 때문에 오는 긴장감에서 벗어나는 방법의 하나였다. 그러나 자영업이라는 삶의 방법이 경제적으로나 운영 면에 안정이 되기까지 부부가 또는 가족들이 함께 힘을 합해야만 가능하다는 어려움도 간과할 수 없는 일이었다.

필자가 섬기던 당시의 브루클린 한인교회가 오션 애비뉴와 디트마스 스트리트에 위치하고 있을 때 하루는 목회자인 나에게 경찰서에서 전화가 걸려왔다. 달려가 보니 한 한인가정의 어린이들이 미국경찰에 의해 임시로 양육해줄 미국 가정으로 끌려가게 된 형편이었다. 이유는 이러했다. 부모가 모두 가게 때문에 유치원에 있는 자녀를 제 시간에 데리러 가지 못하는 일이 반복되자 학교가 경찰서에 연락하여 이 가정으로 경찰이 방문하게 되었다. 그때 집에는 어린 아이들(12세 미만)만 집에 있는 것을 확인했고 12세 미만의 어린이들을 부모가 방치했다는 이유로 자녀를 부양할 자격이 없다는 것이었다.

목회자인 나는 경찰에게 이민초보자인 이들이 이러한 법을 몰랐다는 것과 부모 모두가 가게에서 일을 해야 하는 어려운 입장임을 설명하여 우선 위급한 상황을 면하게 되었다. 이러한 경험이 한국 이민초기의 어려움이요, 정착하는 과정에 있을 수밖에 없는 사정임을 알게 되었다. 때문에 교회가 여름방학 동안만이라도 어린이들을 모아서 교육하고 돌보고 부모님들의 수고를 덜어드릴 방법을 생각하게 된 것이 한국 어린이 여름학교였다.

브루클린 케이톤 애비뉴에 있는 초등학교 교실을 빌리고 여름 동안 어린이들에게 제공하는 무료 점심식사를 먹고 스쿨버스를 임대하여 아침부터 어린이들을 데려오고 오후 3시 프로그램이 끝나면 다시 집으로 데려다 주도록 했다. 아침 10시부터 시작하여 영어, 수학, 한글, 미술과 음악을 교육했다. 점심식사 후에는 2시간 동안 운동장과 공원에서, 때로는 박물관과 해수욕장으로 학생들을 데리고 가 마음껏 놀게 했다. 미국학생들 사이에서 긴장했던 한국 어린이들이 자기들과 같은 얼굴색의 아이들과 서로 소통할 수 있는 말을 하며 뛰노는 모습을 보니 마음이 흐뭇했다. 한여름 동안 27개의 한국동요와 어린이 찬송을 배운 어린이들은 언어의 뜻은 이해하지 못해도 마음으로 뜻을 읽었다. 몸으로 이해하며 노래를 즐겼다. 한여름에는 대구의 영신학교 교장선생님이 교감선생님, 역사 선생님, 유치원 원장님을 인솔하여 왔다. 150명 이상의 어린이들에게 입힐 수 있는 여름 티셔츠에 '브루클린 한인교회 여름학교'라고 쓰인 노란 옷을 모든 어린이들에게 입혔다. 아이들은 노란병아리처럼 너무너무 예뻤고 이 세상에서 최고 귀여워 보였다. 이때가 긴긴 추억으로 다가온다.

이들은 노래와 놀이 이야기를 통해서 한국을 알게 되고 부모님의 나라 문화와 글을 배우기 시작했다. 여름학교가 끝나면서 발표회를 가졌을 때 '이순신 장군'이라는 영화를 보여주었다. 물론 영어로 된 자막은 없었다. 그렇지만 이순신 장군이 거북선 위에서 마지막 숨을 거두시는 순간 어린이들이 흐느끼며 우는 모습을 보았다. 그 광경을 보면서 배움과 정신유산의 전달은 말과 글뿐이 아님을 알게 되었다. 후에 안 것이지만 그때 잠깐 배운 한글과 한국말이 성장해 가면서 한글을 배워야겠다는 동기부여에 도움이 되었음도 알게 되었다.

2. 한국인 공동체 형성

브루클린 한인교회는 앞서 언급한 한국 어린이 여름학교를 통해 한국어 학교를 시작해야겠다고 결심하게 되었다. 1978년 9월 16일에 한국어학교를 설립하게 되었다. 한국어 학교는 단순히 2세들을 위한 한국어교육을 위해서만 아니라 한국 교포사회의 결집과 한국문화 유산을 지켜가기 위한 수단으로 생각한 것이다.

나는 1980년대 중반 뉴욕노회 친선방문단의 일원으로 쿠바를 방문할 기회를 가졌다. 나의 관심은 1920년경 멕시코를 향해 이민 갔던 한국이민자 중의 일부가 쿠바로 갔다는 것과 그들은 에네켄(선인장) 농장에서 일하면서 삶을 영위해 갔다

는 사실에 흥미를 갖고 한인들을 찾기 시작했다. 쿠바장로교회 목사님의 안내로 몇 가정을 찾을 수 있었다. 그중에 한 가정은 박 씨 할아버지 부부였는데 경북 의성이 고향으로 할아버지는 쿠바로 이민 오신 후 고향과는 소식이 두절되었다고 하였다. 할머니도 8살에 쿠바에 오신 후 한 번도 한국을 방문하신 경험이 없다고 하셨다. 아들은 그곳에서 루터교 목사로 목회하는 것을 알았고 만나 보았으나 한국말을 전혀 하지 못했다. 그 외에 몇 가정을 방문했으나 우리말로 소통할 수 있는 사람은 아무도 없었다. 물론 이렇게 쿠바사회에 완전 동화되어서 한국 것이라고는 그들 머릿속에 간직한 부모님들에게 들은 이야기 외에 아무것도 찾을 수 없었다. 한국 이민이 계속되어서 공동체가 성장하거나 한국의 전통과 습관이 지속될 수 있는 '장'이 전혀 없다는 것이 문제였다.

미국에 사는 한국 이민자라고 해도 한국 커뮤니티와 접촉을 끊고 혼자 미국사회에 동화되어 살고 있다면 그들에게서도 한국의 문화유산을 지켜갈 힘이 없게 될 것이다. 어떤 이들은 미국에 살면 미국에 동화되어 살 것이지, 한국 문화권에서 살아갈 필요가 무엇이냐고 말한다. 그분들에게 나는 이렇게 질문하고 싶다. 미국의 문화는 무엇이고 그 문화의 뿌리는 어디냐고. 또는 미국의 이민자 중에 자기의 문화유산 그것이 정신적인 것이든 생활 방법이든 미국에서 창시된 특수한 문화가 얼마나 되느냐고. 때문에 문화유산을 지켜가기 위해 한인공동체는 유지되어야 한다. 이것이 유지되기 위하여 한국학교의 역할은 더욱 소중하다고 생각한다.

우리 모두가 거부감이 있으면서도 동의하는 것은 유태인의 디아스포라의 역

사와 정신이며 그 가치의 중요성이다. '디아스포라(Diaspora)'라는 단어의 의미
는 '흩어짐' 혹은 '씨 뿌림'이라는 의미로 사용되었다. 어떤 민족이나 소수 인종이
영토 확장을 목적으로 침범한 강대국에 의해 조국을 잃고 낯선 땅에서 새로운 삶
을 개척하면서 그들의 인종과 문화 전통을 뿌리내리는 경우를 말한다. 유대인의
경우 1948년 이스라엘이 독립하여 정부를 수립하였을 당시 국내에 사는 인구는
310만 명이었고 흩어져서 세계 각국에 사는 인구는 1,450만 명이었다고 한다. 그
러나 우리의 관심은 얼마나 많은 유대인이 디아스포라로 흩어져 사느냐에 대한
관심이 아니라 어떻게 살고 있느냐에 그 초점을 맞추고자 하는 것이다. 오랫동안
흩어진 민족의 역사를 가지고 있으면서도 유대인이란 민족적 정체성을 유지해 가
며 그 어느 민족보다 우수하게 그의 공동체를 지켜가고 있는 것이다.

3. 언어와 소통

한인 이민사회가 미국사회
에서 자리 잡는 과정에 다양한
소통의 문제가 대두되었다. 자
세히 말하면 언어의 내용이 언
제 어디서 누가 어떻게 사용하
는가에 따라 그 의미의 내용은
다르게 전달되는 것이다. 한 교
포 가정에서 아버지가 친구와 전화를 하면서 "야! 자식 그럴 수 있어?", "야! 자식
그랬어."라는 언어를 자주 사용하였다. 그런데 어느 날 집의 초인종이 울리고 초
등학생 아들이 쫓아가서 현관문을 열었다. 오신 손님은 아버지의 친구였다. 아들
은 방으로 쫓아가 아버지에게 "아빠! 이 자식 왔어."라고 했다. 이 말에 아버지가
응접실로 나가보니 자기 친구가 온 것이다. 여기서 우리는 언어를 통한 소통의 문

제가 어떤 것인지 다시 한 번 생각하게 된다. 먼저 소통이란 무엇인가? 찰스 클레이(Charles Cooley)는 이렇게 정의했다. 소통이란 사회의 구성을 가능하게 하는 수단이며 본질상 주로 인간을 다른 사회와 구별하게 하는 도구이다. 그것이 한 가정이든 한 사회이든 한 민족이든 오랜 역사를 두고 지속 가능한 것은 구성원들 사이에 소통이 가능했기 때문이다. 원시 사회에서는 체계적으로 발전된 언어나 글이 아니라고 해도 서로의 마음, 느낌, 생각을 전달할 수 있는 상징이나 부호를 사용했다. 이러한 방법이 가능한 것은 오늘에도 쓰이고 있음을 나는 몇 주 전 TV를 보면서 확인할 수 있었다. 말 못하는 장애와 듣지 못하는 장애가 있으신 부모님과 젊은 아들이 소통할 수 있는 방법을 몇 가지로 약속했다. 기쁠 때 하는 표현, 무엇을 요구할 때 하는 표현, 어려움을 표현하는 방법들을 선별해서 반복적으로 사용하므로 그 내용이 어떤 것인지 소통 가능한 방법임을 알았다. 그러나 중요한 것은 소통에서 언어가 중심인 것은 사실이다. 그렇지만 그 언어를 사용하고 있는 구성원들이 어떠한 관계 속에서 전통과 습관을 공유하고 있는가 하는 것이 더 근본 문제이다. 각 문화가 가진 개성은 그 안에 함께하고 있다. 따라서 공동체의 구성원들이 서로의 생각이나 감정을 오랫동안의 삶의 과정을 통해서 사용한 상징과 부호에 따라 다르다.

4. 나가며

나는 한국학교를 시작할 때의 생각과 한국학교가 성장해 가면서 경험한 내용, 그리고 롱아일랜드한국학교가 미래에 어떻게 자기의 책임을 다해주기를 바라는지 소망을 여기에 담는다.

세계에는 7,000개의 언어(2007년 현재)가 사용되고 있다고 한다. 놀라운 것은 이 중에서 2주일에 1개의 언어가 사멸되고 있다는 것이다. 민간 환경단체인 월드워치연구소(World Watch Institute)의 보고에 의하면 전쟁, 대량학살, 치명적

인 자연재해, 영어 및 중국어의 확산 때문에 2100년까지 약 6,100개의 언어가 사라질 것이라고 한다. 우리는 보이는 전쟁이나 자연재해, 이념갈등에는 관심을 기울이면서도 보이지 않는 언어의 양육강식에는 무관심하고 있다. 언어를 잃는다는 것은 우리의 고유한 문화나 전통, 역사까지도 잃는다는 것임을 우리는 일제강점기의 경험을 통해 잘 알고 있다.

오늘에도 언어의 중요성과 보존의 문제에 대해 여러 가지 주장이 일어나고 있음을 볼 수 있다. 소설가 복거일은 1998년 조선일보에 "국제어로 자리 잡은 영어를 모국어로 배우지 않은 사람들이 입는 손해가 이미 너무 크다. 앞으로는 더욱 커질 터이므로 경제 논리는 사람들이 영어를 모국어로 살도록 만든다."고 주장했다. 이에 대해 남영신(『국어청년의 실패와 성공』의 저자)과 서울대 한영우 교수, 소설가 이윤기는 이에 대해 반론을 제기했다.

특히 문학비평가 최원식은 "(복거일 등이 주장한 영어공용어론) IMF사태에 편승하여 한국의 국가주의를 해체하였다. 미국의 시장주의를 이식하려는 식민주의적 기획에 불복하고 공모하는 것과 다름이 없다."고 비판했다(『지식ⓔ³』, EBS지식채널ⓒ제작팀 지음, 2008, 324쪽).

민족이 없어서 이민자들이 없는 것처럼 해외에 흩어져 사는 한국인들도 이념과 사상을 뛰어넘어 하나의 조국을 위한 민족교육에 힘써야 한다고 생각한다. 일본에 있는 민단과 조총련계가 오랫동안 갈등한 역사를 썼었다. 2008년 일본 오사카에는 모두를 함께 어우르는 '동포학교'가 생겼다고 한다. 우리 학교도 먼 미래를 바라보며 단순한 한글교육에만 머무를 것이 아니라 한국교포 사회를 지켜가기 위해 서로를 돌보며 배려하는 시민으로 성숙해가도록 교육하는 기관으로 발전해야 한다. 그렇게 되면 미국사회가 우리를 존경의 눈으로 볼 것이다. 통일을 준비하는 작은 교육기관으로 발전해 갈 수 있을 것이라 확신한다. 글귀 한 구절을 소개한다.

"언어를 잃어버린다는 것은 시간과 계절, 바다 생물, 순록, 식용식물, 수학, 풍경, 신화, 음악, 미지의 세계, 매일 매일에 대해 수세기에 걸쳐 인간이 생각해 온 모든 것을 잃는 것이다."

– 미국 스위스모대학, 데이비드 해리슨 언어학 조교수

3 스태튼아일랜드한인학교

김미숙, 전상복, 이기웅

개요

1. 역사적 배경

1976년 3월 학교 설립과 개교 기념행사를 하며 새 장을 열다. 첫 수업을 PS 54(Willow Brook)에서 매주 토요일 주말학교로 하고, 다음의 목적과 취지로 학교 설립을 동포들에게 설명과 홍보를 하였다.

- 이민자들로 구성된 미국에 이민 온 한국인들에게 역사와 한글을 후세에 교육하기 위하여
- 코리안 아메리칸으로 조국의 얼을 갖고 다민족과 함께 성장할 필요성
- 1960년대 케네디 대통령의 이민자 문호개방으로 많은 한국인의 정착을 위하여
- 모든 사람은 최소 7가지 언어 구사가 가능하니 먼저 모국어를 후세에게 전달키 위하여
- 세종대왕이 만든 한글의 우수성을 다민족에게도 알려 영어, 불어, 독일어처럼 가르치기 위하여, UN을 통하여 쉬운 한글을 세계에 보급하기 위하여

이상의 목적과 취지를 설명하고 약 3개월의 기간에 S.I. 보로 청에 공문을 제출하고 각종 재정 지원도 신청하여 첫 해에 3,000달러 지원도 받고 I.R.S.에 비영리 기관으로 등록도 하였다. 설립 당시 참석한 분들은 전상복, 전송희, 이기웅, 이

용찬, 이수철, 조용수, 손원길, 민경완, 주은태, 남학회 목사, 장석진 목사, 수지 바이델 여사 외 다수.

교재 보급을 위하여 뉴욕 영사관의 지원을 요청하여 다수의 교재를 한국에서 공급 받고, 재정지원금으로 첫 해에 1,000달러도 수령했다. 초대 교장에는 한국에서 교사로 재직한 이명술 선생님, 교사는 10명을 임명했으며, 자격요건은 한국과 미국의 대학에서 전문과정 졸업자를 우선적으로 임용했다.

학교 교과목은 한국어와 한국역사를 가르치며 특별 활동으로 한국무용, 태권도, 음악, 미술, 붓글씨(서예), 기초 영어, 오케스트라로 구성했으며, 이민 초기 자녀를 위한 기초 영어반 개설로 주 정부로부터의 재정지원 수령에 큰 도움을 받았다. 재정 확보는 7명의 이사를 구성하여 전상복 초대 이사장 부부가 매년 7,000달러를 지원했으며, 공식적인 이사회비 없이 2대 이사장으로 이용찬을 선출하였다.

2. S.I. 한인학교 후원회 밤 행사 실시

- 한국의 국경일인 3·1절, 8·15 광복절을 기념하며 미국의 신년과 한국의 설날을 계기로 유명한 연예인들과 음악인을 초청하여 동포들의 친목과 기금 조성을 하였다. 예컨대 최무룡, 양훈, 김진규, 곽규석, 이미자, 강미자, 박인수 등 당대의 유명인들을 만나기 위하여 동포들이 많이 모였고 입장권과 경품 판매로 푸짐한 행사가 되었다.

- 행사 때마다 6·25 참전 미군용사들과 미국 현지 V.I.P. 초청, 기금조성과 한인들의 우정 나누기에 여러 한인 단체장과 6·25 참전 미군 용사들을 모시고 위로잔치를 베풀어 그들도 한인학교의 위상 인정과 재정 지원을 도왔다. 또한 한인 고아 입양가족들을 초청하여 타 민족 부모 가정에서 성장하면서 겪는 어려움을 달래어 주며, 위로하기도 하고 등록금을 면제해주기도 했다.

- S.I. 보로 청 가이 멜로나리 청장의 특별한 배려로 학교에 도움을 받았다.
- 6·25 미군 참전용사로 특별한 사랑으로 한인들에게 항상 서로 반가워하며 때로는 한인회 간부들을 보로 청장 사무실로 초대하여 장학금과 커피로 선대하였고 행사 때는 모든 다른 스케줄을 뒤로 미루고 축사와 환담으로 같이 즐겼다.

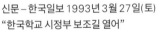

신문 – 한국일보 1993년 3월 27일(토)
"한국학교 시정부 보조길 열어"

조선일보 1995년 2월 25일(수)
"한인학교 기금 1만 5천 달러 모금"

연혁

1976. 3.	초대 전상복 이사장, 이명술 교장 취임
1977.12.	제1회 S.I. '한인의 밤' 행사위원장 이용찬 이사 선임
1978. 7.	I.R.S.에서 INTERNAL REVENUE CODE 501(C)(3)에 의거 비영리교육단체로서 TAX EMEMPET CERTIFICATE 1979년 12월 취득
1981.12.	제5회 '한인의 밤' 행사위원장 김영수 이사 선임
1987.12.	제10회 '한인의 밤' 행사위원장 김연식 이사 선임

1989.10	김명철 교장 NAKS 동북부협의회 3대 부회장 역임(1989.10~1991.09)
1992.12.	제15회 '한인의 밤' 행사위원장 주은태 이사 선임
1995. 9.	제11대 김성진 이사장 취임
1996. 3.	제11대 김홍석 교장 취임
1997.12.	제20회 '한인의 밤' 행사위원장 유관겸 부이사장 선임
2002.12.	제25회 '한인의 밤' 행사위원장 김종진 이사 선임
2008.12.	제30회 '한인의 밤' 행사위원장 이민식 이사 선임
2012.12.	제34회 '한인의 밤' 행사위원장 황구연 이사 선임
2013.10.	제17대 황구연 이사장 취임, 김지연 교장 취임

역대 교장 및 이사장 명단

	초대	2대	3대	4대	5대	6대	7대	8대	9대
교장	이명술	민성식	박대식	장병혜	이기웅	김명철	김명철	장석렬	최규숙
이사장	전상복	이용찬	박태성	이명술	민경완	이성구	황희언	이기웅	김연식

	10대	11대	12대	13대	14대	15대	16대	17대
교장	최규숙	김홍석	김홍석	김홍석	문휘섭	곽승용	서노마	김지연
이사장	유성종	김성진	김명철	최상율	유관겸	유관겸	이민식	황규연

현황

대표 운영진	교장: 김지연 교감: 김미숙 이사장 : 황구연 부이사장: 박켈리
학교시설	유상 임차 교회: International Christian Center (ICC) 주소: 1501 Richmond Ave. Staten Island, NY 10314 E-Mail: sikoreanschool@gmail.com Kssi.korean.net

총 교원수	13명(보조교사 3명)
총 학생수	40~50명(유치반: 10~15명, 초·중등학교: 30~35명)
수업일수 총 30일	매주 토요일에 4시간 수업(9:30am~1:45pm) 가을학기: 14일/봄학기: 16일 한국어 교육 3시간(한국의 역사와 문화 30분 포함)과 특별활동 1시간
교과목	한국어, 한국 역사, 한국 문화, 한국노래·동요, 미술, 한자
특별활동	두뇌계발놀이/동요반, 로보릭반, 만들기, 미술반, 사물놀이, 종이접기, K-POP 댄스, 태권도, 한국 민속놀이, 한국무용
재정조달 방법	등록금(봄·가을학기) 매년 실시하는 한인학교 기금모금 행사 수익금(한인의 밤, 한인골프대회)을 기반으로 재정 자립도를 연계적으로 유지
학교행사	설날/한가위 잔치, 소풍/사생대회, 백일장, 동화구연대회, 코리안퍼레이드 참가, 가을 운동회 등
외부행사 참가	한영/영한 번역대회, 글짓기 대회, 역사 퀴즈대회, 동화구연대회, 나의 꿈 말하기 대회, 어린이 예술제 등

연간 학사일정

주	날짜	2013년 가을학기	주	날짜	2014년 봄학기
1	09/14	개학 – 한가위 잔치	1	02/01	개학 – 설날 잔치
2	09/21		2	02/08	
3	09/28		3	02/15	
4	10/05		4	02/22	
5	10/12		5	03/01	
6	10/19		6	03/08	
7	10/26	제15회 미동북부 한국어 글짓기 대회 중간고사	7	03/15	

8	11/02		8	03/22	중간고사
9	11/09		9	03/29	
10	11/16	제14회 한영/영한 번역대회	10	04/05	제30회 미동북부동화구연대회
11	11/23		11	04/12	
	11/30	휴교		04/19	휴교
12	12/07	제7회 한국문화역사퀴즈대회	12	04/26	제10회 나의 꿈 말하기 대회
13	12/14	기말고사	13	05/03	
14	12/21	종업식	14	05/10	소풍/사생대회
수업시간 1교시 09:30~10:30 2교시 10:40~11:20 간식 11:20~11:40 3교시 11:40~12:20			15	05/17	제28회 어린이 예술제
				05/24	휴교
			16	05/31	기말고사
특별활동 12:30~13:45(두뇌계발놀이, 동요, 만들기, 사물놀이, 태권도, K-Pop, 무용)			17	06/07	종업식 제14회 미동북부 어린이동요대회

교과목 및 특별활동

1. YES!(Youth, Enrichment, and Stem Program) KOREA! 프로그램

Yes! Korea! 프로그램 취지

현재 스태튼 아일랜드의 유일한 한글학교인 스태튼아일랜드한인학교가 아동과 청소년의 한글/한국 문화 교육의 중심인 만큼 토요 한글학교의 범위를 넘어 주중에도 한인 아동·청소년들을 위한 다양한 학업 교육, 문화 교육 그리고 인성 교육 프로그램을 제공함으로써 학업에만 뛰어난 한인 2세를 키우는 것이 아니라 창조적이고 진취적인 진정한 리더를 교육하는 데 목적이 있다.

주중에도 한글 교육을 제공하고 모든 수업 내용이 이중언어로 진행됨에 따라 학생들이 자연스럽게 한글을 접하는 기회를 높이도록 한다. 문화 교육 프로그램을 개발하여 한인 문화에 관심이 많은 지역사회 일원들에게 한글 교육과 문화 교육을 실시하여 한인의 이미지를 높이도록 한다.

- 프로그램 효과: 본 프로그램을 통한 한인학교의 긍정적인 효과.
- 경제적 효과: Yes! Korea! 프로그램을 통해 들어온 수업료는 렌트비, 강사료, 프로그램 개발비, 비품비를 제외하고 한인학교 발전 기금으로 전부 기부된다.
- 외부적 효과: 한인학교가 주말 한글학교의 범위를 넘어 다양한 프로그램을 제공함으로써 연령과 종교에 관계하지 않고 모든 학생들이 이용할 수 있을 것이다. 프로그램의 다양성과 전문성이 한인학교의 질을 향상시키는 큰 역할을 할 것이다. 스태튼 아일랜드에도 한국어와 한국 문화를 홍보하고 한국에 대한 좋은 이미지를 심어주어 공·사립학교의 한인 학생들이 한인으로서 자부심을 갖고 학교와 사회생활을 할 수 있게 큰 도움을 줄 것이다.
- 내부적 효과: 주중에도 이용 가능한 공간으로 현 한인학교 교사진들이 지속적으로 교육정보를 교류하여 양질의 교사진을 육성할 수 있을 것이다.

프로그램 운영방법
- 기금: 프로그램 조성 자금(렌트비, 가구비, 사무용품비 등)은 한인학교 발전 기금에서 충당한다. 조성 자금에 대한 비용은 이사회의 동의를 받아 시행하도록 한다.
- 프로그램 운영자금: 운영자금은 프로그램 수입금과 한인학교 발전 기금에서 충당한다. 운영자금은 코디네이터가 관리·운영하며 이사회로부터 감사를 받은 후 수입금은 한인학교 발전 기금으로 조달한다. 또한, 만약의 경우 적자가

생겼을 경우 이사회에 보고하고 한인학교 발전기금에서 지원 받는다.

- 운영: 코디네이터가 주중 한인학교 프로그램인 "Yes! Korea!" 프로그램의 전반적인 업무를 운영한다. 코디네이터는 프로그램을 기획하고 강사 선정과 강사료를 정하고 프로그램 발전에 필요한 물품을 구입한다. 운영자금과 프로그램 운영에 대한 변경, 보고, 의논은 한인학교 이사회와 함께 결정한다.

방과 후 프로그램 내용

- 여름방학: 한인학교와 함께하는 신나는 여름방학 프로젝트
  'Brain Fun': 유치원/1학년, '신문반 – 나는야, 어린이 기자단': 저·고학년 대상
- 수요일 북 클럽
- 학기 중 프로그램: 방과 후 프로그램
- 숙제 도우미
- 과학 탐험실
- 나는야, 아티스트
- Brain Fun (영재 준비반)
- 문화 프로그램: 한류의 바람, 스태튼 아일랜드 한 가족
- 외국인을 상대로 한국 문화 체험반(드라마 보고 같이 음식 만들어 먹기)
- KAYA (Korean American Youth Ambassadors): 청소년 문화사절단
- 인성 프로그램: '자아 존중감 프로그램', '엄마와 함께하는 요리교실'
  2012학년도부터 실시한 YES 프로그램은 현재도 운영하고 있으며 매 달마다 수익금을 모아서 한인학교 발전기금으로 보태지고 있다.

2. KAYA Leadership Program

- KAYA는 초등학교 고학년부터 고등학교 청소년들이 함께하는 한국문화 알

리기 청소년 문화 사절단 프로그램이다. KAYA의 목적은 스태튼아일랜드 공립학교에 한국의 전래동화, 한국 놀이, 한국 음악, 한국의 문화를 소개함으로써 한국과 한국인에 대한 긍적적 이미지를 심어주고 현재 학교에 재학하는 한인 아동과 청소년들이 한국에 대한 자긍심을 갖고 그들의 친구, 선생님들에게 한국에 대한 관심을 갖게 하는 데 그 목적이 있다.

- 현재 KAYA의 1기 학생은 7명의 그룹원들과 4명의 학부모 후원자가 함께하며 매주 금요일에 모여 한국에 대한 역사, 정치, 경제, 문화에 대해 토론하고 한국문화를 알리는 사절단으로서의 지식을 공유하고 있다.

- 또한 뉴욕 Korea Society를 방문해 현재 Flushing 인근 공립학교에서 전통 이야기를 들려주는 프로그램 리더를 만나 KAYA 친구들이 나아가야 할 방향에 대해서 의논을 했다.

- 이번 학기에는 '콩쥐팥쥐' 동화를 바탕으로 유치원, 초등학교 1,2학년을 대상으로 한 문화 프로그램도 기획하여 시범적으로 한인학교 학생들에게 시연을 했다. 이를 바탕으로 '콩쥐팥쥐' 구연동화와 문화 프로그램은 영어로 번역되어 독특한 KAYA 만의 프로그램으로 다시 기획될 예정이다.

- KAYA 프로그램은 시범적으로 운영되고 있으며 한인학교의 경제적 지원 없이 4명의 학부모 후원자와 코디네이터의 자원봉사로 이루어지고 있다. 또한, 프로그램도 무료로 지원되고 있다.

4 뉴져지한국학교

황현주, 곽영희, 정은지

개요

북부 뉴져지에 위치한 뉴져지한국학교는 나무가 울창한 Garden State 뉴져지주의 Tenafly에서 Korean American의 후세들의 한국어와 문화교육을 시작한 지 30년 동안 많은 교육 프로그램을 개발하고 인재들을 양성하여 680여 명의 졸업생들을 배출한 한국학교다.

2009년 9월 Closter 중학교에 금요반도 설립을 하여 금요일 오후에도 한국어 수업을 시작했다. 뉴져지한국학교의 교육목표는 다양한 문화 환경에 있는 한국계 어린이들과 한국문화와 한국어를 배우고자 하는 모든 이들에게 이를 학습할 기회를 제공하여, 확고한 자아개념을 갖고 창조적인 삶을 살 수 있도록 하는 데 있다. 뉴져지한국학교의 교가에서 나오듯이 '세계 속의 주인이'되기 위하여 현재 350여 명의 학생들이 30명의 교사들의 지도 아래 한국어와 한국문화를 배우고 있다.

30여 년 동안 1대 김은자 교장, 2대 윤순철 교장, 3대 이경희 교장, 4대 전현자 교장, 5대 김재남 교장을 거쳐 현재 6대 황현주 교장이 있다.

이사회는 현재 이사장을 맡고 계신 김동수 박사가 제16대 이사장이다. 학교의 초대 곽상준 이사장, 2대 이태봉 이사장은 지금도 이사로 봉사하고 계신다. 학교의 삼위일체의 또 한 축인 자모회는 현재 21대 김은주 자모회장이 수고를 하고 있다.

뉴져지한국학교는 1984년에 교가를 제정하여(곽상준 작사, 임정은 작곡) 학교의 크고 작은 행사 때마다 애국가와 함께 제창을 하고 있다. 또한 학교의 소식지인 '꽃동산'은 1984년 창간호를 발행한 후 지금까지 매년 발행하고 있다. 1989년에는 교사와 이사들이 함께 교과분과위원회를 구성하여 배치고사 시험 작성, 졸업 자격 심사기준 및 교과과정을 개발하여 학교 교육과정의 기틀을 마련했다.

교사회는 일 년에 두 번 외부강사를 초청하여 교내 교사연수회를 가지고, 동북부협의회의 교사연수회는 전 교사진이 참석하여 연수를 받고 있다. 또한 전국학술대회에도 매년 10여 명의 교사들이 참가하여 연수를 받기도 하고 강사로 수고를 하기도 한다. 학교의 교사월례회는 매달 한 번씩 점심식사를 하면서 학교의 전반적인 교육과정에 대해 토의를 하기도 하고 학교행사에 관한 의논도 한다. 매주 수업 시작 30분 전에는 교사조회가 있어 당일 학교 운영사항을 전달한다.

이사회에서는 1년에 4번 정기이사회를 가지고 교장으로부터 학사보고를 받고 학교 경영에 관한 전반적인 안건들을 토의하고 결정한다. 학교의 재정 및 홍보를 이사회에서 담당하여 추석맞이 연 날리기 행사 및 학교 기념품(가방, 티셔츠 등) 등을 통해 홍보하고 또 학교의 재정과 시설들을 관리한다.

학부모회는 학교의 재정보조를 받아 운영하며 자녀교육 세미나를 개최하고, 학부모들 간의 친목을 도모하여 취미교실도 가지고, 바자회를 개최하여 학교에 필요한 물품들을 기부해주며 또한 매년 사은회를 개최하여 교사들에게 감사의 뜻을 전하고 있다.

뉴져지한국학교의 교과과정의 기틀이 된 1989년에 만들어진 교과과정을 통해 그동안 교재 및 학습지도안을 개발하여 매주 학생들에게 맞는 숙제 및 Activity로 수업을 하고 있다. 그 외에도 1학년부터 8학년까지 태권도, 한국무용, 한국동요, 한국화, 한국문화예술, 이민사, 사물놀이, 한국역사 등 특과과목을 정규과목으로 정하여 모든 학생들이 체험학습으로 한국문화를 배우면서 한국의 혼을 받을 수 있도록 하고 있다.

교내동화구연대회, 동북부글짓기대회, 운동회를 통해 학생들이 즐겁게 재능을 발휘할 수 있는 계기를 마련해주고 매 학기 배운 한글과 문화수업을 통해 익힌 솜씨들을 학예회와 솜씨마당에서 보여주고 있다. 고학년의 경우 한국어 SAT II와 능력고사(TOPIK)를 응시하는 기회도 학생들에게 매년 주어지고 있다. 현재 Tenafly 중학교와 Closter의 중학교에서 수업을 하고 있고 또 한국교육기관의 역할 중 하나로 커뮤니티와의 유대관계도 중요하게 생각해 오고 있다. 2001년부터 outreach program으로 교육계나 전문직에 있는 이사들이 버겐카운티의 공립학교 교사들을 대상으로 한국문화와 미국문화에 관한 강의를 해왔다. 공립학교의 교사들에게 우리 문화를 잘 이해하게 하여 한국에 관한 관심도도 높이고, 한국학생들에 관한 친밀감도 가질 수 있는 프로그램을 운영해왔다. 또한 학교가 위치한 Tenafly의 소방서나 경찰서, 교육위원회, 시장실 등과도 긴밀한 협조를 하고 있다.

지난 10월 17일에 열린 개교 30주년 행사에는 커뮤니티의 많은 귀빈들이 자리를 함께 해주셨고 뉴저지주 상·하원위원에서 뉴저지주의 모범 문화학교로 공로를 인정받아 한국학교로는 처음으로 주 결의안을 받았다.

세계 속의 한국의 위상이 달라지고 또 미국 내에서의 Korean American의 역할이 중요하게 부각되는 지금, 뉴저지한국학교는 또 다른 30년을 향해 가면서 새로운 세대에 맞는 한국어 교육과 또 커뮤니티에 차세대들에게 문화의 장을 열어주는 교육기관으로 계속 발전해 나갈 것이다.

연혁

1982.10.10	학교명을 '뉴저지한국학교'로 정하고 운영위원회를 구성함. 곽상준 초대 이사장 취임
10.15	학교법인 조직 구성 완료. 교직원 선정 시작
11.19	김은자 초대 교장, 윤순철 교감 취임
1983.01.08	개교(학생 216명, 교사 12명)
1984.01.28	개교 1주년 기념 파티 개최 및 제2대 이태봉 이사장, 이종현 자모회장 취임
02.15	뉴저지한국학교 제자 및 로고 제작
03.21	제1호 '뉴저지한국학교 소식' 발행
06.11	뉴저지한국학교 교가 제정
08.	기초반 교과서 1권 발행(박현자 선생 지음)
09.08	서울 서초국민학교와 자매 결연
1985.02.	기초반 교과서 2권 발행(박현자 선생 지음)
12.14	제1회 졸업식(졸업생 4명),
12.05	김은자 교장 문교부 장관 표창
1986.04.12	제1회 교내 동화대회 개최(연 1회)
05.09	'사은과 친목의 밤' 개최(연 1회)
1987.09.12	교지 '꽃동산' 제1호 발행(연 1회)
10.03	'Korean Parade', '올림픽과 한국' 행사에 참가
1988.06.	기초반 교과서 3권 발행(박현자 선생 지음)
1989.02.01	제11호 '뉴저지한국학교 소식' 발행
02.10	제 1차 교과분과위원회(위원장 안병설 이사) 모임 ⑴배치 시험 문제 작성 ⑵졸업 자격 심사 기준 ⑶교육과정 개발 소위원회를 구성 1988–1989학년 학교 현황: 재학생 276명, 교사 21명, 보조교사 8명
1991.04.03	교과분과위원회(위원 이병덕) 1) 기초 1년, 초급 2년, 중급 2년, 고급 3년으로 하는 8년제 이수과정 확립 2) 8년제 이수과정에 따른 교과서 체계 마련
1990-1991학년	학교 현황: 재학생 331명, 교사 23명, 보조교사 14명
1992.05.16	제1회 교내 낱말 경연대회 개최
1991-1992	학년 학교 현황: 재학생 347명, 교사 28명, 보조교사 18명
1993.05.22	개교 10주년 기념 운동회 개최

1993.06.19	제9회 졸업식(졸업생 20명 배출)
1992-1993학년	학교 현황: 재학생 390명, 교사 30명, 보조교사 19명
1993.10.	개교 10주년 기념 교지 '꽃동산' 발행
1994.01.04	제2대 윤순철 교장 취임, 제2대 이경희 교감 취임
1993–1994학년	학교 현황: 재학생 374명, 교사 29명, 보조교사 13명
1994년 가을학기	학교 현황: 재학생 374명, 교사 29명, 보조교사 19명
1995년 봄학기	학교 현황: 재학생 352명, 교사 28명, 보조교사 21명
1995.03.30 04.20 06.08	교내 SAT-II 한국어모의시험 실시(83명 응시, 연 1회) 제1회 NAKS 동북부지역협의회 주최 SAT-II 한국어모의시험 실시 제12회 졸업식(졸업생 32명 배출)
1995년 가을학기	학교 현황: 재학생 372명, 교사 28명, 보조교사 22명
1996년 봄학기	학교 현황: 재학생 368명, 교사 28명, 보조교사 18명
1996.08.10 11.09 11.16	본교 전현자 교사 교육부장관 표창 수상 뉴욕총영사관 박노수 대사, 이기남 교육원장 본교 방문 제1회 교내 글짓기대회 개최(201명 참가)
1996년 가을학기	학교 현황: 학생 418명, 교사 31명
1997.04.12	재미한인학교협의회(NAKS) 주최 제1회 SAT II 한국어모의 시험실시 (본교 학생 105명 응시) – 연 1회
1997년 봄학기	학교 현황: 학생 434명, 교사 32명, 한국어 25학급, 특과 6학급
1998년 봄학기	학교 현황: 등록 학생 434명, 교사 30명, 한국어 22학급, 특과 7학급
1998.08.10 08.15 10.04 10.24	뉴져지한국학교 연혁 발행 본교 설립자 곽상준 초대 이사장 교육부 장관상 수상 무용반 Korean Parade 참가 제2회 한국어능력시험 응시(본국 정부 고시)
1998년 가을학기	학교 현황: 학생 440명, 교사 32명, 한국어 24학급, 특과 7학급
1999.02.27 05.08 06.12	학급 호칭 변경(A, B, C 대신 1, 2, 3으로) 교내 어린이동요대회 개최 미 동북부 어린이동요대회 개최(26개교 참가)

1996년 봄학기	학사 현황: 학생 438명, 교사 32명, 한국어 24학급, 특과 7학급
1999. 10. 16 10. 23	제1회 미 동북부 한국어글짓기대회 개최 제3회 한국어능력시험(109명 응시)
1999년 가을학기	학교 현황: 학생 405명, 교사 22명
1999. 12. 30	제3대 이경희 교장 취임, 제3대 전현자 교감 취임
2000년 봄학기	학교 현황: 학생 394명, 교사 31명, 한국어 22학급, 특과 7학급
2000. 08. 03 11. 18	이경희 교장 교육부장관 표창 제2회 미 동북부 한국어글짓기대회 개최
2001. 01. 16	제2회 미 동북부 한국어글짓기대회 수상 작품집 편집·제작
2001년 가을학기	학교 현황: 학생 405명, 교사 32명, 한국어 22학급, 특과 7학급
2001년 봄학기	학사 현황: 학생 440명, 교사 32명, 보조교사 26명
2001. 10. 08 – 2011. 11. 12	한국 문화 교육 프로그램 실시 (Tenafly Mackay 초등학교에서 미국 공립학교 교사들 대상으로 강연)
2001. 10. 27 11. 17 12. 15	제3회 미 동북부 한국어글짓기대회 개최 제1회 선배와의 대화(5학년 이상 참석) 제3회 미 동북부 한국어글짓기대회 수상 작품집 발간
2001년 가을학기	학사 현황: 재학생 440명, 교사 33명
2002. 01. 15	제2대 윤순철 교장 국민훈장 동백장 수상
2002년 봄학기	학사 현황: 등록 학생 426명, 교사 33명
2002. 09. 28 10. 26 12. 14 12. 30	20주년 기념 교내운동회 개최 제4회 미 동북부 한국어글짓기대회 개최 개교 20주년 기념식 및 동창회 설립(동창회장 유호) 제4회 미 동북부 한국어글짓기대회 수상 작품집 제작 및 발송
2003. 03. 15 10. 25 11. 08 12. 20	제11회 교내 낱말 경연대회 개최(1992년 제1회 이후 매년 실시됨) 제5회 미 동북부 한국어글짓기대회 개최 뉴져지한국학교의 교육 목표 설립 Mission Statement 재정립을 위한 모임 개최 제5회 미 동북부 한국어글짓기대회 수상 작품집 발간
2004. 05. 22 10. 23	학부모회 주최 교내 일기쓰기대회 개최(연1회) 제6회 미 동북부 한국어글짓기대회 개최(총10개교, 68명 참가)

2004.12.20	제4대 전현자 교장 취임, 제4대 이경원 교감 취임
2005.04.19	한국 KBS 방송국에서 뉴저지한국학교 소개
04.27	경기도 고양시 발산중학교와 자매결연 논의 및 학생 편지 교환 협의
09	제5대 박선혜 교감 취임
10.22	제7회 미 동북부 한국어글짓기대회 개최(총12개교, 63명 참가)
11.15	새 website 개설
2006.03.11	교사들을 위한 website orientation 및 온라인 교실 운영방법 지도
10.14	제8회 미 동북부 한국어글짓기대회 개최(총12개교, 65명 참가)
2007.01.09	전현자 교장 국무총리 표창
10.13-14	뉴저지 한인회 주최 추석잔치 참가(연날리기, 송편 빚기)
10.20	제9회 미 동북부 한국어글짓기대회 개최
2008.01.	제5대 김재남 교장 취임, 제6대 유영열 교감 취임
04.12	개교 25주년 기념 '국악의 밤' 개최(충주 시립 우륵국악단 초청)
05.10	개교 25주년 기념 체육회 개최
09.27	뉴저지한인회 주최 추석잔치 참가(연날리기, 송편 빚기)
10.18	제10회 미 동북부 한국어글짓기대회 개최(12개교, 66명 참가)
11.22	제6회 선배와의 대화
2009.03.14	금요학교 추진위원회 설립
05.09	오버펙 공원에서 유방암 홍보 걷기 행사 참가
06.06	금요학교 설립 추진안 이사회 통과
09.11	금요 Closter Campus 신입생 등록 및 학부모 orientation
09.19	뉴저지한인회 주최 추석잔치 참가(연날리기)
10.17	제11회 미 동북부 한국어글짓기대회 개최(11개교, 64명 참가)
2010.01.01	제6대 황현주 교장 취임
06.19	제7대 이명진 교감 취임
06.26	본교에서 제48회 동북부협의회 교사연수회 개최(뉴욕, 뉴저지 교사 250명 참석)
10.16	제12회 미 동북부 한국어글짓기대회 개최, 뉴저지한인회 주최 추석잔치 참가(연날리기)
2011.03.12	김영목 총영사 본교 방문 '변화하는 한국' 주제로 고급반 강의
05.14	Holy Name Hospital 유방암 홍보 걷기 대회 풍물반 참가
10.	뉴저지한인회 주최 추석잔치 참가(연날리기)
10.15	제13회 미 동북부 한국어 글짓기 대회 개최
12.	제13회 미 동북부 한국어글짓기대회 수상작 문집 발간

2012.02.03	8대 김영선 교감 취임
06.10	미동북부 역사 시범학교 선정
09.09	꽃동산 소식 제33호 발행
10.13	제14회 미 동북부 한국어글짓기대회 개최(15개교, 70명 참가)
10.20	강창희 국회의장 및 김태호 국회의원, 양승조 국회의원, 손세주 총영사 본교 방문
10.21	'뉴저지 한글방' 인터넷 학습자료 나눔방 개설
12.08	역사 시범학교 방문 평가단 4명 방문(역사 수업: 교사 장경은)
2013.05.04	제28회 교내 동화구연대회 개최(1986년 제1회 이후 매년 실시)
05.10-11	개교 30주년 기념 운동회
06.01	제29회 졸업식(졸업생 9명, 1985년 제1회 이후 총 679명 졸업)
07.	제31차 재미한국학교 전국학술대회(Hawaii)에서 본교 개교 30주년 표창
09.27	뉴저지한인회 추석잔치 참가(연날리기)
10.17	개교 30주년 기념식 및 만찬(Double Tree Hotel, Fort Lee)
10.17	'우리의 미래 …. 그리고 또 다른 30년'(초청 연사: Samuel Noh 박사)
10.17	뉴저지 주의회(New Jersey General Assembly)가 수여하는 공로결의안 수상
10.26	개교 30주년 교지 꽃동산 발간(1987년 제1회 발행 이후 매년 발행함)
	제15회 미 동북부 한국어글짓기대회 개최(18개교, 72명 참가)
2014.01.	제15회 미 동북부 한국어글짓기대회 수상작 문집 발간

교장, 교감 및 이사장, 자모회장 명단

임기		교장	교감	임기		이사장	자모회장
1대	1982.11	김은자	윤순철	1대	1982.10	곽상준	지금호
				2대	1984.01	이태봉	이종현
				3대	1985.12	윤선구	최호림
				4대	1987.12	전태원	엄만식, 고운봉
				5대	1989.12	이종현	이병덕, 최인섭
				6대	1991.12	이관섭	최찬희, 곽 환
				7대	1993.12	이관섭	권오수
2대	1994.01	윤순철	이경희	8대	1994.12	김기성	김아중
				9대	1996.12	김운하	윤미옥

				10대	1998.12	유천왕	이상옥
3대	1992.12	이경희	전현자	11대	2000.12	김화영	김진숙
				12대	2002.12	김화영	정은지
4대	2004.12	전현자	이경원	13대	2004.12	윤미옥	하영미
	2005.09		박선혜	14대	2006.12	전광식	홍기윤
5대	2008.01	김재남	유영열	15대	2007.08	이종석	홍기윤
6대	2010.01	황현주		16대	2009.01	이종석	전유진
	2010.06		이명진	17대	2011.01	김동수	정명화
	2012.02		김영선	18대	2013.01	김동수	이은주

현황

뉴욕, 뉴저지 지역에서 전통과 역사, 실력과 자격을 갖춘 교사진, 탄탄한 교과 과정과 수업내용, 다양한 문화교육 그리고 우수한 시설을 자랑하는 뉴져지한국 학교는 매주 금요일은 Closter의 Tenakill Middle school에서 수업을 하고 토요일 은 북부뉴저지 Tenafly Middle School에서 수업을 하고 있다. 1983년 개교한 이 래 2013년까지 졸업학생 700여 명을 자랑하는 비영리 교육재단이며 어느 단체나 종교기관에 소속되어 있지 않은 독립된 학교이다.

2013년 10월에는 한국학교로는 처음으로 30년간의 한국어와 문화교육에 헌 신한 공로로 뉴저지 주 상원과 하원이 합동으로 채택한 의회 결의안(Legislative Resolution)을 받은 교육기관이다. 2014년 현재 재학생 350명, 재직교사 30명(교 장 황현주) 그리고 이사진 40명(이사장 김동수)으로 구성되어 있고, 학부모회(회 장 이은주)가 각 학급의 학부모 대표 자모로 구성되어 있다.

교육과정 및 특별활동

1. 교육목표

이중언어 생활환경에 있는 재미 한국인 어린이들이 한국어, 한국역사, 한국의 전통 문화 예술 교육을 통하여 풍성하고 창조적인 삶을 향유하는 데 도움이 되도록 하며, 전통 있는 민족의 긍지와 자아개념을 갖도록 한다.

2. 조직

본교 운영은 이사회, 교사회, 학부모회의 공동책임과 협력으로 이루어진다.

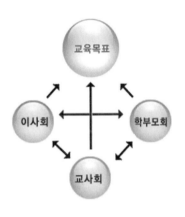

교사회	이사회, 학부모회
1. 교과과정 연구	1. 학교 재정 확보
2. 교재 개발 연구	2. 학교 교육 시설 확보
3. 교과서 편찬, 제작	3. 대외 법적 문제 및 세무 처리
4. 학사 행정 관리	4. 학교 행사 지원
5. 교사 자질 향상	5. 교장 및 교직원 임명
6. 학교 행사 수행	6. 학부모 교양 강좌 실시
7. 학교 연혁, 교지 발행	7. 학교 홍보 및 등록 업무

3. 학사행정

- 입학(Admission)수속절차: 소정양식에 의한 입학원서를 작성하여 등록한다. 모든 신입생은 배치고사를 통해 학급을 배치 받는다.
- 등록금: 교과서 및 교재비용 포함(단 무용반 소품, 태권도복, 문화예술반의 도자기 재료비는 실비로 추가됨) 첫째학생 350달러, 둘째학생 290달러, 셋째학생 190달러, 넷째학생 등록금 면제

- 수업시간: 매주 토요일 9:00am~12:00pm / 매주 금요일 4:30pm~7:30pm
- 출석: 시간을 엄수해야 한다.
- 조퇴: 반드시 부모가 학생을 데리고 가야 한다.
- 개근상: 결석이 없는 학생에게 수여된다.
- 소방훈련(Fire Drill): 규정에 의하여 매학기 1회 소방훈련을 실시한다.
- 성적표 배부(Report Card Distribution): 매 봄학기 종료 후 연1회 성적표와 수료증을 배부한다.
- 학부모상담(Parent-Teacher-conference): 공개수업일은 연2회 실시하며 교사와의 상담은 수시로 가능하다.
- 졸업(Graduation): 본교의 졸업자격 기준에 의해 매년 봄학기(학년 말)에 일정수의 졸업생을 배출한다.
- 단, 본교의 졸업 자격 기준에 미달할 시는 졸업장 대신 수료증을 수여한다.

4. 학사 일정

월	내용	월	내용
1월	겨울방학 교사 연수회 교사 준비 모임	4월	미동북부 동화구연대회 미동북부 나의 꿈 말하기 대회 한국어능력고사 교사 월례회 운동회
2월	봄학기 개강 및 등록 접수 신입생 등록 및 학급 배치 시험 교사 월례회	5월	교내 동화구연대회 미동북부 어린이예술제 교사 월례회
3월	공개 수업 및 학부모 상담 학부모 바자회 SAT II 한국어 모의고사 교사 월례회	6월	미동북부 어린이동요대회 봄학기 종강식 및 학습 발표회 졸업식 교사 월례회

월	내용	월	내용
7월	여름방학 미동북부 교사연수회 낙스 연수회	10월	공개 수업 및 학부모 상담 개교 기념 행사 미동북부 글짓기대회 교사 월례회
8월	여름방학 교사 준비모임 메일 등록	11월	미동북부 한영/영한 번역대회 추수감사절 휴교 교사 월례회
9월	가을학기 개강 및 등록 접수 신입생 등록 및 학급배치시험 교내 추석 행사 뉴저지한인회 추석잔치 연날리기 교사 월례회	12월	미동북부 한국 문화 역사 퀴즈 대회 가을학기 종강식 및 학습 발표회 교사 월례회

5. 교과과정 및 특별활동

교과과정

① 입문반

2년 과정으로 구성되어 있다. 첫 1년 동안 기본 자음과 모음, 그리고 그와 연관된 단어들을 익히면서 한글 학습의 초석을 쌓은 후, 기본 자음과 모음을 바탕으로 쌍자음과 이중 모음, 그리고 받침이 있는 글자들을 만들고 읽고 쓰는 심화 학습의 과정을 1년 더 배우게 된다. 수업은 각종 시청각 자료와 사진, 모형(장난감)과 실물 등을 통하여 직접 만지고 느끼면서 진행되도록 구성되며 게임, 노래, 손유희, 율동, 구연동화와 동극 등 아동들의 눈높이에 맞추어 진행된다. 아동들이 이 중언어를 구사할 수 있도록 도와주면서 한국의 예절, 문화와 속담들을 소개하여 친숙하고 재미있는 수업이 이루어지도록 노력하고 있다.

② 1학년

교과서는 한글학교 한국어 1권과 2권 그리고 한글 기초 하권을 사용한다. 입문반에서 배운 기본 한글 자음과 모음에 더하여 쌍자음, 받침, 복합모음을 배우고, 배운 내용을 문장으로 표현하는 연습을 한다. 매주 한 편씩 쓰는 그림일기를 통해서 한글맞춤법을 익히고, 올바른 글씨체를 연습하면서 문장력을 키울 수 있도록 돕고 있다.

한국어 말하기와 듣기 연습을 위해서 수업에서는 한국어 사용을 원칙으로 한다. 일 년 동안 배우게 되는 학습 주제는 인사 표현, 사물의 이름, 장소와 시간, 기본적인 동작 표현, 좋아하는 것과 싫어하는 것, 기본적인 형용사와 반대어, 부정문, 숫자와 단위 등이다.

도입 부분에서 구체물과 수수께끼 등을 통해 흥미를 유발시키며, 게임으로 수업을 마무리한다. 학습한 내용을 복습하기 위한 숙제와 그림일기 쓰기를 매주 해야 하며, 수업 참여도와 숙제·받아쓰기 등을 통해서 기본적인 평가가 이루어진다.

③ 2학년

가을학기에는 교육과학기술부와 재외동포교육진흥재단에서 발간한 '한글학교 한국어 3', 봄학기에는 '한글학교 한국어 4' 교재의 내용을 수업한다. 일상생활에서 많이 쓰는 단어를 익히고, 간단한 한국어 문법을 배우며, 친구들과 서로 대화함으로써 대화체를 익힌다.

수업은 각종 시청각 자료를 활용하여 이루어지며, 8급 수준의 한자어를 곁들여 배운다. 한국의 문화(태극기, 무궁화, 애국가, 개천절, 한글날, 한복 등)를 수업 시간에 배우며, 특별활동시간에는 동양화를 배우므로 우리나라의 문화에 대해 깊이 이해하는 시간을 갖는다.

④ 3학년

학생들이 일상생활에 필요한 의사소통 능력을 기르고 한국 사회와 문화에 대해 기본적인 이해를 할 수 있게 하는 데 목표를 두고 있다.

1년에 총 20개의 단원을 공부하며 각 단원은 〈도입〉, 〈본문〉, 〈새로 나온 낱말〉, 〈표현과 문법〉, 〈말하기〉, 〈듣기〉, 〈읽기〉, 〈쓰기〉, 〈연습문제〉로 구성되어 있다. 1년 동안 약 300개의 새로운 낱말을 익힘으로써 어휘력을 향상시키고 조사의 바른 사용과 자기소개와 가족소개, 올바른 인사 방법, 숫자 개념(시계 읽기, 달력 읽기, 셈하기)을 깨우치도록 지도하며, 일기쓰기를 권장하여 창의적인 문장력을 키우도록 지도하고 있다.

또한 그룹 활동과 발표를 장려하여 학생들 스스로 학습의 주체가 되도록 유도하고 있으며 학생들의 관심과 참여를 높이기 위해 다양한 시청각 자료와 활동지를 개발하여 수업에 활용하고 있다. 더불어 한국의 전통 문화와 역사를 접하게 하여 한국에 대한 이해와 흥미를 높이려고 노력하고 있다.

⑤ 4학년

300시간 정도의 한국어 교육을 받았거나 그에 준하는 한국어 능력을 가진 학생들을 대상으로 일상생활에 필요한 의사소통 능력을 기르고 한국 사회와 문화에 대해 기본적인 이해를 하도록 하는 데에 목표를 둔다. 매 수업 시간마다 듣기, 말하기, 읽기, 쓰기를 학습할 수 있도록 교과 과정이 꾸며져 있으며 매 시간 새로운 낱말이 추가되어 어휘력을 높이고 있다. 식당에 갔을 때 주문하는 법, 도서관에 가서 책을 빌리는 경우, 미용실이나 시장에 가서 나눌 수 있는 대화, 택시를 탔을 때 말하는 방법… 등등, 실제 생활에서 필요로 하는 표현을 사용함으로써 어휘력과 표현력을 높인다. 어른들에게 사용하는 존댓말 및 식사 예절, 인사법 등을 배우고 익힌다.

그 밖에 단군 신화, 추석 등 한국의 문화에 대해 배우며 한글의 우수성과 한국인으로서 삶의 현장에서 우수함을 나타내고 있는 사람들을 소개함으로써 Korean-American으로서의 자긍심을 가질 수 있도록 한다.

ⓕ 5학년

신체·정서 면에서 성숙해가는 단계에 있는 역동적 특성이 두드러지게 나타나는 때임을 고려하여 다양한 수업의 기술이 요구된다. 수동적으로 이루어지던 안정된 학습 분위기와 더불어 확대 응용된 방식으로 관심과 주의를 끌 수 있는 수업 방식이 요구되는 때이기도 하다. 4학년까지 어느 정도 말하기, 듣기, 읽기에 자유로운 능력을 갖춘 것을 토대로 좀 더 확대된 문장으로 말하기, 들은 내용을 정리해서 말하고 써보기, 그리고 일기·편지·기행문등을 통해 일상을 조리 있게 정리하여 쓰기 등의 학습이 이루어진다. 더불어 실생활에서 이루어지는 언어활동, 예를 들면 도서관에서, 식당에서, 시장에 가서 상황에 맞게 이루어지는 대화 연습을 통해 한국어 대화에 자신감을 심어준다. 그리고 더불어 신화, 전래동화, 이야기들에 나오는 다양한 표현과 고급 어휘 학습도 시작된다. 새로운 내용을 배우는 것도 중요하지만 전 학년까지 배웠던 내용, 어휘(예를 들면 존댓말 등)을 잊지 않도록 복습을 시키는 것도 간과할 수 없는 부분이다.

ⓖ 6학년

미국 정규학교 중학교 6, 7학년의 학생들이 주 구성원이다. 한국어와 영어의 중간 지점인 언어권에 속해 있던 학생들이 서서히 영어를 더 편하고 소통하기 쉬운 언어로 선택해 가는 확실한 지점이기도 하다.

듣기와 읽기는 비교적 잘 훈련된 학생들이더라도, 말하고 쓰는 의사소통에서는 어려움을 겪게 되는 시기라고 볼 수 있다. 이런 학생들이 관심을 가질 수 있는 주제들을 중심으로 연관된 단어를 찾고, 단어를 활용한 문장 만들기를 통해 표현력을 기르며, 매 단원에서 배우는 기본적인 문형을 가지고, 말하고 글로 써보는 연습을 통해 말하기와 쓰기의 언어 능력을 향상시키는 데 목표를 두고 있다.

⑧ 7학년

한국어 기본 실력이 갖추어져 있는 7학년은 한국교과과정평가원/국제교육진흥원이 발간한 한국어 7을 주 교재로 사용하며 학생들의 정서에 맞는 다양한 보충자료를 활용하여, 6학년에 이어 고급반 교과과정을 밟게 된다.

학생들의 인지 능력을 감안하여, 언어의 기계적인 학습에 더하여 한층 의미있는 학습활동으로 한국어를 실제로 의사소통의 도구로 경험하게 한다. 교과서의 단어, 본문 이해, 문법 문형 학습 이외에도 시사 교양 관련 보충 자료로 적절하고 의미 있는 내용 중심의 수업으로 언어 학습과 인성 교육, 문화 교육을 동시에 도모한다. 수업의 중점은 사용 빈도가 높은 고급 어휘를 익히고, 좋은 읽을거리로 독해력을 높이며, 적절한 화제나 주제에 대해 자신의 생각을 전달할 수 있는 표현력을 향상시키는 데 있다. 또한, 문장이나 짧은 문단을 번역하는 활동도 포함하여 이중언어 구사 능력을 기르도록 한다. 교과과정 내용을 언어영역으로 나누어 서술하면 다음과 같다.

- 듣기: 일상생활이나 학생들이 관심을 갖는 친숙한 내용을 다룬 대화나 이야기를 듣고 중심 내용과 세부 내용을 이해한다. 한국 노래, 드라마, 영화, 혹은 오락 프로그램을 이해한다.
- 말하기: 문형 연습은 대체 연습과 이어가기 연습으로 말하기 학습의 기본 틀로 다룬다. 친구, 성격, 날씨, 연예인, 환경 문제, 시사 문제 등 다양한 화제에 대해 적절한 표현으로 효과적으로 말한다(과제 발표).
- 읽기: 설명문, 생활문, 이야기 등 본문을 정확하고 유창하게 읽고 중심 내용과 세부 내용을 파악한다. 간단한 신문 기사를 읽고 원인/결과, 사실/의견 등을 구별하여 요지를 이해한다.
- 쓰기/짓기: 어법과 맞춤법에 맞게 글을 쓴다. 일기 쓰기를 통해 자신의 일상

과 생각을 표현하고, 간단한 독후감과 영화 감상문을 쓴다. 그림이나 특정 화제에 대해 묘사하고 설명하는 글을 쓴다(인용문 풀이). 날씨, 연예인, 자랑스러운 한국계 미국인 등에 대한 보고문을 쓴다.

⑨ 8학년

대한민국 교육인적자원부 한국어 8 교과서를 기준으로 한다. 외국어로서 한국어를 배우려는 재외동포 학생들에 맞도록 충분한 설명과 학습자 중심의 연습이 이루어지도록 진행한다. 문법 용어의 사용은 제한하지만 필요한 경우 쉬운 한국말과 영어 대응 표현으로 이해를 돕는다. 고학년이므로 말하기와 쓰기에 있어서는 '문장 늘리기' 연습으로 생각을 풍부하게 표현할 수 있도록 연습한다. 듣기, 읽기 자체보다는 생각하기에 중점을 둔다. 일상생활과 연관성이 있는 고사성어와 속담을 통해 한국인의 지혜와 삶의 자세를 느껴볼 수 있는 기회를 준다. 매 단원의 내용을 먼저 이해하도록 하지만 '이 경우에 나는?'이라는 질문을 통해 자신의 의견을 발표한다. 뉴스나 드라마, 사회 문제도 아는 만큼 함께 이야기 해본다. 늘어나는 한국어 실력과 함께 넓은 마음을 가지고 한국학교를 졸업하도록 지도한다.

⑩ 세종반

뉴져지한국학교에 2012년 9월 처음 개설되었다. 세종반은 한국학교에서 유치반부터 한국어 학습을 시작하지 않은 중·고학년 학생들을 대상으로 하는 1년 과정의 기초반이다. 첫 학기에는 모음(기본 모음, 이중모음), 자음, 쌍자음, 그리고 받침의 모양과 발음 및 한국어 맞춤법의 기본적인 원리 등을 학습하며 간단한 생활 회화를 공부한다. 그리고 첫 학기 때의 학습 내용을 바탕으로 두 번째 학기에는 한글을 읽고 쓰기 및 문장을 만들어 말하고 읽고 쓰는 심화 연습을 하게 된다.

　수업은 한국어와 영어로 함께 진행되며, 한국과 타 문화권을 비교하며 자유롭게 의견을 나누는 형식의 토론을 통하여 한국어와 한국 문화에 자연스럽게 익숙해지면서 즐겁게 학습을 할 수 있도록 지도하고 있다.

특별활동

① 음악반

뉴져지한국학교 음악반은 아이들의 눈높이에 맞추어 노래와 함께 율동도 곁들여 보다 흥미롭고 재미있게 우리말을 접하고 이해할 수 있도록 도와주는 시간이다. 기본적인 음악 이론을 함께 배움으로써 음악에 대한 이해를 돕고 바른 성악 발성법을 통해 정확한 발음의 언어 표현력을 키우는 데 도움을 줄 뿐만 아니라 노래 수업을 통해 말하듯이 노래하는 방법을 배워 건강하고 맑은 소리로 노래하는 데 도움을 주고 올바른 성대 근육을 사용하는 방법을 배우게 된다. 무엇보다 수업에서 배우는 노래와 율동을 암기하여 자발적으로 발표하는 시간을 가져 자신감이 부족하고 소극적인 학생들에게는 자신감을 키워주고 집중력이 없고 산만한 학생들에게는 음악을 통해 정서적 안정과 차분함을 주는 데 도움이 된다. 영어가 익숙한 우리 아이들에게 노래를 통해 우리의 말을 즐겁게 배우고 친숙해 질 수 있도록 도와주는 역할을 하는 노래 교실이다.

② 한국무용/사물놀이

한국무용과 국악기를 배움으로써 오랜 역사를 통해 계승된 우리의 문화와 정서를 경험하고 또한 자부심을 가질 수 있도록 하였다. 학년에 따라 크게 한국무용과 사물놀이 수업으로 나누어져 지속성과 연관성을 가지고 교육하고 있다.

• 한국무용: 기본적인 장단과 춤사위를 익히고 다양한 작품을 통해 예술적 정서 뿐 아니라 호흡법, 표현력, 리듬감 등의 운동능력을 기를 수 있다. 흥미로운 춤의 유래, 탈 만들기, 한복입기, 꽃 만들기 등의 수업내용은 한국학교 수업에 활력소가 된다. 또한 이렇게 배우고 익힌 부채춤, 꼭두각시, 탈춤, 소고춤, 화관

무, 꽃바구니춤 등의 작품은 발표회를 통해 자신감과 성취감을 갖게 한다.

- 사물놀이: 장구, 꽹과리, 북, 징, 소고 등의 악기이름과 연주법 등을 배우고 여러 가지 장단을 신명나게 연주한다. 특히 장구를 치면서 민요 '아리랑'을 부름으로써 한국인의 정서를 함께 나눌 수 있다. 최근에 새롭게 구성된 '모둠북(난타)'이라는 새로운 연주형태를 통해 한층 더 쉽고 흥미롭게 국악을 경험할 수 있다.

③ 문화 예술반

문화 예술 시간에 우리의 자랑스러운 전통 문화를 재외동포 학생들에게 알리고 한국에 뿌리를 내릴 수 있는 정체성 교육을 한다. 한 나라의 언어를 배우기 위해서는 그 나라의 문화를 완전히 이해해야만 언어를 완전히 배웠다고 할 수 있다. 한국음식 실습시간에 한국 음식을 직접 만드는 실습을 한다. 한국의 나들이 음식인 김밥 만들기를 하면서 음식을 통하여 한국 문화를 학습한다. 비빔밥 만들기 실습을 하면서 학생들은 자신이 직접 만든 한국 음식을 먹어 보고 우리 음식을 좋아하게 되고 더 나아가 한국어와 한국을 사랑하게 되는 것이다. 그리고 한국 문화 교육과 문화 체험을 통하여 한국에 뿌리를 두고 장차 한글과 한국 문화를 세계화시키는 큰 일꾼으로 성장할 수 있는 것이다. 그러므로 자랑스러운 한국 문화를 기본으로 한 교육이야말로 한국인 2세들이 진정한 뿌리를 내리고 정체성을 고취시킬 수 있는 참교육이라 할 수 있다.

④ 한국화

한국화 시간에 학생들은 우리 문인들이 정신 수양의 근본으로 여겼던 사군자와 민화를 그린다. 매화, 난초, 국화, 대나무인 사군자는 각 계절의 고고함과 군자의 기개를 상징한다. 우리 문인들이 정신수양으로 그렸던 사군자를 치면서 한국인으로서의 자부심을 고양시킨다. 재외 동포 학생들은 직접 벼루에 먹을 갈면서 먹의 향과 운치를 직접 체험할 뿐만 아니라 서양화의 입체감과는 상반된 선과 여백의 미를 익히며 우리 선조들의 사상과 철학을 체험한다. 또한 고구려 고분벽화를 그리면서 학생들은 수렵도에서 고구려인들의 기상과 용맹성, 무용도에서 한복의 유래, 씨름도에서 한국명절의 놀이문화 등 한국역사를 접하면서 재미있게 그림을 그린다. 한국화가 한국역사를 재미있게 접할 수 있는 매개체가 될 수 있고 또한 한국문인들의 기상과 얼을 한국화 시간에 수묵화를 통하여 흥미 있게 배울수 있다.

⑤ 역사반

7학년과 8학년 학생들이 한국의 역사, 미국사와 세계사, 미주 이민사, 시사 현안 등을 폭넓게 공부하고 있다. 한국학교 역사 교육의 목적은 미국에서 나고 자란 2세들에게 코리안 아메리칸으로서의 정체성과 올바른 역사의식을 심어주는 데 있다. 이를 위해 역사반은 학생들과 함께 한인 이민의 역사를 살펴보면서 자신의 뿌리를 찾아가는 여정을 시작한다. 그 과정에서 미국 역사와의 연관성과 세계사의 흐름을 함께 보면서 전체적인 역사적 맥락과 의미를 찾는 방식으로 깊이 있게 접근하고 있다. 또한 한국인의 특성과 자긍심을 심어줄 수 있는 주제들을 선별해서 한국사의 대표적인 사건이나 인물에 대해 공부하면서 한국인으로서의 뿌리와 자신들의 부모세대를 이해할 수 있도록 유도하고 있다.

학생들의 이해를 돕고 흥미와 참여를 높이기 위해 다양한 주제별 프로젝트를 개발하고 각종 멀티미디어의 활용을 통한 시청각 수업을 실시하고 있다. 또한 교실에서만 하는 수업을 탈피해서 위안부 기림비 방문과 같은 역사탐방을 실시하여 학생들이 생생한 체험학습을 할 수 있도록 하였다. 학습 내용의 이해도를 평가하는 연습문제 풀기, 비판적 사고력을 기르기 위한 주제별 글쓰기와 발표를 권장하며 역사신문이나 포스터, 소책자 등을 만드는 그룹 활동을 통해 학생들이 주체적으로 수업에 참여하도록 지도하고 있다.

6. 대내외 행사활동

동북부 글짓기대회

매년 한글날을 기념하여 열리는 재미한국학교 동북부 지역 글짓기대회는 주말 한국학교를 다니고 있는 학생들의 글짓기 능력을 평가하여 우수한 학생들을 표창하고 그들의 노력을 치하하며 계속 좋은 글을 쓸 수 있도록 격려하고자 하는데 목적을 두고 있다. 또한 2세들에게 한국적 감성과 정서를 아름답게 표현하는 글짓기를 통해 자아의식을 확인하며, 정체성을 찾아가게 하는 기회를 삼고자 하는 목표를 가지고 지난 15년간 계속해 오고 있다.

올해로 총 18개 학교가 참가하게 되었으며, 참가한 학생들의 글에 대한 심사는 주제가 뚜렷하고, 진실한 생활 경험이 담긴 글로 맞춤법보다는 내용의 솔직함과 순수함에 치중하여 평가하는 것을 기준으로 삼고 있다. 장원, 금상, 은상, 동상을 비롯한 장려상 수상자들에게는 상패와 상금이 수여될 뿐만 아니라, 문집을 통해 학생들의 작품이 소개된다.

동화구연대회

매년 봄학기, 나무마다 싱그럽게 연한 녹색의 새 잎들이 조금씩 보일 때 즈음이면 뉴져지한국학교에서는 교내 동화구연대회를 개최한다. 이 동화구연대회에 출전하기 위해 선생님과 학부모, 학생들이 몇 주에 걸쳐 준비를 하게 된다. 미국에서 자라는 2세들이 한국어로 된 동화를 완벽하게 외우고 그것에 자신의 감정까지 넣어서 많은 사람들 앞에서 발표한다는 것이 결코 쉬운 일은 아니다. 그렇지만 학생들은 이 대회를 준비하기 위하여 동화를 외우면서, 발음도 많이 교정되고 문장 표현 방식에도 많은 향상을 보게 된다. 특히, 동화를 외우면서 동화 속에 나오는 한국문화와 정서를 배울 수 있는 좋은 교육적 효과가 있다. 심사기준도 까다로워, 외우기·발음·억양·태도 및 반응·내용이해·시간 등을 기준으로 많은 선생님들의 공정한 심사로 수상자를 가려내게 된다. 이런 과정을 거쳐 뽑힌 대상자들은 미 동북부 대회에 학교 대표로 출전하게 된다. 2013년으로 제29회를 맞이한 동북부 동화구연대회에서 우리 뉴져지한국학교 학생들은 많은 대상 수상자를 배출했을 뿐 아니라, 해마다 좋은 성적을 올림으로써 학교의 위상을 빛내주고 있다.

사은회

뉴져지한국학교의 전통과 역사에서 발전과 성숙을 이루는 데 공헌한 것을 꼽자면 이사회, 학부모회, 교사회가 한 마음으로 학교를 위해 아낌없이 헌신해 주신 것에 이의를 달 사람은 없을 것이다. 그중에 학부모님들의 학교에 대한 흔들리지 않는 믿음에서 보내주신 아낌없는 사랑과 관심, 협조가 교사들에게 큰 격려로 힘이 되고, 또 더 잘 하라는 따뜻한 채찍질이 되어서 오늘의 모습으로 굳게 설 수 있었다고 생각한다. 학부모회에서는 매년 사은회 자리를 마련하여 교사의 노고에 감사하는 마음으로 근속하신 교사를 기념해 주고 여러 프로그램을 통하여 이사회, 학부모회, 교사회가 삼위일체가 되어 학교를 사랑하는 마음을 확인하고, 또한 앞으로 더 나은 학교의 미래를 위해 새 마음으로 다짐하는 기회를 갖게 해주고 있어 교사들은 큰 힘을 얻는 계기가 된다.

문화교류

뉴져지 주정부의 정식 인가를 받은 비영리 교육재단인 뉴져지한국학교에서는 지역 주민들에게 한국어와 한국문화에 대한 이해를 높이고 지역주민들과 한국 동포사회의 상호이해를 증진시키기 위하여 한국문화교류 프로그램(Korean Cultural Exchange Program)을 실시하고 있다. 2001년도 가을학기에는 테너플라이 학군에 속해있는 초등학교, 중학교, 고등학교 선생님들을 대상으로 한 시간 반씩 두

번에 걸쳐 한국문화와 역사, 그리고 동포 한국 학생들의 행동 및 사고방식 등등에 관한 주제로 세미나를 하였다. 2003년도 봄학기에는 한국학교 교과과정의 일부로 문화 교류 5주 프로그램을 실시했다. 뉴져지한국학교의 교사와 이사로 구성된 세미나 팀은 주중에 한 시간 반씩 5주에 걸쳐 Closter, Ridgefield, Palisades Park의 교사들을 대상으로 한국문화 및 역사, 한인 동포 학생들의 심리상태, 그들의 행동 패턴, 그리고 한인 동포 사회의 현황 등을 주제로 강연을 실시했다. 2013년도에는 개교 30년 행사에 Tenafly의 중학교 교장 및 Tenafly시장 그리고 Bergen County의 주의회 의원들을 초청하여 한국학교의 필요성과 한국문화에 대한 이해도를 높이고 한국학교를 소개하는 자리를 가졌다.

역사시범학교

뉴져지한국학교는 뉴욕 총영사관 교육원으로부터 2012~13학년도 역사시범학교로 선정되어 1년 동안 시범학교를 운영하였다. 역사 문화 교육에 깊은 뜻이 있고 연구에 열정을 지닌 7명의 교사들이 자발적으로 '역사문화연구회'를 구성하여 매월 1회 모임을 갖고 함께 역사공부를 하며, 그것을 바탕으로 학습 자료를 개발하여 웹 사이트(뉴저지 한글방) 등을 통해 전체 교사들과 공유하고 있다. '뿌리를 찾아서'와 '함께하는 역사 학습'이라는 주제로 두 학기 동안 시범학교를 운영하면서 역사 문화 수업의 내용을 다양한 방식으로 실험하였으며 그 과정에서 '미국에 살고 있는 코리안 아메리칸'의 입장에서 보는 역사학습에 중점을 두고, 미국사에서는 소수민족으로서의 한인의 삶, 세계사에서 한국의 위상, 그리고 이민사에 나타난 한인들의 발자취를 추적한다는 목표의식 아래 역사교육의 방향이 설정되었고, 두 학기 일 년 과정을 중심으로 활발하게 진행되었다. 또한 시사 학습에도 관심을 기울여 위안부 진실 문제를 통한 인권 학습과 기림비 방문, 그리고 학생들이 독도 및 동해 병기에 관한 올바른 이해를 가질 수 있도록 했다. 학생들은 모든 역사수업 과정 중 이민사 시사학습에서 높은 이해와 호응을 보였다. 이러한 노력의 결과 역사시범학교 평가단의 요청으로 2013년 동북부 교사연수회와 NAKS 하와이 학술대회에서 뉴져지한국학교의 역사 수업 사례를 발표하였다.

뉴져지한국학교 개교 30주년 행사를 마치고

2013년은 뉴져지한국학교가 개교 30주년을 맞는 해이자 또 다른 새로운 시작점에 서있는 뜻 깊은 한 해였다. 구체적인 행사 준비는 1년 전부터 시작되어 이사회, 교사회, 학부모회 대표들로 준비위원회를 구성, 퇴근 후 늦게까지 이어지는 정기적인 회의를 수차례 거치며 각자 맡은 역할을 진행시켜 나갔다. 돌이켜보니 참으로 바쁘고 힘든 여러 가지 상황에서도 학교를 사랑하는 한 마음으로 공동체임을 확인하는 뜨겁고 값진 시간들이었다. 또한 '30년 전 처음 학교설립을 준비하시던 초창기 이사님들도 이런 마음이었겠구나' 하는 시대를 초월하는 공감을 느낄 수 있어 가슴이 벅차오기도 했다. 30년이란 역사가 이런 여러분들의 학교사랑, 헌신적인 노력과 봉사를 통해 이어져 온 것임을, 또 그것이 곧 뉴져지한국학교의 성공적인 학교운영의 원천임을 다시 한 번 깨달았다.

긴 역사를 가진 학교로서 소중한 그동안의 행사 및 자료들과 사진들을 정리하고 돌아보며 그 경험을 바탕으로 변화하는 새로운 시대에 맞는 새로운 교육방향을 제시하고자 교사, 이사, 학부모 대표들이 모여 '회고와 전망'이란 주제로 간담회가 있었고 30주년 꽃동산 책자발간, 30주년 운동회 등 다채로운 행사들을 가졌다.

학생들의 힘찬 북소리로 시작된 행사는 기대 이상의 많은 귀빈들과 교사, 이사, 학부모님들로 대성황을 이루었고 초청연사로 캐나다 토론토대학의 석좌교수 노삼열 박사를 모셔 '자아존중감의 중요성'이란 주제로 정체성에 대한 강연을 들었다. 특별히 뉴저지 주 상원과 하원이 합동으로 채택한 의회 결의안(Legislative

Resolution)을 전달받아 30년간 언어와 문화교육에 헌신한 공로를 인정받았다. 초대이사장님과 초대교장선생님께 드리는 공로패 시상과 교사 근속상 시상을 마치고 마음을 담아 준비한 교사들의 가곡과 동요합창, 아리랑은 가슴 뭉클한 감동의 절정을 이루었다.

행사를 준비하며 한국 문화 및 이중 문화 속 정체성 교육에 많은 관심을 갖고 계시는 고마우신 분들을 곳곳에서 만났고 그분들로부터 한인 동포 사회는 물론 더 나아가 글로벌시대에 요구되는 교육적 중심 역할을 계속 이끌어갈 큰 힘을 다시 한 번 얻었다.

그날은 또 다른 우리의 꿈이 시작되는 날이었다.

창립 당시의 이야기(30년 전을 돌아보며) – 곽영희 창립 이사

1982년 10월초, 한국 사람이 많이 모여 들고 있으니 이곳 뉴저지에 한국 학교를 세우려고 하는 모임으로 Seed Money 100달러를 가지고 꼭 참석해 달라는 연락을 받았다. 10월 10일 Bogota 성공회 사교실에는 40커플 80여 명이 모였는데, 이들 모두가 진정으로 조국을 사랑하는 30, 40대의 교육·의학·사업 및 언론 계통에서 일하시는 봉사 정신이 충만한 분들이었다. 그들은 모두가 기꺼이 창립이사로 참여하였다.

방과 후 두서너 시간씩 시간표를 만들어 우리 아이들에게 한국역사, 문화, 국어, 예절을 가르치고 있던 나로서는 새삼 그 필요성을 느끼지 않았지만 지역사회의 교육 사업 목적이라는 훌륭하고 아름다운 모임이라 참석하였는데 이날 첫 모임부터 너무도 진지한 열의 속에서 회의는 장시간 계속되었다. 이런 가운데 너무 중책이라서 거듭 사양하였으나 모든 분들의 한결 같은 요청으로 우리 집에서 결국 초대 이사장직을 수락하게 되었다. 다음 주부터 Master Plan을 짜고 구체적인 이사회 조직으로 이어졌으며 비바람 부는 황량한 벌판에 단단한 집을 짓는 학교 설립의 공사가 시작된 것이었다. 두 분의 부이사장과 총무이사 및 감사를 비롯하여 운영, 교과, 시설, 재정, 홍보, 법률 분과 등의 각 위원장과 위원들의 소속이 결정되면서 한국인을 위한 한글, 문화, 지식, 지혜를 가르치고 한국인으로서의 긍지와 뿌리교육을 위해 세우는 '뉴져지한국학교'로 명명하기로 결정했다. 장소 선정에도 토론을 거듭하여 교통 좋고 지역 중심 위치인 Tenafly 중학교로 정하고 교과과정도 미국교육과 한국인으로서의 조화를 이룰 수 있게 하기 위하여 각 분야의 전문가를 만나서 듣고 조사해서 각 학교기관의 장단점을 취하기로 했다. 매 주 Master Plan은 변경되어 갔고 점점 영글어 가는 의견 덕분에 일이 착착 진행되었다. 모임의 크고 작은 경비는 각 이사들 집으로 다니면서 절약했다. 개교를 위한 진행은 일사불란하게 일심단결로 학교 탄생의 흥분 속에서 밤새는 줄 모르게 정성들여 손으로 그 많은 공문들을 써가며 이루어졌다. 모든 이사들은 '한국인'이라는 자부심과 정열의 화신이었으며 각 분야별로 열심히, 개인은 없고 오직 '학교'만이 존재하는 듯했다. 새로이 시작하는 학교에 몇 명의 학생이 올지, 몇 개의 교실을 빌려야 하며, 선생님은 몇 분이나 모셔야 하며, 빌려 쓰는 주말 학교이니 어느 정도 눈치 생활을 해야 하며, 다른 문화권에서 살다온 학부모와 학생들은 어떻게 대처하라고 조언을 해야 할까 등…. 모든 것이 백지 상태에서의 힘든 일이었다. 빌려 쓰는 주위 한국교회들이 가끔 건물 퇴거령을 받는 것을 보았고 한국인에게 건물을 대여했을 때 일어나는 부작용으로 고민을 한다고 들었다. 실제로 미국 정규학교에 가면 얌전해지는 학생들도 한국 사람끼리 모이는 한국 학교에 모이면 음성이 커지고 남의 학교 기물 등을 공연히 파손시키고 공공장소에서의 도덕성이 엉망이라는 얘기도 듣고, 기사도 가끔 보았기 때문에 적잖은 걱정을 했다. 학교 By-Law를 만들고 학사 행정의 기틀을 잡고 Tenafly 중학교 측과 제반 약정을 협의하면서 주정부의 비영리 교육법인 단체로 정식 인가를 받았다.

김은자 선생님을 초대 교장으로, 지금호 님을 초대 학부모 회장으로 모시어 학교의 조직과 운영의 특징이자 자랑인, 교사회-학부모회-이사회라는 삼위일체의 확고한 기틀을 마련하였다. 당시 뉴욕총영사관의 김태봉 초대 장학관이 교과서를 지원해 주었고 때때로 우리들의 의논에 응해 주셨다. 이렇듯 많은 일을 진행한 지 3개월이 지난 1983년 1월 8일 드디어 역사적인 개교, 개학의 날이 되었다.

날씨는 추웠지만 청명하였고 선생님들은 교실과 교무실에서, 이사들은 입학 등록 준비와 신입생 환영을 위해 교문 앞에서 학생들을 기다리고 있었다. 그런데 이게 웬일인가! 차들이 물밀듯이 주차장으로 들어서고 있었으며 학생들은 엄마나 아빠들과 함께 학교건물을 향해 씩씩한 모습으로 무리지어 들어오는 것이었다. 그것은 마치 울려 퍼지는 대합창 같기도 하고 아름다운 바다의 파도 같기도 한 하나의 경이로운 영화 장면 같은 잊을 수 없는 풍경이었다. 나도 모르게 눈물이 하염없이 흐르고 가슴은 뜨거운 것이 막 올라오고 있었다. 북쪽 뉴욕 업스테이트로부터 남쪽 뉴저지까지 부모님들은 자녀교육을 위하여 토요일을 온전히 헌납하였고 우리는 그 날 미국에 마치 한국을 세우는 듯한 뿌듯한 자세로 임했다. 선생님들은 겨레와 후손에게 바치듯 봉사와 희생정신으로 연구를 거듭하였고 학부모반 역시 어머니반의 Program으로 교양강좌, 취미 활동 등 다양하게 짜여져 있었다.

그때 당시 뉴저지에는 SAT 학원이라는 것은 없었고 미국 기관에서 하는 Kaplan과 Princeton Review만이 있었다. 우리는 방과 후 오후에 SAT반을 열고 다시 여름 방학을 이용해 SAT Class를 개설하고자 현재 Palisade Park 시의원인 Jason Kim을 수학 선생님으로, Princeton대학 영문과 출신 Albert Kim을 영어선생님으로 모셔 집중적으로 진학을 돕고 교장선생님은 졸업생이 학교를 위해 봉사활동을 하게 한 다음 추천서를 써서 대학입학을 도왔다. 아마도 이것이 SAT공인 기관의 효시가 아닐까 생각한다.

그 후 2대 이태봉 이사장 취임 후 '뉴저지한국학교'라는 고유한 현재의 제자

(한규남 작가 글씨체)와 학생들의 응모작 중 윤명수 학생의 로고가 선정, 제작되었다. 또한 학교 소식 전달과 교환을 위하여 News Letter가 시작되었다. 1984년 3월 교가(곽상준 작사·임정은 작곡)가 만들어지고 학교의 모습을 거의 갖추게 되었다. 학교를 세우는 일은 매우 어려운 과정과 무한한 연구와 노력이었으나 교육은 적어도 30~50년 앞을 내다봐야하는 중대한 과제이다. 우리는 후세들에게 지식과 지혜를 가르치고 아름다운 하늘과 땅 위의 새로운 세계를 설계하는 꿈과 용기를 가르쳐야 한다. 인간 유산을 위하여, 미래를 향하여 다 한마음으로 크고 작은 어려움을 흔쾌히 감수하고 미국 속에서 작은 나라 한국이 큰 모습의 한국인으로 채워지기를 기원한다. 30,40대였던 학교 창립자들이 60,70대의 대열에 서는 30년의 역사와 세월이 흘렀다.

'뉴져지한국학교'

이제 그 영롱한 눈동자로 다시 새로운 시작처럼 힘차게 도약하기를 간절히 바란다.

III

천주교·불교기관 소속학교

1 성바오로정하상한국학교

이다영, 홍마리 코르디스

성 바오로 정하상 한국학교

하미광 글
이경제 곡

교육 목표

한국어와 한국의 역사, 문화 교육을 통해 학생들에게 한민족의 뿌리를 심어주고 자신의 정체성을 갖게 함으로써 미국사회에서 한국인으로서의 긍지를 높이고 행복하게 살아가게 하는 데에 있다.

교훈

참되고 슬기로운 사람이 되자.
예의 바르고 꿈이 있는 사람이 되자.
미래의 주인이 되자.

조직

이사장	김문수 앤드류 신부				
교장	홍 마리 코르디스 수녀				
임원진	교무, 총무, 서기, 회계				
유치부	초급	새싹반	중등부	초급	백합반
	중급	개나리반		중급	봉숭아반
	고급	나팔꽃반		고급	해바라기반
초등부	초급	채송화반	고등부	기초	코스모스반
	중급	진달래반		초급	수선화반
	고급	장미반		중급	무궁화반
				고급	국화반

연혁

1977년 9월 4일	'토요한글학교' 개교
1977년 9월	초대 이사장 정욱진 신부 부임
1987년 9월	개교 10주년 기념행사
1990년 8월	34-20 Parsons Boulevard Flushing으로 학교 이전
1990년 9월	학교명 '성 바오로 정하상 퀸즈 한인 천주교회 한글학교'로 변경
1990년 9월	특별활동반 개설
1992년 9월	개교 15주년 기념행사
1997년 9월	개교 20주년 기념행사 (표창 수여)
2002년 9월	개교 25주년 기념행사
2007년 9월	개교 30주년 기념행사
2009년	학교명 '성 바오로 정하상 한국학교'로 변경
2012년 6월	개교 35주년 기념행사
2012년 9월	개교 35주년 기념 교지 발간

연간 학사일정

2013학년 가을학기

주	날짜	중요 행사	기타
1	9월 7일	입학식/개학식	교사회의 PM 1
2	9월 14일		9월 19일 추석
3	21일		
4	28일		교사회의 PM 1
5	10월 5일	전통놀이	특별 활동 수업 없음
6	12일		

휴교	19일	휴교 (본당 바자)/글짓기 대회	10월 20일 본당바자
7	26일		
8	11월 2일		교사회의 PM 1
9	9일		
10	16일		
11	23일	요리교실	
휴교	30일	휴교 (추수감사절)	11월 28일 추수감사절
12	12월 7일		교사회의 PM 1
13	14일	산타 오심	
휴교	21일	휴교 (성탄)	
휴교	28일	휴교 (새해)	
휴교	1월 4일	휴교 (폭설)	
14	11일		교사 회의 PM 1
15	18일		
16	25일	가을학기 종업/교내 동화구연	

수업시간(총 16주 64시간)

1교시	09:00-09:45
2교시	09:50-10:35
간식	10:35-11:00
3교시	11:00-11:45
4교시	11:55-12:40(특별 활동 수업)

2014학년 봄학기

수업일수	날짜	중요 행사	기타
방학	2월 1일		교사 월례회의 AM 10
1	8일	2학기 개강	
2	15일		Presidents' Day: 2월 17일
3	22일		
4	3월 1일		교사 월례회의 PM 1 삼일절: 3월 1일
5	8일	요리교실	
6	15일		
7	22일		제 18차 SAT II 한국어 모의고사
8	29일	공개수업 (2, 3교시)	
9	4월 5일		교사 월례회의 PM 1 미 동북부 동화구연대회
10	12일		제 25차 한국어능력고사, TOPIK
휴교	19일	부활절 휴교	부활절: 4월 20일
11	26일		교사 월례회의 PM 1 제10회 나의 꿈 말하기 대회
12	5월 3일	야외 운동회	특별활동 없음
13	10일		Mother's Day: 5월 11일
14	17일		교사 월례회의 PM 1 미동북부 어린이 예술제
휴교	24일	Memorial Day 휴교	Memorial Day: 5월 26일
15	31일		
16	6월 7일	종업식	미동북부 어린이동요대회 뉴욕 어린이 민속큰잔치 특별활동 없음

교과 교육과정

구분	반	학년 학습 목표
유치부	새싹 개나리 나팔꽃	'나'를 중심으로 가족, 학교, 친구 등 사회에 대한 기본적인 개념을 알고 적응한다. 한글 자음·모음을 구분하고 바르게 발음한다. 숫자, 색깔, 모양, 계절, 감정 등 기본적인 언어 표현을 연습한다. 자신의 이름을 한글로 쓸 수 있고 간단한 인사를 하고 동요를 부를 수 있다. 동화를 듣고 내용이나 느낌을 말할 수 있다.
초등부	채송화 진달래 장미	본격적으로 읽기와 쓰기를 시작한다. 단모음과 단자음으로 된 쉬운 글자에서부터 시작하여 단계적으로 이중 자모음을 포함한 낱말까지 획순에 맞게 바르게 쓰고 읽을 수 있다. 의성어, 의태어, 된소리 등을 익히고 낱말 찾기 퍼즐을 통한 심화 학습. 알맞은 생활 언어를 쓰고 익힌다. 받침 없는 글자와 받침 있는 쉬운 글자를 쓸 수 있다. 동화 듣기를 통해 한국 문화를 익힌다. 그림을 보고 짧은 문장으로 말할 수 있다.
중등부	백합 봉숭아 해바라기	초급 과정에 이어 읽기와 쓰기 공부를 반복하며 이중 자모음과 겹받침이 들어간 문장을 읽을 수 있다. 겹받침이 들어간 간단한 문장을 쓸 수 있다. 자기 생각을 짧은 문장으로 표현할 수 있다. 문단을 읽고 전체적인 의미를 파악할 수 있다. 존댓말을 사용하고 생활에 필요한 기본적인 대화를 할 수 있다. 한국 문화와 역사에 대해 읽고 이해한다.
고등 기초부	코스모스	자모음의 원리를 정확히 이해하고 낱말로 시작하여 간단한 문장을 쓸 수 있는 능력을 기른다. 읽기 능력을 길러 어휘력을 향상하고 자기 생각을 표현할 수 있다.
고등부	수선화 무궁화 국화반	다양한 어휘구사 능력을 갖추고 동사의 시제를 활용한 생활 일기를 쓸 수 있다. 점차적으로 주제에 맞는 작문이 가능하며 관용적 표현을 익히고 글짓기 대회, 나의 꿈 말하기 대회 등에 참가할 수 있을 만큼의 능력을 기른다. 한국어의 문법, 문단의 주제, 문장 구성을 이해하고 한국어 SAT II 시험을 대비할 수 있다. 한국어책을 자유로이 읽어 독해력과 대화하기에 충분한 어휘를 갖출 수 있다. 한국 문화와 역사에 대해 구체적으로 배우고 이해한다.

특활반 교육과정

반	내용
개나리반 새싹반	색칠공부, 찰흙놀이, 오리기 등을 통해 두뇌를 향상하고 색에 대한 감각을 기르며 노래 부르기와 율동을 통하여 협동심과 사회성을 기른다. 전래 동화를 들려주어 우리 문화와 정서를 이해하는 데 도움을 준다.
나팔꽃반	놀이와 실연을 통해 배운 단어를 기억하고 사용하게 하며, 자르기·붙이기·접기를 통하여 글자의 생김새와 특징을 이해하고 그 단어를 나타낼 수 있는 모양 만들기를 하여 서로 연계지어 게임을 한다.
채송화반	만들기와 공작 활동을 단어 학습과 연계하여 어휘력을 기르고 소근육 발달과 창의적인 아이디어로 생각과 느낌을 표현하는 능력을 기른다.
진달래반	창의력 향상을 위한 창작 미술 활동과 그리기, 카드 만들기 수업을 통해 자기 생각을 표현하는 법을 배우고, 어휘 관련 게임을 하며, 주어진 낱말이나 문장을 그림으로 표현한다. 또한, 교사가 직접 제작한 한글 보드 게임과 귓속말로 낱말 전달하기 등을 통해 한글에 대한 흥미를 느끼게 한다.
동화반	킨더부터 5학년까지의 학생들을 대상으로 하며 좋은 책을 많이 읽고 선과 악, 옳고 그름에 대한 판단력을 기르며 올바른 인성을 갖출 수 있다. 또한, 독서하는 습관을 기르고 동화 속 주인공들을 통해 다양한 지식과 지혜를 얻을 수 있다.
택견반	3학년 이상 학생을 대상으로 하며 우리 고유의 무술인 택견을 배우면서 민족의 얼과 체력 단련 및 예의범절을 배울 수 있다.
메리포핀스반	3학년 이상 학생을 대상으로 하며 요리, 바느질, 뜨개질, 종이접기 등 의식주 관련 기본 생활, 상식 수준의 것들을 실습한다(단추 달기, 목도리 뜨기, 생일 카드 접기, 깍두기 담그기 등).
번역반	영한, 한영 번역을 통해 한글의 우수성을 깨닫고 이중언어를 자유롭게 구사할 수 있는 능력을 기른다.
글짓기/ 나의 꿈 말하기반	5~11학년을 대상으로 하며 자신의 꿈과 목표를 뚜렷이 하고 그 꿈을 글로 표현하여 발표하며 나아가 그 꿈을 이룰 수 있도록 하는 데 동기를 부여하고 글짓기 대회와 나의 꿈 말하기 대회를 준비한다.
SAT 수학반	SAT 수학 시험을 준비하는 학생들을 대상으로 문제 풀이 위주의 수업을 하며 학생들의 수학에 대한 이해를 돕는다.
사물놀이반	3학년 이상의 학생을 대상으로 사물놀이 관련 악기를 배우며 우리의 전통 가락의 뿌리를 찾을 수 있도록 한다.
붓글씨반	3학년 이상의 학생을 대상으로 하며 붓글씨를 배우며 옛 선인들의 지혜와 전통예절을 익히고 정서적 안정과 집중력이 향상되도록 한다.

말하기반 I	한국어로 말하는 것에 대한 두려움을 없애고 자신감을 기르기 위해 동요를 부르며 의사 표현에 대한 거부감을 극복한다.
말하기반 II	실제로 일어날 수 있는 여러 상황을 설정하고 그 상황에 대처하여 말하기와 적절한 단어 선택, 표현하는 방법을 연습한다.
말하기반 III	실생활에 필요한 의사표현을 연습하며 적절한 어휘 선택을 할 수 있도록 우리말 단어 공부에 도움을 줄 수 있는 각종 자료를 활용하고 익힌다.

'한글사랑' 성바오로정하상한국학교 – 홍 마리 코르디스 교장수녀

성바오로정하상한국학교는 '한국어와 한국의 역사, 문화 교육을 통해 학생들에게 한민족의 뿌리를 심어주고 자신의 정체성을 갖게 함으로써 미국사회에서 한국인으로서 긍지를 높이고 행복하게 살아가게 한다.'라는 교육 목표를 가지고 개교 36년이란 긴 세월 속에서 조금씩 성장하여 이제는 미국 이민사회에서 흔들림 없는 한국학교로 인정 받고 있다.

미국 이민 초창기부터 많은 이민자들은 언어 장벽과 문화적 충격을 경험해야 했다. 미국사회의 적응을 위해 영어 교육에 집중할 수밖에 없었던 상황에서 진정한 성공은 자신의 정체성을 갖고 한국인으로서 미국 사회에 뿌리내리는 것과 동포 자녀들에게 한국인으로서의 정체성을 심어주기 위해 한국어 교육이 필요하다

는 생각으로 1977년 초대 이사장인 고 정욱진 신부님이 한국학교를 창설했다.

한국학교 개교 당시 이사장 신부님의 사제관에서 2명의 교사와 몇 명의 학생들로 시작되었다. 이렇게 이민 역사와 더불어 조금씩 성장한 성바오로정하상한국학교는 한국어는 물론 한국 문화와 역사를 가르쳐 왔고, 특별활동반을 운영하여 다양한 프로그램으로 동포 자녀들에게 '한글' 중심의 교육을 펼쳐왔다. 우리 한국학교는 학생들이 큰 자부심과 꿈을 가지고 미래에 한국인으로서 미국 사회의 주역으로 성장하도록 돕기 위해 사랑과 헌신적인 마음으로 투신하시는 선생님들, 그리고 관심과 성원으로 함께 해주시는 부모님들과 함께 '한글사랑' 성바오로정하상한국학교가 되도록 노력할 것이다.

매주 토요일이면 한국학교 학생들로 가득 채워지는 성바오로정하상(퀸즈)천주교회, "가나다라 소리 높여 우리 말 공부, 내일의 일꾼들이 꿈을 키우네. 미국 땅에서 다시 피는 무궁화처럼 세계 속의 한국인이 되겠습니다." 우렁찬 교가 부르는 소리, 그리고 한국학교의 크고 작은 행사 때마다 선행되는 애국가 제창 때마다 참석한 학생, 교사, 부모님 모두는 우리 민족에 대한 사랑과 열정은 바로 내 나라 내 민족이 있다는 것과 우리만의 언어가 있기에 가능하다고 이구동성으로 말한다. 한민족의 5,000년 역사는 우리가 언제 어디에서 살든지, 우리 언어와 민족을 찾게 하고 우리의 정체성을 잃지 않게 하는 원동력이 되어준다. 본교는 미국 이민 사회에서 본교가 한국어와 한국 문화, 역사를 알리는 데 큰 몫을 다할 수 있도록 끊임없는 노력할 것이다.

"사랑과 믿음의 집"

성바오로정하상한국학교는 매년 가을학기와 봄학기로 나누어 매 학기 16주씩 토요일 오전 9시부터 오후 12시 40분까지 수업을 진행하며, 등록신청은 학기별로 하고 있다. 한국어 교육에 초점을 맞추어 유치원생부터 고등학생까지 각자의 실력에 맞게 나누어진 반에서 공부한다.

다양한 특별활동

아동문화, 단어, 나의 꿈 말하기, 글짓기, 사물놀이, 서예, 역사문 번역, 동요, 동화, 전통놀이, 요리교실 등 다양한 특별활동 시간이 있다.

각종 대회에서 두각

번역대회, 동화구연대회, SAT Ⅱ 모의고사 실시, 나의 꿈 말하기대회도 참가하고 있다.

한국을 사랑하고 한국을 가슴에 품은 2세들의 희망찬 미래를 발표하는 나의 꿈 말하기대회에서 국화반의 김다슬 학생과 무궁화반의 송나래 학생이 각각 대상과 금상을 수상하여 학교의 이름을 널리 알리는 데 한 몫을 하였다. 김다슬 학생은 당뇨로 고생하시는 외할머니를 위해 훌륭한 약사가 되어 외할머니의 당뇨병을 치료할 수 있는 약을 개발하겠다는 꿈을 발표하여 대상을 수상하였으며 6학년인 송나래 학생은 훌륭한 산부인과 의사가 되어 이민 한국인, Korean American 임산부들을 도와드리겠다는 굳은 의지를 보여 금상을 수상하였다.

제10회 미 동북부 한국어글짓기대회에서 국화반의 홍민지 학생은 '용돈'이라는 주제로 대상을 수상하였다. 한 푼 두 푼 모은 용돈으로 자신을 돌보아준 할머니를 위해 장미꽃을 사서 드리고 싶다는 아름다운 마음이 담긴 글을 써 대상을 수상하는 영광을 안았다.

총 18개교에서 73명의 학생이 참가한 제15회 글짓기대회에서도 송나래 학생이 '나에게 보내는 편지'라는 제목의 글을 써 영예의 대상을 받았다. 제14회 한영·영한 번역대회에서는 송은아 양이 고급반 부문에서 금상을 수상하여 학교의 이름을 빛냈다.

교육안 개발 우수교사

재미한국학교협의회와 백범 김구선생기념사업협의회, 재단법인 김구재단 공동 주최로 겨레의 큰 스승이신 백범 김구 선생의 삶과 사상을 우리 2세들에게 바르게 알리고 올바른 정체성을 지니게 하기 위해 열린 제1회 백범일지 교육안 공모 대회에서 본교 개나리반 정미희 교사가 장려상을 수상하였다.

미국의 다문화에 익숙한 한국계 미국인 청소년들이 백범 김구 선생의 수업을 통해서 한국문화를 다른 나라 사람들에게 잘 알려 줄 수 있을 것인지 생각해 보고 한국을 정말로 모국으로서 깊이 사랑할 수 있도록 했다. 이 수업을 통해 학생들이 얼마나 대한민국을 잘 알고 있었느냐 되돌아볼 수 있는 기회를 제공하고 왜 한국학교에 다니는지 대한민국을 어떻게 하면 더욱 발전되게 할 수 있을지 생각하는 기회로 삼았다. 또한 교사로서 이런 광범위한 주제를 재미있고 이해하기 쉽게 지도할 방법을 모색하기 위한 취지로 이 교육안을 작성하였다.

이 외에도 졸업 규정인 재미한국학교협의회가 실시하는 SAT II 한국어 모의고사에서 우수한 성적을 거둔 성수진 학생이 제1회 졸업생으로 선발되었다.

성수진 학생은 졸업사에서 이곳에 살기 때문에 물론 영어를 잘해야 하지만, 우리의 부모님이 태어나신 대한민국의 말과 글을 배우는 것도 중요하다고 후배를 위해 따끔한 충고를 아끼지 않았다.

2 원광한국학교

박진은

개요

원광한국학교는 동포 자녀들에게 한국의 얼을 심어주기 위하여 한국말과 글, 한국의 역사와 문화, 명상, 예절, 다도, 태권도, 무용, 사물놀이, 한국민요, 동요 등을 가르치고자 1982년 9월 25일 설립되었다. 매년 봄·가을학기를 정기 운영하고 있으며, 1986년부터는 여름학기도 개설하여 한국어, 한국역사, 문화, 특별활동 등을 교육하고 있다. 총 6개 반에 50여 명의 재학생이 있다.

뉴욕 어린이민속큰잔치는 한국의 전통놀이를 통해 민족 문화에 대한 감수성을 함양시키고자 1989년 원광한국학교가 학생과 학부모를 대상으로 주최하였다. 1997년부터는 매년 5월 Flushing Meadows Corona Park에서 뉴욕 전역의 일반어린이와 학부모를 대상으로 확대·발전하여 진행하고 있다. 최근에는 다른 나라의 민속놀이도 함께 소개하고 체험하는 마당을 선보이고 있으며 올해로 17년째를 맞이하는 민속잔치는 다민족이 모여 사는 미국 속에 한국동포뿐만 아니라 타 민족의 현지 어린이들까지 참여하고 있다.

연혁

1. 1982년 학교 설립

1982년 9월 25일 개교를 했다. 매주 토요일 오전 9시부터 오후 12시 30분까지 수업을 하며, 입학생 모집은 봄학기와 가을학기로 나누어 년 2회 신입생을 모집했다.

교과목은 한국어, 한글, 한국역사 및 문화, 무용, 연극, 리듬악기 등 2세들의 한국에 대한 뿌리 교육에 중점을 두었다. 제1기 입학생은 모두 26명으로 3개 반을 이루고 교사진은 송영봉 교장과 교사 백상원, 이오은, 박용현으로 구성되었다. 원광한국학교의 교육 사업은 해를 더해 갈수록 학생 수가 늘어남에 따라 뉴욕교당의 주요사업이 되었다. 개교 당시 26명에 불과하던 학생이 학기마다 늘어 정원 150명을 훨씬 웃도는 입학생이 몰려들었다. 정원초과로 입학하지 못한 학생을 웨이팅 리스트에 올려 자리가 날 때를 기다려야 했다. 반도 9개 반으로 늘어나는 등 발전을 거듭하여 한국학교 교사로 강지해, 황선명, 이덕호, 김태영, 최원주, 박용현, 신은진 등을 충원하였다.

뉴욕 한인사회에서 원광한국학교는 우수한 교사들이 열성적으로 양질의 교육을 실시하고, 또 교도들이 헌신적인 보조역할을 함으로써 학부모들의 소문을 통해 지명도 높은 한국학교로 자리매김을 했다.

2. 원광한국학교 가을 운동회 '민속잔치' 개최

1987년 7월 11일 원광한국학교 여름학교는 어린이를 대상으로 민속잔치를 알리 폰드 파크에서 열었다. 투호, 제기차기, 씨름 등 민속놀이 일곱 마당을 준비했다. 행사에는 학생, 학부모 60명이 참가했다. 신명도, 조성민, 신정이 등이 자원봉사를 했으며, 백정민 무용교사의 농악연희로 잔치의 흥을 돋웠다. 이어 원광한국학교 재학생을 대상으로 제1회 민속잔치가 10월 7일 Flushing Meadows Corona

Park에서 열렸다. 학생, 학부모 135명이 참가했다. 민속잔치는 원광한국학교의 교육프로그램의 일환으로 연례행사가 되었다. 이 행사가 모체가 되어 훗날 민속잔치는 뉴욕한인사회에서 최대 규모의 어린이 행사인 뉴욕어린이민속큰잔치로 발전하게 되었다.

3. 입양아들과 함께 한국 문화 나누기

1988년 3월 20일 입양아와 그의 가족들을 초청하여 원광한국학교 강당에서 원불교 청운회와 함께 한국문화나누기 잔치를 마련하였다. 잔치에 초대된 입양아는 어린 소년, 소녀부터 대학생에 이르기까지 다양했다. 잔치에는 이들 양부모를 포함해 40여 명이 참석했다. 입양아와 부모들을 위해 교도 및 원광한국학교 어린이들의 공연이 있었다. 전통춤, 우리가곡 등을 선보였다. 이어 한국전통음식을 참석자들과 함께 했다. 이 행사는 한국 경기도 양주의 한국보육원 이사장의 주선으로 미국 내 입양아 양부모와 연결된 후, 입양아 초청 문화 나누기 잔치는 그 다음에 2월 26일에도 있었다. 또한 1999년에는 Long Island 입양아 단체에서 주관하는 여름 캠프에 초대되어 원광한국학교 학생들의 사물놀이 공연과 함께 그들과 함께 한국 문화를 나누는 축제에 참가하였다.

4. 코리안 퍼레이드 참가

1993년 10월 2일 한인회 주최, 한국일보 주관으로 열리는 제14회 코리안 퍼레이드에 원광한국학교 학생들이 처음으로 참가했다. 학부모, 학생, 어린이 등 37명이 참가를 했다. 퍼레이드를 통해 구경나온 가두 시민들에게 한국인의 문화와 전통을 알리는 데 일조했다.

5. 뉴욕어린이민속큰잔치 개최

1997년 5월 4일 Flushing Meadows Corona Park에서 원광한국학교 주최 '97 뉴욕어린이민속큰잔치를 개최했다. 뉴욕 시내는 물론 인근 뉴저지, 롱아일랜드 등의 어린이 학부모 1천여 명이 참가해 대성황을 이루었다. 뉴욕어린이민속큰잔치는 기존의 원광한국학교 재학생을 대상으로 매년 열려온 어린이민속잔치를 확대해 뉴욕 일원의 모든 한인 어린이는 물론 미국인 어린이를 포함한 대외행사로 규모를 바꾼 것이다.

행사는 여는 마당, 개인마당, 전체놀이마당으로 대별했다. 여는 마당은 태권도 시범, 농악연희 등을 했으며, 개인마당은 제기차기, 널뛰기, 투호, 씨름, 비석치기 등 열두 마당을 준비했다. 또 전체놀이에서는 줄다리기, 바구니 터트리기 등의 경기를 했다. 먹거리 장터도 준비했다. 이러한 다양한 민속놀이는 인종, 종교, 국적을 초월한 동심이 함께 어우러져 한 집안, 한 권속의 의미를 되새기게 했다. 이날 행사에는 100명이 넘는 자원 봉사자가 참여 했다. 또 행사는 뉴욕총영사관, 뉴욕문화원, 재미한국학교동북부협의회, 각 언론 방송사가 후원을 했다. 초기에는 삼성전자, 청과상조회, 참가구, 루이스약국 등 18개의 지상사, 동포단체, 업소, 원광한국학교 학부모 등이 협찬을 했다.

뉴욕어린이민속큰잔치는 준비에서 행사 후 마무리 작업까지 연 인원 5백여 명 이상이 동원된 대형 행사로 뉴욕 한인사회 어린이를 위한 행사로는 최대 규모였다. 행사는 어린이들에게 한국의 민속놀이를 통해 민족 문화 의식을 함양한다는 교육적 목적 외에도 다문화인 지역사회에 서로의 문화를 이해하고 체험하여 화합하는 하나의 커뮤니티를 만들어가는 효과도 거두었다. 아울러 다른 나라의 전통 놀이를 체험하고 나누는 장을 넓혀가고 있다.

6. 졸업생들의 동문회 '파랑새' 모임 결성

1999년 한국학교 졸업생의 모임인 '파랑새'가 결성되었는데 1년에 2회 여름과 겨울에 여름 훈련과 겨울 스키캠프를 통해 동문들 간의 정보와 유대를 강화하고 여름학교 자원봉사 활동과 뉴욕어린이민속큰잔치에 자원 봉사 활동을 하기 위하여 이덕호, 배정화, 박진은 교사가 담당이 되어 졸업생들과 함께 결성하였다.

7. '한국문화체험' 행사 참가

2003년 7월 8일부터 20일 간 원불교 교정원 국제부와 불교 종단협의회가 주최·주관하고 문화관광부, 원불교여성회가 후원하는 제2회 '동포2~3세 청소년 한국문화체험' 프로그램에 한국학교 학생회원 15명이 참가했다. 김신관 선생이 인솔을 했으며, 참가자 15명은 한국에 머무는 동안 원불교 중앙총부 순례, 영산성지 순례, 경주 유적지, 안동 예절학교, 고궁관람 등 다양한 프로그램에 따라 한국문화를 고루 체험했다. 이 행사에는 L.A., 시카고, 필라델피아 등 미주지역의 동포 자녀들도 함께 참가했다.

8. 정연석 교장 교육 인적자원부장관 감사장 수상

2005년 7월 22일 원광한국학교 정연석 교장이 동포 2세 교육에 이바지 한 업적으로 한국의 교육인적자원부장관이 수여하는 감사장을 수상했다. 시상은 재미한국학교협의회 총회에서 있었다.

9. 뉴욕한인회 '올해의 한인상' 수상

2010년 1월 13일 원광한국학교 박진은 선생은 동포사회에 뉴욕어린이민속잔치를 통하여 민족 문화에 대한 감수성을 함양시키고, 전통놀이를 동포사회와 뉴욕 지역사회에 알려 한국의 얼을 심고 건전한 민속놀이를 개발·보급하여 건전한

민족문화를 정착시킨 공로로 올해의 한인상을 수상하였다.

10. 학교 창립 30주년 기념패 받음

2012년 7월 27일 원광한국학교 정연석 교장이 지난 30년 동안 재미 한인 후세들에게 한국어 교육과 한국인의 뿌리 교육을 통하여 한민족 정체성 확립과 긍지를 함양하고 차세대 인재 양성 교육의 역사적 기틀을 마련한 업적을 치하하며 학교의 계속적인 발전을 기원하는 기념패를 재미한국학교협의회로부터 받았다.

역대 교장

1대 송영봉, 2대 장경진, 3대 유수일, 4대 정연석, 5대 양상덕, 6대 박진은,
7대 박유정(현재)

학사 일정 및 교과목, 특별활동

1. 학사 일정

봄학기: 2월에서 6월까지

여름학기: 7주 동안 운영

가을학기: 9월에서 12월까지 운영

2013년 봄학기(89기) 원광한국학교 학사 일정표

월	일	내용
2월 (4주)	2 토	교사회의 / 학기 준비회의
	9 토	개학식 / 교사회의
	16 토	토요수업
	23 토	토요수업

3월 (4주)	2 토	교사회의
	9 토	토요수업
	16 토	17차 SAT II 한국어모의고사
	23 토	토요수업/졸업시험 공고/교내 동화구연대회
	30 토	Easter 휴교
4월 (4주)	6 토	제29회 미동북부 동화구연대회
	13 토	제23차 한국어능력고사 실시 (초·고급: 오전9시/중급: 오후2시)
	20 토	토요수업
	27 토	토요수업 / 나의 꿈 말하기대회
5월 (3주)	4 토	교사회의
	11 토	토요수업
	18 토	졸업시험 / 27회 어린이예술제
	25 토	메모리얼데이 휴교
6월 (2주)	1 토	교내 단어암기대회/제13회 미동북부 어린이동요대회
	8 토	학습발표회 및 졸업식, 교사회의
	9 일	2013 뉴욕어린이민속큰잔치(장소: 커닝햄 파크)

2. 교과목 및 특별활동

교과목은 한국어, 역사·문화, 특별활동(한국노래, 사물놀이)으로 매일 운영하고 있고 전교생이 모여 명상 및 전체 조회를 시작으로 좋은 습관 기르기 운동(인사 잘하기, 숙제 잘하기, 약속 지키기, 결석 안 하기)을 통하여 인성교육에 힘씀.

조직 및 재정

- 조직: 매월 교사회를 통하여 전반적인 학사 일정과 학생들의 교과과정 학습 상황을 점검하고 조정하고 있음.
- 재정: 학생들의 등록비와 한국교육원 보조금과 원불교 뉴욕교당의 지원으로 운영하고 있으며 특별활동의 교사는 우대하여 지급함.

운영의 문제점 및 개선안 사례 발표

- 운영의 문제점: 충분한 경제적인 지원과 전문적 능력을 갖춘 사람으로 봉사할 수 있는 인성을 갖춘 인력의 문제가 가장 크다. 경제적으로 탄탄하지 못하기 때문에 프로그램 관리 운영을 담당하는 인력이 부족하고, 자원봉사로 이뤄지기 때문에 운영에 한계가 있다. 또한 지역사회에서 무료로 운영하는 학교가 늘어나고, 공립학교에서 한국어 과목을 개설하여 많은 학생들이 이동하고 있는 추세다.
- 개선안: 한국의 어린이, 학생 등의 동포들만 대상으로 하지 않고 다민족으로 대상의 범위를 넓히고 프로그램도 주말뿐만 아니라 주중에도 하고, 대학생·성인들에게도 확대해야 한다. 그리고 재정 확보를 위해서 이사회나 학부모회를 조직하여 조직적으로 지원과 재정을 후원 받아 펀드를 조성해야 하며, 인재 양성을 위해 적극적으로 투자해, 장학금 지원과 실력향상, 봉사심을 불어 넣어야 한다. 뿐만 아니라 한국 정부에서도 한국 학교를 위한 지원과 관심 그리고 교재의 개발이 이뤄져야 한다.

3 성김대건한국학교

김윤주, 서민수

교훈

고운말 한국어

자라나는 우리의 꿈

개요

1986년 개교한 성김대건한국학교는 천주교 뉴왁(Newark) 교구 소속 비영리 교육기관으로서 그리스도교 정신을 바탕으로 다중문화와 다중언어권 속에서 자라나는 자녀들에게 뿌리 교육을 함으로써 부모와 자녀 간의 대화를 증진시키고 한국계 미국인으로서의 긍지와 정체의식을 강화시켜 주는 데에 그 목적을 두고 있다. 지난 28년 동안 성김대건한국학교는 이러한 건학 이념을 바탕으로 미 동북부 지역의 Korean American 학생들을 위한 한국어와 한국 역사, 문화를 통한 정체성 함양 교육에 힘써 왔으며 지역 사회에도 크고 중요한 역할을 하고 있다.

현재 뉴저지의 버겐필드(Bergenfield)에 위치한 Transfiguration Academy에서 매주 금요일 오후와 토요일 오전에 한국어와 한국 역사, 한국 문화, 특별활동 등을 포함한 수업이 다양한 학습 방법과 체험 학습을 통해 진행되고 있다.

현황

　Pre-K부터 7학년까지 기초 과정부터 고급 한국어 과정의 체계적인 학습이 가능하여 졸업 시 한국어 말하기, 듣기, 읽기, 쓰기의 전 영역에서 수준 높은 한국어 실력을 갖추게 된다. 졸업 후에도 계속하여 고급 한국어 능력을 연마하고 싶은 학생을 위한 고급반이 운영되고 있으며, 어린 시절 한국어 배움의 기회를 놓친 미 정규학교 3학년 이상의 학생들이 또래 청소년 친구들과 함께 기초 한국어를 배울 수 있도록 배려한 대건반을 운영하고 있다. 한국어 정규수업 이외에도 어린이날 놀이 한마당, 교내 동화구연대회, 교내 글짓기대회, 교내 나의 꿈 말하기대회, 음식바자회, 추석 행사와 송편 체험학습, 설날 맞이 행사 등 학습과 연계된 여러 가지 학교 행사와 대회를 개최하여 학생들의 학업을 격려하고 동기부여를 하며 전교생이 함께 우정을 다지는 기회를 마련하고 있다.

　이사회, 교사회, 학부모회가 상호 협력하여 학생들을 위한 교육 서비스 향상에 최선을 다하고 있으며, 효과적이고 흥미로운 수업을 돕기 위해 최신 교육 자료들과 멀티미디어 등 첨단 교육 방식을 활용하고 있다. 오랜 역사만큼 체계적이고 안정적인 교육 시스템을 갖추어 학생들에게 보다 안전하고 효율적인 학교생활을 지원하고 있다. 또 한국어와 교육 관련 전공 및 교사자격증 소지 전문 교사들이 학생들의 실력 향상을 돕고 있다.

그 결과 본교는 해마다 미 동북부협의회 및 지역에서 개최하는 각종 대회에서 우수한 수상자들을 배출하고 있고 졸업생들의 한국어 실력은 매우 높은 수준을 자랑한다. 성인이 된 많은 졸업생들이 현재 한국인으로서의 자긍심을 갖고, 갈고 닦은 이중언어 실력을 디딤돌 삼아 자신과 사회의 발전을 위해 미래로 힘껏 정진해 나가고 있다.

미 동북부 지역에서 오래된 전통 있는 한국학교로서 Korean American 학생들의 정체성 함양과 리더십 형성에 큰 역할을 하고 있는 성김대건한국학교는 학교의 건학 이념처럼 앞으로도 그 노력을 게을리 하지 않고 꾸준히 지역 사회에 공헌하는 현장이 될 것이다.

연혁

1. 뿌리 깊은 나무의 터전, 씨앗 심기(1986~1991) – 초창기 포트리 공소 시절

1986년 성김대건한국학교는 미주 한인 천주교회의 뉴저지 포트리 공소(현 Fort Lee 마돈나 성당에 위치)에서 처음 출발하였다. 천주교 공소가 설립된 후 4개월 만인 1986년 9월 20일 개교를 한

성김대건한국학교는 당시 뉴저지 북부 한인 사회에 거주하던 가톨릭 신자 주재원의 자녀들을 교육하기 위해 운영되었다(초대 교장 김 세바스티안 수녀).

초기 성김대건한국학교는 모국어로서의 한국어뿐 아니라 귀국할 자녀들이 한국의 학교과정에 적응하는 것을 돕기 위해 한국의 정규 국어과목과 수학과목 등 한국 교육과정을 함께 교육하였다. 가톨릭 교우 자녀들을 위해 출발한 교육의 장은 차츰 인근에 사는 주재원 자녀들이나 후세들에게 한글을 가르쳐 주고 싶은 생각을 가진 한인 이민 동포들의 자녀들까지 수강을 원하게 되어 학생 수가 많아졌으며, 심지어는 제한된 교실로 인하여 등록을 원하는 학생을 다 받아들일 수 없어 학생들이 일 년여를 대기자로 기다리는 '입학 적체' 현상마저 생겼다.

교과과정 외에도 매해 전교생과 가족들이 함께하는 봄 소풍 행사, 성탄행사, 동화구연대회 등을 통해 당시 북부 뉴저지의 초기 한인 지역 사회의 유대감 형성과 교류에도 공헌하였다. 이렇듯 초기의 성김대건한국학교는 주재원 사회, 더 나

성 김대건(St. Andrew Kim) 안드레아
16세의 어린 나이에 서해 바다를 건너 중국 상해로, 상해에서 걸어서
마카오로, 마카오에서 파리 외방 선교회의 신학교에 유학하여 한국
인 최초로 신부가 되었다. 본교는 성인의 이러한 향학열과 개척 정신,
그리고 불굴의 신념과 의지를 건학 정신의 바탕으로 삼고 있다.

아가 이제 막 형성되어 가는 뉴저지 북부 지역 한인 동포 사회에 한국어 교육과 정체성 교육에 기여함과 동시에 초기 한인 이민 사회 형성에도 공헌하는 신앙 공동체로서의 역할을 하였다.

2. 작은 씨앗이 싹트기까지(1991~1998) – 티넥 학교로의 확장

1986년 한인 천주교회 작은 공소의 교우 자녀들 몇 명과 함께 시작한 성김대건한국학교는 개교한 지 불과 몇 년 후인 1991년 봄학기에는 300여 명이 등록함으로써 뉴저지는 물론 뉴욕 일원의 어떤 사설 한글학교나 종교단체의 부설 한글학교보다도 월등한 학생 수와 규모를 자랑하게 되었다.

전교생 한복경연대회 (1992)
미 동북부 지역 한인 사회의 교육적 요구를 적극 반영한 교과 과정과 함께 Korean American 학생들을 위한 정체성 교육에도 힘을 기울였다.

늘어나는 학생 수에 맞는 넓은 교육환경을 제공하기 위해 성김대건한국학교는 학습장소를 포트리의 마돈나 공소에서 티넥(Teaneck)에 소재한 St. Anastasia 가톨릭 학교 건물로 이전, 성당과 함께 18개의 교실과 도서관 등을 사용하여 더욱 많은 학생들이 공부를 할 수 있도록 하였다. 지역 사회 또한 점차적으로 변화하여 기존 이민자 외에도 유학생 또는 주재원이 귀국 대신 미국에 영구 거주를 하게 되는 경우가 많아졌고 초기 주재원 자녀 교육 중심의 성김대건한국학교도 그러한 지역 사회의 요구를 수용하여 교육 서비스를 제공하고자 차츰 발전하게 되었다.

전문적인 지식과 소양을 갖춘 교사진을 구성하고 교육과정의 체계적인 발전을 추구
1991년부터는 한국어 교육 과정을 학생의 교육 목표에 따라 두 가지로 세분화하였다. 즉, 귀국하는 주재원 자녀의 특성을 고려하여 한국의 국정 교과서로 국어 과목을 교육하는 '교과서반'과 미국에 영구 거주하는 자녀들의 '교포반'을 따로 두어 각 학생에게 필요한 한국어 교육을 더욱 전문적으로 심화하였다. 귀국 자녀들을 위한 '교과서반'은 유치반부터 중학교 3학년까지 학년 중심으로 반을 편성하여 한국의 국정 국어 교과서를 중심으로 한 학습을 하였으며, 주말 1회의 국어 과목 수업으로는 학생들이 귀국하여 어려움이 많을 것을 감안하여 주중에도 수업을 연장할 수 있도록 배려하였다.

미국에서 태어났거나 어린 시절 미국에 와서 자라나는 Korean American 학생

전교생 봄소풍대회 (1991)
성김대건한국학교는 한국어 교육을 통해 학생뿐만 아니라 가족들과 지역 사회가 함께
교류하며 공동체를 형성해 나가는 데 중요한 역할을 하였다.

들을 위한 '교포반'은 모국어(Heritage language)로서의 한국어를 습득하고 한국인으로서의 뿌리 교육을 하는 데에 그 목표를 두었다. '교포반'은 1학년부터 7학년 과정이 있었으며 연령과 상관없이 한국어 실력별로 반 배정을 하고 한국어 외에도 한국 문화와 역사 교육 등으로 한국인으로서의 정체성을 함양할 수 있도록 하였다. 또한 7학년 이상의 학생이 처음 한국어를 배울 때 저학년 학급에서의 어려움을 고려해 1992년에는 7학년 이상 학생들의 기초 한국어 학습을 위한 대건반을 최초 개설하였다.

한국의 국정 교과서와 한국의 교육과정을 활용할 수 있는 '교과서반'에 비해 Korean American 학생들을 위한 '교포반'의 경우는 개척해 나갈 과제가 많았다. 당시는 Korean American 학생들을 위한 한국어 교육자료와 교수법들이 많이 부족했기 때문에 교사들은 학생을 가르칠 교재나 교육과정을 직접 만들어 사용하고 연구하며 발전시켜 나갔다. 매 학기 교사가 연구한 자체 교재를 책처럼 프린트하여 학생들에게 나눠 주었는데 프린트의 성능이 좋지 않아 고충을 겪는 등 열악한 환경에서도 크고 작은 어려움들을 극복하며 한국어 교육 과정을 체계화하기

교내 민속놀이한마당 (1994)
성김대건한국학교는 체계적 한국어 교육과 함께 여러 가지 교내 행사로 학생들의 학습과 한국인으로서의 정체성 교육에 힘썼다.

위해 힘을 기울였다.

교사의 자질 함양에도 노력을 기울여 재미한국학교협의회 및 한국에서의 연수회, 자체 교사연수회를 통해 교사들이 더욱 내실 있는 교육 서비스를 제공할 수 있도록 연구하였다. 이렇듯 열의를 가지고 발전시킨 본교의 교육과정은 지역 사회의 학생들과 학부모들에게 큰 호응을 얻었고 본교는 미 동북부 한국학교에서 더 나아가 미 동북부의 한인 사회에서 중요한 역할을 하는 교육의 장으로 자리매김하게 되었다.

이러한 땀과 노력들은 현재까지 성김대건한국학교가 꾸준히 미 동북부지역에서 전통 있고 실력 있는 한국학교로 성장할 수 있는 튼튼한 반석이 되어 이어져 나가고 있다. 교육 과정의 연구와 성장과 함께 학습 효과를 높이기 위한 다채로운 학교 행사에도 더욱 노력을 기울이기 시작하였다. 교내 민속놀이한마당을 지역 사회가 함께 참여하는 잔치로 더욱 풍성하게 발전시켰고 1992년부터는 학부모 참여 수업과 학부모 정기 모임을 마련하여 가정과 더욱 연계 있는 학습의 장을 추구하였다.

1993년에는 학교의 소식과 정보, 학생들의 작품을 담은 회보인 '무지개 동산' 제1호가 발행되었고, 1994년부터는 추석맞이 송편행사가 시작되었다. 이 밖에도 박물관 견학 및 민속놀이경연대회, 동화구연대회를 개최하는 등 다양한 활동과 체험 학습을 통해 학생들의 흥미에 맞는 유익한 교육 프로그램을 위해 다방면의 노력을 시도하였다. 또, 한국어 교육 외에도 학부모 교양 교실, 주중 방과

후 학습 프로그램, SAT 입시 준비반 등을 개설, 지역사회 한인들에게 공헌하는

종합 교육 서비스의 장이 되었다.

이 시기에 성김대건한국학교는 학생 수 증가라는 양적 발전과 더불어 초기 개척정신을 바탕으로 끊임없이 연구하고 활발하게 지역 사회를 위한 교육 서비스를 펼쳐 나가며 교과 과정의 밑바탕을 다지는 등 교육의 질적 향상을 위해 노력하여 명실상부한 미 동북부 지역 교육의 장으로서의 기틀을 탄탄히 마련해 나갔다.

3. 싹튼 나무가 무럭무럭 자라남(1998~2009)

잉글우드 학교와 새들브룩 학교로 성장

인터넷의 사용 등 전 세계적으로 정보 및 문화 교류가 활발해지고 한국에 대한

성김대건한국학교는 새들브룩에도 학교를 개설하여 학생들의 편의를 도모하였다.

성김대건한국학교의 한국어와 한국 역사, 문화 교육은 학생들이 직접 체험 활동을 경험하고 흥미 있게 학습할 수 있도록 거듭 발전하였다.

위상과 관심이 높아지면서, 미국의 한인 사회에서도 점차 자녀들의 한국어 학습이 중요하게 인식되기 시작하였다. 또한 이민 세대의 자녀들이 점차 성장해 감에 따라 부모와의 문화적 차이와 가족 관계의 중요성에 대한 부모 인식도 점차 자녀들의 한국어 교육과 한국인으로서의 정체성 교육에 관심을 갖게 되는 계기가 되었다. 이런 배경 안에서 이미 내실 있는 한국어 교육과 한국인으로서의 정체성 교육을 하고 있던 성김대건한국학교는 지역사회에서 큰 관심을 받아 학생 수가 700여 명으로 증가하기도 하는 등 한국어 교육의 중요한 장이 되었다.

1998년 뉴저지 잉글우드(Englewood) 에 위치한 St. Cecilia 학교로 건물을 이전하였고, 2000년 2월에는 뉴저지 새들브룩(Saddle Brook) 성 백삼위 한인 성당 안에도 학생들의 편의를 위해 분교를 설립하였다.

학생 흥미와 체험 활동 중심의 전문적인 교육과정 연구 및 계발

시대의 변화에 따라 기존 교과서반과 교포반을 통합하고 Korean American 학생들에게 보다 전문적인 Heritage language 또는 Second language 로서의 한국어

교육을 효율적으로 제공하고자 아낌없는 노력을 하게 되었다. 이미 다년간 축적된 노하우를 통해 다져진 교과과정을 토대로 정보화 시대에 걸맞는 다양한 노력과 시도를 추가하여 양적인 성장만이 아닌 질적으로 풍부한 교육 서비스를 제공하고자 힘을 기울였다.

유치반부터 7학년 및 7학년 졸업 후 고급 한국어 학습을 위한 고급반 교육과정을 더욱 체계화하였고, 모든 학년의

Korean American 학생들의 이중언어 능력과 정체성 함양은 점차 한인 사회에서 중요한 관심이 되기 시작하였다. 성김대건한국학교는 내실 있는 한국어 교육과 정체성 교육을 통해 학생과 지역사회를 돕는 역할을 꾸준히 이어나갔다.

Korean American 학생들의 읽기 능력 신장을 위해 마련한 한국어 관련 그림책 및 도서 전시회 및 그림책 체험 활동은 학생들에게 큰 호응을 불러일으켰다.

성김대건한국학교는 한국어 학습 가운데 다양한 행사를 마련하여 학생들이 재미있게 한국어를 배울 수 있도록 노력하였다. 교내 동화 구연대회는 학생들의 말하기 능력 신장에 큰 동기부여가 되었다.

수업에 컴퓨터와 인터넷을 활용한 멀티미디어 수업이 가능하도록 기자재 구비 및 교육정보 축적과 활용에 노력하여 재미있고 흥미 있는 한국어 학습이 될 수 있도록 교과과정을 연구하였다.

미국 학생들을 위한 한국 역사와 문화 학습에도 더욱 힘써 학년별로 체계적인 역사 문화 교육을 받을 수 있도록 교과과정을 연구하였고 한자 학습을 통한 고급 한국어 어휘 실력 배양과 노래를 통한 흥미 있는 한국어 학습을 시도하였다.

2007년 9월에는 지금까지 시행되던 학기제를 학년제 교과과정으로 개편, 학년간 연계성을 더욱 심화하고자 시도하였다.

2008년 9월에는 저학년 때 한국학교에 참여하는 기회를 놓친 학생들을 위한 기초 과정 학급인 '대건반'을 다시 개설, 다소 늦은 나이에 한국어 공부를 시작하는 학생들이 또래 학생들과 함께 한국의 언어와 문화를 배울 수 있는 기회를 제공하였다.

교사 연수 및 재교육 과정도 심화되

어 끊임없이 새로운 정보들을 바탕으로 흥미 있는 체험 학습 교수 방법을 연구 및 계발하였고 미 동북부 한국학교협의회 및 재미 한국학교협의회가 개최하는 연수회와 학술대회에 참여하고 학교의 전문 교사들을 강사로 파견하는 등 적극 교류하여 효과적인 교육 방법을 발전시켰다.

다양한 학교 행사와 대외 행사 참여

기존에 이어져 오던 다양한 학교 행사들도 더욱 발전되었다. 해마다 이어져 오던 민속놀이 행사는 5월 어린이날 행사로 통합되어 민속놀이와 함께 재미난 활동들을 추가하여 학생들이 더욱 보람 있는 체험 활동들을 할 수 있도록 매해 마련되었다. 교내 동화구연대회도 나의 꿈 말하기대회를 추가하여 다시금 새롭게 구성되어 2003년 제1회 동화구연대회를 시작으로 매해 정기적으로 개최하게 되었다. 2006년 5월에는 20주년 개교 기념행사 한마당을 열어 학부모와 학생들이 함께 참여하고 어울리는 놀이마당을 마련하였다. 2007년에는 제1회 교내 글짓기대회가 신설되어 학생들의 쓰기 능력 향상을 격려하였고 2008년에는 새롭게 개편된 학예발표회가 다시 개최되었는데 졸업반 학생들로 구성된 성김대건한국학교 학생 풍물팀이 그동안 갈고 닦은 풍물 실력을 발휘하여 큰 호응을 얻었다. 2009년

해마다 5월에 열리는 어린이날 행사는 학부모와 학생들 모두 함께 참여하여 전통 놀이와 다양한 놀이, 체험 활동을 하며 친구와 가족 간 우정과 유대감을 나누는 한마당이 되었다.

에는 제1회 그림책/도서 전시회 및 체험 활동 행사가 마련되어 뉴저지 동북부 지역 공립 도서관의 한국 관련 동화책들을 포함해 수많은 우수 한국동화책들이 전시되었고 학생들이 직접 도서 체험 활동을 하며 읽기 능력 신장과 한국 책에 대한 관심을 제고시켰다.

더 나은 교육과 지역 사회의 공헌을 위한 선구자 역할

다양한 교내 행사와 대회뿐 아니라 학생들이 한국 정부 및 뉴욕 한국교육원과 재미한국학교 동북부협의회, 재미한국학교협의회, 지역 사회가 개최하는 한국어와 한국 문화 관련 각종 행사와 대회에도 적극 참여하도록 장려하여 해마다 우수한 실력의 학생들이 수상을 하는 영광을 이어 나갔다.

정보화 시대를 맞이하여 학교와 지역 커뮤니티 가정과의 연계에 도움이 되고자 2003년에는 소식지 '성김대건한국학교'를 창간하였으며, 2004년에는 교내 홈페이지를 개설하였다. 또한 지역 사회에의 봉사에도 노력을 계속하여 2005년에는 새들브룩 학교에서 입양인 한국어 교실을 열고 무료로 입양 한국인과 그 가족들이 한국어와 함께 한국 문화를 접할 수 있는 기회에도 이바지하였다.

성김대건한국학교 학생들의 한국어 실력은 미 동북부 한국어 협의회 등이 주최하는 대외
대회에서도 그 실력을 빛내어 많은 수상자를 배출하였다.

이 시기의 성김대건한국학교는 기존에 축적된 단단한 성과에 머물지 않고 정
보화와 한인 세대의 인식 등 새로운 시대적 변화를 수용하여 학생들의 흥미에 맞
는 한국어와 한국 문화, 역사의 교육과정과 교수 방법을 더욱 깊이 있게 연구하고
발전시키는 등 끊임 없는 시도를 통해 성김대건한국학교만의 독창적 교육 서비스
를 더욱 심화하였다.

4. 단단한 나무로의 그루터기 성장(2012~2014 현재)

버겐필드 학교에서 이어지는 발전

2011년 2월, 보다 효율적 운영을 위해 새들브룩 학교를 잉글우드 학교로 통합하
고 2012년 2월 뉴저지 버겐필드(Bergenfield)에 위치한 Transfiguration Academy
로 학습의 장을 이전하고 한국어 교육과 Korean American으로서의 정체성 교육
에 더욱 정진하게 되었다. 한인뿐만 아니라 한국에서도 한류의 인기 및 다문화 가
정의 증가로 인해 한국어 교육에 대한 관심이 많아졌고 온라인과 오프라인을 이
용하여 한국어 교육에 대한 자료들과 교수방법을 비교적 쉽게 접할 수 있는 시대

미 정규 학교 3학년 이상 학생들을 위한 기초반인 대건반은 한국에 대한 관심이 많은 청소
년기 학생들에게 큰 관심을 받고 있다.

가 전개됨에 따라 한인 사회에도 한국어 교육을 받을 수 있는 한글학교나 사설
학원들이 많이 증가하였다.

2011년 개교 25주년을 맞이한 본교는 건학 이념에 충실하여 미 동북부 지역
의 한국어 교육의 선구자로서 한국어 교육을 개척하고 발전시켜 왔으며 버겐필
드로의 학교 이전 후에도 더욱 교육의 내실을 다짐과 함께 주변의 많은 한국어
교육 기관에도 모범이 되는 리더로서의 역할을 꾸준히 해 나가고 있다.

지난 2012년 가을학기와 2013년 봄학기에는 뉴욕 총영사관 내 한국교육원

주최로 미 동북부와 동중부 지역 170여 개
한국학교 중 '역사교육 연구 시범학교'로 선정
되어 시범 연구 수업을 선보였고 발전된 교육
과정을 전파하기도 하였다. 이미 탄탄한 기반
을 이루고 있는 교과 과정에 만족하지 않고
학생들의 학습 성취도와 발달 과정을 꼼꼼히
조사 및 평가하고 독서 연구 그룹을 구성하
여 효율적인 읽기 능력 신장에 대해 연구하
는 등 Korean American들이 부족할 수 있는

영역을 더욱 집중적으로 향상시키기 위한 연구도 계속하고 있다.

학생과 학부모의 만족도에 끊임없이 귀 기울여 이를 교과과정에 반영하며 정
기적으로 학부모 세미나를 개최해 학생을 위해 학교와 가정이 더욱 연계하여 상
호 협력해 나가는 진보적인 교육 방법에도 노력하고 있다. 한국어가 익숙지 않은
젊은 부모 세대의 편의를 위해 학교의 모든 알림 공문은 이중언어를 사용하고 있
으며 학사 행정과 안전에 더욱 노력을 기울여 안전한 학교생활과 효율적인 학사
시스템을 구축하고 있다.

무수히 쏟아지는 교육의 정보 홍수 속에서 가장 적절한 정보를 찾아내고 그
것을 종합하여 학생들이 가장 효율적으로 학습할 수 있도록 개발하고 응용하는
것 또한 오랜 역사와 전통을 지닌 성김대건한국학교만이 가능한 장점으로서 오
늘도 주어진 사명에 부응하여 학생들이 더욱 뿌리 깊은 나무로 힘찬 미래를 향해
나아갈 수 있도록 열과 성을 다하고 있다.

미래와 비전 – 뿌리 깊은 나무로 향하는 미래
성김대건한국학교는 2014년 현재 새로운 비전을 계획하고 있다. 오랜 전통과 축

적된 노하우를 바탕으로 더욱 전문적이고 효율적인 교육 과정을 개발하고, 초기 창립 정신을 바탕으로 학생과 지역 사회를 위해 늘 깨어 있는 자세로 그들의 요구에 더욱 부응하며 새로운 시도와 발전을 위한 도전에 주저하지 않고 나아가는 리더로서의 역할을 계속해 나갈 것이다.

IV

개신교회 소속학교

1 퀸즈한인교회한글성경학교

임락복

개요

    교회 부설로 설립된 한글성경학교는 학생들이 미국 사회 속의 한국인이라는 합리적이고 균형 잡힌 정체성을 갖춘 예수님의 제자가 될 수 있도록 한다. 이를 위해 한글 성경과 찬송으로 가족과 함께 가정예배를 드릴 수 있으며 한글을 배우고 익혀서 우리의 문화와 역사를 익힌다. 유태인들이 오랫동안 나라 없는 민족이었는데도 그들의 언어와 신앙을 유지할 수 있었던 것은 그들이 가정예배를 통해 자신의 주체성을 잊지 않았기 때문이다.

연혁

- 1970.4.1. 뉴욕지역에서 세 번째, 퀸즈 지역에서 가장 먼저 퀸즈한인교회의 부설로 The First Congregational Church (Bowne St. & 38th Ave. Flushing NY 11354) 장소를 빌려 사용함으로 설립했다. 이의 육성을 위하여 정용곤 씨가 3,000달러를 기증하여 주었다.
- 1970.4.4. '뉴욕한인교육재단'이 구성되고 부설 한글학교를 초대 교장 한영교 목사, 교감 박남길, 교사 허병렬·김소옥·박옥자, 이사 한진관·이범선·박종성·양훈 님을 모시고 8명의 학생을 시작으로 개교하였다.

☒ 16

Language barrier spurs Koreans to fight back

By ELIZABETH BASS

If you were thinking of a hard-pressed group to help, you might not think of Korean pharmacists.

Jin-Kwan Han didn't think of them either five years ago when, fresh from the Union Theological Seminary (Manhattan), he established the Korean Church of Queens.

But now, every Sunday except for a summer break, about 40 Korean pharmacists come to the church's off-shoot, the Korean Community Activity Center, for a lecture in Korean designed to help them pass the New York State licensing exam.

*   *   *

TWO HUNDRED pharmacists came from Korea last year, Rev. Han said, and they have a particularly tough time because state rules require a 2,000 hour internship — a year's work — which is done at low or no pay.

The pharmacists, of course, had a relatively high economic and educational status in their native land.

So did the 80 Korean nurses who jammed the center's first-floor room on a recent Sunday, boning up for the registered nurse board exams.

*   *   *

"ONLY THE upper middle class can afford to come to The United States," according to Rev. Han, "and their former high status can become a psychological liability.

"All these people were very able people at home, people who could do anything easily," said the pastor. "They come here and all of a sudden they are like children because of the language. They are scared to death wherever they go."

All this came as something of a surprise to Rev. Han when he set up his church and found himself "forced to do" social work because "there was no one else to do it.

And, with Korean immigration quadrupling over the last five years for a 1973 figure of 22,151, there is more to do.

*   *   *

THE CENTER, which, like the church, is housed in Flushing's Bowne Street Community Church, served 3,000 people in the past fiscal year. The year before, Rev. Han said, it served 1,600.

Its activities include advanced English classes and nursery classes twice a week, as well as Sunday language sessions for Korean youngsters losing touch with their native language — a "luxurious" course, Rev. Han laughs, but important in maintaining family ties and culture.

Yet despite the growing numbers of immigrants, Rev. Han laments, the Korean bloc is still only a chip. "You cannot get big money without a political voice," says the pastor who maintains, convincingly, he could easily use $100,000. "And politics is a numbers game in which we don't have any."

*   *   *

WITHOUT "BIG MONEY," the center runs on about $20,000 a year in foundation grants plus one English teacher provided by the city Board of Education under a federal program. She is paid $12 an hour while the center-employed teachers make $3, said the center's de-facto director, who is planning a drive for funds in September

That would give the jovial pastor — "it's tough so I just laugh and laugh"—more time for religious matters which, he says, would greatly please some members of his non-denominational Protestant congregation.

Meanwhile, the work load gets "worse and worse," said the pastor, as people flee the increasingly authoritarian Korean government,

"The brains are coming in and in the long run the U.S. will benefit," Rev. Han said. "The political situation in Korea is so unstable and dictators — we never had this kind of dictator before. Many people frar the war could happen back there," he almost whispers, and this time he doesn't laugh.

The Rev. Jin-Kwan Han, talks with Eun Hi Yang (left), 17, and In Ue Nu, 14, of Flushing during a break in a three-hour elementary English class at the center.

Four students in the center's elementary English class listen to Mrs. H. Wong, their teacher. Mrs. Wong, who is of Chinese background, speaks no Korean-but most of her students know a little English to start with.

- 9:30~10:30 말하기·듣기, 10:30~10:45 간식, 10:45~11:35 읽기, 11:45~12:20 쓰기, 12:20~12:30 정리의 시간표를 가지고 〈미운 오리 새끼〉 이야기와 이름 쓰기 등 한인 자녀들의 한글 교육을 위해, 애로 사항은 많았으나 앞으로 동포 어린이들에게 큰 공헌이 될 줄을 믿으며 발돋움 하였다.
- 1974.7.29. Long Island Press에 학교장인 한진관 목사님과 신문사와의 인터뷰 에서 한글학교의 존재 목적을 기록하였다.
- 1987.9.27. 성전을 지금의 주소(89-00 East Elmhurst NY 11369)로 옮기면서 성경을 한글로 배우고 익힐 수 있는 신앙 교육을 토대로 우리글과 문화와 양 식을 현재까지 교육하고 있다(매 주일 오전 9:00~9:30).
- 2010.9.18. 한국인의 정체성을 가지고 세계를 이끌어 갈수 있는 인재들을 육 성하기 위해 한국의 문화와 역사를 교육할 퀸즈 라이프 아카데미를 설립했다 (토요학교).

현황

한글성경학교는 등록 120명의 학생과 14명의 교사와 교육부 임원들의 도움으로 매주 9:00-9:30, 방학 없이 52주 수업한다. 매주 토요학교를 통해서도 한글 교육과 문화를 공부하고 있다. 이 학교의 자랑은 모든 직원과 교사들의 무보수 헌신 봉사로 이루어지고 있고 전적인 교회의 재정보조와 재미한국학교협의회의 도움으로 운영 되고 있다는 것이다. 설립 후부터 많은 선생님들과 담당 부장 선생님들의 노고 없이는 오늘날 까지 한글 교육 양성이 존재하지 못하였을 것이다.

교과목 및 특별활동

미동북부 재미한국학교협의회의 행사에 적극 참여하여 교사를 위한 교사연수회, 학술대회와 어린이를 위한 어린이예술제, 나의 꿈 말하기대회, 백범 김구 독후감쓰기대회 등에 참가하여 학생들의 실력을 향상시키고 있다. 재미한국학교협의회의 협조 아래 한국인의 문화 행사 교류 및 교사연수회 등을 통하여 재외 동포로서 한국인임을 자랑스럽게 여기며 세계의 주역이 될 우리의 자녀 교육을 계속할 것이다.

초창기 교사 송석황 장로의 회고록

"교회학교를 사랑하는 연민의 정"으로 현재 봉사하는 가족들과 공유하는 잊혀진 사랑을 회상해본다.

70년대 초 새해의 아침은 하얀 눈으로 인근 주변을 두껍게 덮고 있었다. 아파트를 구하기 위해 밖을 나와 몇 걸음을 내딛던 순간 '사회봉사센터(The Korean Community Activity Center)'란 팻말이 눈앞에 다가왔다. 재빨리 입구로 다가갔고 출입문을 들어선 것이 바로 퀸즈한인교회와의 첫 인연이 되었다. 긴 장화에 장발로 귀가 가려진 한 목사님과의 면담은 교회 출석만이 나의 문제 해결의 열쇠였다. 전직이 학교 선생이었다는 것으로 그 주 곧바로 교회학교에 배치되었다. 당시에는 교회학교 예배와 성인 예배가 동시에 드려졌기 때문에 나는 많은 날을 주일 성인예배와는 관계없이 교회를 출석했다.

교회학교는 반이 두세 개 반(유치원생 연령으로부터 1, 2학년 정도와 3, 4학년 어린이 그리고 나머지 소년기 학생들로 이뤄진 반)으로 나뉘어 성경 말씀과 찬송가 그리고 한글을 가르쳤다. 찬송가와 동요를 매직펜으로 쓴 가로 1m, 세로 1.5m 크기의 괘도를 만들어 앞에 걸어 놓고 아이들을 가르쳤다. 곧이어 분반 공부에 들어갔다. 분반이래야 양쪽 구석에 두세 그룹으로 나뉘어 담임 선생님과 책상도 없는 상태에서 성경과 한글을 공부했다. 한 반을 두 분 선생님이 맡는 것을 원칙으로 했지만 그렇지 못할 때가 더 많았다. 내가 맡은 것은 약속대로 학생들 모두에게 찬송과 한국동요 그리고 경축일에 부르는 노래를 가르치는 것이었고 한글

성경한글학교개교예배

공부도 추가되었다. 노래 공부는 1년 52주로 하여 총 20~25곡을 선택하여 한 곡을 2~3주씩 계속하여 찬송과 동요 경축일, 절기 노래 등을 2~3주까지 한 곡을 세 번 정도 익혀갔기 때문에 제창은 잘할 수가 있었다.

　그러던 어느 날 갑자기 교회에 큰 변화가 일어났다. 1970년 말 모든 시무장로를 위시한 많은 성도들이 교회를 떠났고 교회학교도 예외는 아니었다. 학생들은 절반가량이 보이지 않았고 선생님들도 이에 준했다. 전 집사, 심 집사, 송 집사만 남아 있었던 것으로 기억된다. 가까스로 남아있는 몇 분들이 힘을 합쳐 남은 학생들과 그동안 익혔던 찬송과 동요를 눈물로 노래했다. 밖에서 이를 지켜보던 몇 학부모들이 힘을 합쳤다. 지금은 봉사자들의 이름조차도 기억에 흐려진 채 우리들 곁을 떠난 분들(70년대 말 80년 초)의 헌신으로 교회학교의 명맥을 이어 올 수 있었다.

　80년의 아침은 하나님의 자비의 손길이 교회학교에도 꿈과 소망을 현실로 만들어 주셨다. 1983년을 계기로 교회는 미래를 향한 비전이 나타나게 되었고 수많은 교인들이 교회를 메웠고 이를 계기로 하여 본 교회학교와 한글학교도 나날이 부흥되어 갔다. 특별히 김택수 집사(지금은 원로 장로)가 부장이 되면서 체계적

Long Island press Monday 7/29/198?
△ Korea
The Activity Center includes English classes &
nursery classes twice a week, as well as
Sunday language sessions for Korean
youngsters losing touch with their
native language — important in
maintaining family ties & culture

천선영 목사와 토기 reporter 와의 대화 에서
전후 녹음 외 표정 표정 기억.

대약대 2주년 1971, 9, 19, aircon 이 없는 교내 정에서
날씨 후가 막 그때 땀을 많아서 흥건 두기
서기도 그때 연합

1970. 4광 4일
북부 전후착 ㅁ후 개교에 맞서 이구 총무주 의논
광신 기씨설의 F 접촉을 G 가 9동3008
기술하여 "능률 전신 교후 례객" 부 구정학무무
1970 4. 전상일 기설가 총보 (KCO 약대 사이 지우)
1970. 3/22.

이고 조직화되어 실무 경험의 인적 자원을 발굴·확보한 결과, 교육부는 오늘의 확고한 위치에 이르게 되는 초석이 되었다. 그 당시 한글 교재가 체계화되어 있지 않아 책 편찬을 위해 직접 한국을 방문하고 연구하여, 선생님들과 함께 우리 자녀에 맞는 교재를 편찬하여 가르쳤다. 이 같은 성과는 김택수 부장의 열정과 노력 그리고 봉사자들의 적극적인 참여와 땀으로 이루어진 헌신으로 오늘의 한글성경학교에 이르게 되었다.

이제는 퀸즈한인교회의 한글성경학교가 한국인의 역사 깊은 찬란한 문화를 바탕으로 배달 민족의 긍지와 자부심 그리고 기독교 신앙과 개척 정신으로 미국의 현대사에 깊이 뿌리 내린 건전한 민주적인 시민 의식이 통합된 미주 한인 고유의 아이덴티티가 우리 퀸즈한인교회를 통하여 이 땅 위에 선민으로서의 온전한 크리스천을 확고하게 길러내는 일에 앞장서기를 간절히 바라는 마음이다.

돌아보면 이 곳에서 자란 1.5, 2세들의 성숙한 아들딸들이 주류사회에 깊숙이 들어가 기독교 신앙인으로서 그리고 한 민족의 아들딸들로 굳건히 성장해 가고 있다. 이 젊은이들이 사회와 국가가 필요로 하는 곳곳에서 쓰임 받는 훌륭한 인물들이 될 것이다. 그러나 한쪽 구석의 그늘진 깊은 곳에는 고통과 싸워가며 눈물짓는 형제자매도 있다는 것을 잊어서는 안 된다.

2 갈보리무궁화한국학교

이명원, 도상원, 나박

개요

올해로 개교 35주년을 맞이하는 갈보리무궁화한국학교는 미국 뉴저지 중부 이스트브런스윅(East Brunswick)에 위치한 한국어 교육기관으로 이민사회에 한국의 말과 얼을 심는데 중요한 역할을 담당하고 있다. 본교 교훈은 '진리와 빛'이다. 기독교 정신을 바탕으로 미국에서 사는 한국인 2세들에게 한국어, 한국역사, 한국의 문화와 예절, 그리고 전통을 가르침으로 한국인의 정체성을 심어주고, 한국인으로서 한국문화유산을 자랑할 수 있는 긍지를 가지도록 하는 데 목표가 있다.

연혁

- 최초 본교는 1979년 뉴저지 뉴브런스윅에 위치한 뉴브런스윅한인연합감리교회 기독사회관의 부속기관으로 설립되었으며 오정열 초대교장이 취임하여 학교명을 '뉴저지무궁화한국학교'라 칭하였다. 그 이후 1990년, 설립한 교회가 같은 중부 뉴저지 이스트브런스윅으로 이전하고 교회 이름을 갈보리교회라 개명함에 따라 1999년부터 학교명을 '갈보리무궁화한국학교'로 바꾸었다.
- 제2대 교장으로 1987년 나박 교장이 취임하여 1995년까지 일하는 동안 무궁화한국학교는 양적으로나 질적으로 더욱 많은 발전과 성장을 이뤘으며,

1993년에는 본교 나박 교장이 재미한국학교 동북부협의회 제5대 회장에 선출되었고, 임기 중 특별히 미국 대학에서 한국어 SAT Ⅱ 시험이 채택되게 하는 데 큰 공헌을 하였다.

- 제3대 교장으로 강각구 교장이 취임하여 1995~1999년까지 일하였다. 그리고 다시 1999년부터는 직제 개편으로 갈보리교회 담임 이덕균 목사가 당연직 교장이 되고 실질적 업무수행은 초대 이승은 교감이 취임하여 모든 학교 교육의 행정을 담당하였다. 2006년 이승은 교감도 재미한국학교 동북부협의회 제11대 회장으로 선출되어 일하다 임기 중 지병으로 사표를 제출하고 얼마 후 별세하셨다. 이승은 교감의 가정에서 동북부협의회에 이승은장학기금을 마련하여 기부했고, 협의회에서는 매년 장학생을 선발해, 형편이 어려운 학생들에게 장학금을 수여하고 있다.

- 2007년에는 본교 설립기관인 갈보리교회의 분열로 잠시 학교의 향방을 염려했으나 제2대 송화자 교감이 취임하여 교사들과 마음을 단합하여 든든히 학교를 2011년까지 지켜주었고, 2010년에 새로 부임한 갈보리교회 도상원 목사가 당연직 교장으로 취임하고 나서 갈보리교회가 서서히 회복되어감에 따라 학교도 점점 더 성장해 가고 있다.

- 2011년에는 세대교체가 있어 제3대 교감으로 젊은 세대 이명원 교감이 취임하여 학생들이 더욱 효과적으로 한국어 실력을 쌓아갈 수 있도록 교육하는 데 열과 성의를 다하고 있다. 현재 학생들은 교외에서 열리는 각종 대회에 출전하여 대상을 여러 차례 받는 등, 활기가 넘쳐나는 학교로 지역사회의 평판이 좋고 실력 있는 학교로 소문나 있으며 계속 발전해가는 중이다.

교사 수상자 명단

- 김인환 갈보리교회 담임목사 이임 예배 시 동북부협의회로부터 감사패 받음 (1999.4.5.)
- 대한민국 교육부장관 감사장: 나박 교장, 이승은 교무부장
- 대한민국 교육인적자원부장관 감사장: 이덕균 교장
- 15년 근속상: 나박 교장, 이승은 교감
- 10년 근속상: 옥경화, 김순배, 이정은, 최진하, 이명원, 임은천
- 재미 한국학교 동북부협의회 모범교사상: 이현숙, 최진하, 임은천, 이명원, 최정은
- 대한민국 국무총리 표창장(2013. 2. 21) : 나박, 재미한국학교 5대 동북부 협의회 회장(1993~1995)

이명원 교감, 도상원 교장 및 교사들

현황

갈보리무궁화한국학교 학생들의 상황은, 세 살짜리 유아반부터 시작해서 유치반, 1학년에서 8학년까지 있다. 반별 학생 수는 낮은 학년일수록 학생 수

가 많고 높은 학년으로 올라갈수록 학생 수는 줄어든다. 학교 행정원칙은 한 반에 15명을 넘지 않도록 기준을 세워두고 있다. 전체 학생 수가 가장 많았던 1994~1995년 사이는 230여 명을 넘었고 점차로 주위에 교회마다 한국학교를 설립하고 운영함에 따라 학생 수도 줄어들어 학생 수가 가장 적었던 시기는 2009년에서 2010년 사이로 130여 명 수준이었다. 현재는 점차로 다시 학생 수가 늘어가고 있다. 그 이유는 우선 학교의 평판이 좋고, 다음은 주위에 우후죽순처럼 생겨난 한국학교들이, 수업 수준이나 교육의 질이 갈보리무궁화한국학교보다 못하기 때문에 학부모들이 발길을 다시 전통이 있는 학교로 돌리고 있다고 본다. 그리고 학생 수가 많은 낮은 학년들(유아, 유치, 1~3학년)에 비해 높은 학년으로 올라갈수록(특히 7~8학년) 계속해서 학생 수가 줄어드는 이유에 대해 오랜 시간을 두고 고민해 보지만 풀지 못하는 한 부분이다. 학부모들이 사춘기가 되면 아이들에게 계속 한국어 공부를 더 하라고 요구하지 못하는 이유도 있겠고, 학생들의 말에 따르면, 미국학교의 숙제도 점점 많아지고, 대학 진학을 하기 위해 준비해야 할 것들이 많기 때문에 시간이 없다고도 한다. 그런 이유로 한국학교를 멀리하던 학생들이 대학에 들어가면 다시 한국어를 좀 더 공부하도록 왜 독려하지 않았느냐고 부모에게 반문하는 아이러니가 발생한다. 몇십 년을 두고 계속되는 미국 뉴저지 지역 한국학교 선생님들과 학부모들이 풀지 못하는 숙제이다.

교사조직은 1979년 학교설립 당시 교장 1명, 교사 5명 수준이었으나 학교가 가장 큰 폭으로 성장하였던 1995년에는 교장 1명, 서무 1명, 회계 1명 그리고 교사는 39명으로 지금까지 가장 많은 교사를 채용했고, 현재는 교장 1명, 교감 1명, 회계 1명, 교사는 20여 명이 근무하고 있다. 갈보리무궁화한국학교의 저력은 무엇보다 교사들의 열정이다. 10년을 넘게 근무한 교사가 여러 명 있고 거의 5년 이상 경력의 베테랑 교사들이다. 물론 신입교사들도 전문적인 실력을 갖춘 교사가 대부분이다. 교사의 모든 조건보다 더 중요한 것은 기독교 정신을 바탕으로 '빛'

과 '진리'에 교훈을 두고 가르치는 선생님들의 따뜻한 사랑이다. 한국어만을 잘 가르치는 것도 좋지만 교육의 전반적인 면을 살펴보면 학생들과 선생님의 의사소통이 효율적인 수업의 첫째 조건임을 알 수 있다. 갈보리무궁화한국학교가 35년을 지나는 동안 학교에서 드러나는 리더들도 훌륭했지만, 리더들 못지않게 훌륭했던 이들은 보이지 않는 숨은 교사들이다. 그들의 엄청난 눈물 어린 희생이 바닥 저변에 깔려있음을 잊어서는 안 될 것이다.

연간 학사일정

지나온 갈보리무궁화한국학교 35년 역사의 한 페이지를 넘기며, 또 새롭게 맞이할 본교 학사일정은 가을학기 17주와 봄학기 16주로 나뉘어 짜여있다. 가을학기는 매년 9월 둘째 주에 시작하여 다음 해 1월 중순경에 마치고, 봄학기는 매년 2월 둘째 주에 시작하여 6월 둘째 주에 마친다. 매주 토요일 오전 9시부터 교사회의를 시작으로 9시 30분부터 첫 수업이 시작되어 오후 1시에 일과를 마치는데, 3교시까지는 주로 한국어와 한국역사, 한국문화 등을 배우고, 4교시에는 특별활동 시간으로 학생이 취향에 맞게 자유로 신청해 수업을 들을 수 있다. 특별활동 수업으로는 한국동요반, 글짓기반, 미술반, 태권도반, 기타반, 종이접기반, 역사반 그리고 한국학교 숙제를 도와주는 숙제반을 운영하고 있다. 한 학기의 마지막엔 학기말고사를 치르고 개인별 성적표가 배부되며, 본교에서 8학년까지 모든 과정을 마친 학생들은 이때 졸업식에서 졸업장이 수여된다.

교과목 및 특별활동

1. 교내행사
- 학부모 참관수업: 한국학교 수업진행 방법이나 아이들의 수업태도를 보고 싶은 부모님들의 궁금증을 풀어드리는 데 도움이 되며, 교사와 학부모가 함께

미국 이민생활 가운데 한국어 교육의 중요성을 인식하고, 좀 더 적극적인 자세로 2세들의 교육에 힘쓰는 데 그 목적이 있다. 하나 더 가장 중요한 이유는 한국말로 마음을 소통하여 1세 부모와 2세 자녀와의 사이에 계속해서 대화의 장이 끊어지지 않도록 하는 데 있다.

• 교사 자체 연수회: 교사들이 그룹별로 나누어 서로 효과적인 수업방법을 발표·토론하고 서로 경험한 것을 토대로 더욱 발전된 수업을 진행하고, 좀 더 효율적인 교수 방법을 찾고자 함에 그 목적이 있다.

• 태극기 경시대회: 1994년에 시작하여 현재까지 계속되고 있는 이 행사는 건·곤·감·리·청·홍·백의 뜻을 학생들에게 하나하나 설명해 주어서 우리나라 국기를 바르게 알고, 바로 그릴 줄 아는 사람이 되도록 훈련하는 행사이다. 유아·유치반을 포함한 저학년은 태극기에 색칠을 하고, 고학년은 백지에 컴퍼스를 들고 태극기를 직접 제도하여 그려보는 시간이다. 조국 사랑을 마음으로 느껴보도록 교육하는 시간이다. 심혈을 기울이는 본교 행사의 하나로 학생들의 기억에 오래 남기를 바란다.

• 설날 민속잔치: 해마다 1월이면 선생님, 학생, 학부모, 할아버지, 할머니들이 모두 한복을 곱게 차려 입고 한국의 설날 기분을 느껴본다. 이날 학생들은 세배를 드리고 어르신께 세뱃돈도 받는다. 우리의 풍습을 따라 제기, 연, 소고도 학생들이 직접 만들어서 놀이도 하고 사물놀이, 윷놀이, 팽이치기 등을 즐긴 후 학부모회에서 준비한 떡국을 모두 맛있게 먹는다.

• 한국문화와 역사: 우리 민속의 풍습을 가르치기 위하여 1학년부터 5학년까지 주로 시청각을 이용한 교육을 한다. 고유 의상인 한복을 입어보기도 하고 떡을 같이 나누어 먹기도 한다. 기와집이나 궁궐 모습, 한국의 옛 초가집을 영상으로 보여주기도 한다. 그리하여 우리 조상들의 옛 한옥에 설치한 온돌방 등 생활의 지혜를 생각해 볼 수 있게 한다. 그리고 6학년부터는 한국의 역사 공부를

하는데 6학년은 선사시대부터 고려 말까지, 7학년은 조선시대를, 8학년은 근대사회에 대해서 공부하며 진지한 수업을 진행한다. 7~8학년에선 한국역사에 관한 학생들의 관심도도 높으며, 자신들의 정체성을 다시 생각해보는 시간이기도 하다. 학생들의 한국역사에 대한 관심들의 결과로, 매년 열리는 한국학교 역사퀴즈대회에서 대상, 금상, 동상, 장려상 등 여러 차례 수상하였다.

- 그 밖의 교내 행사로는 글짓기대회, 동요대회, 한영번역대회, 단어경시대회, 운동회, 전시회, 학예회 등이 있다.

2. 본교 주최 교외행사

갈보리무궁화한국학교 주최로 열리는 미 동북부 어린이동요대회가 있다. 이 대회는 2001년에 시작되어 현재까지 매년 성황리에 열리고 있다. 뉴욕총영사관과 재미한국학교 동북부협의회, 갈보리무궁화한국학교 학부모회에서 후원하는 이 동요부르기대회는 해마다 6월 첫 주 녹음이 서서히 번져갈 때 막이 올라가는데, 독창과 중창 부문으로 나누어 경연대회가 진행된다. 지역사회에서는 이미 10여 년을 넘긴 이 대회의 인지도가 높아 점점 더 어린이들의 노래 부르기 실력이 향상되는 편이다. 꼭 인지도나 대회에서의 경쟁심리보다는 어린이들이 동요를 부르며 우리의 정서를 배우고, 미국에서 자라가면서도 한국적인 아름다운 추억과 꿈을 가져보도록 하는 데 그 목적을 둔 행사이다. 해를 거듭할수록 어린이들의 동요에 대한 사랑이 더해가며 한국말을 소중히 여기고 노래 속에서 한국의 정서를 찾아가는 한국인 2세로 자라가기를 기대해 본다.

설립시기부터 현재까지 많은 학생들이 각종대회에서 수상하였으나 그중, 대상에 이르는 학생들을 나열해보면 다음과 같다.

- 2001년, 김경아, (시)미동북부글짓기대회 대상

193

- 2004년, 이하나, 미동북부어린이동요대회 대상

- 2007년, 이서하, (에세이)미동북부글짓기대회 대상

- 2009년, 이강수, 미동북부한국역사문화 퀴즈대회 대상

- 2012년, 강세진, 미동북부어린이동요대회 대상

- 2012년, 유영, 미동북부 나의 꿈 말하기대회 대상

- 2012년, 유영, 재미한국학교협의회(NAKS) 주최
  제8회 나의 꿈 말하기대회 대상

- 2012년, 송아름다운, 미동북부 한영/영한 번역대회 대상

대상작품 (시)
[전쟁과 평화 그리고 사랑] – 김경아

전쟁은 왜 날까

내 눈물이 부족하나

세상에 슬픔이 없어서

내 가슴을 찢어야 되나

평화가 왜 없을까

누가 그 문화의 무지개를

계속 까맣게 칠하는가

형제로 살기는 지구가 너무 작은가

사랑은 왜 사라질까

마음의 넓은 바다에 빠지나

고운 사랑이 파도로 몰려가

점점 멀어지나

승리는 어떻게 할까

사랑을 구해

평화를 이루어

그리고 전쟁의 끝을 내자

눈물을 그치자

'나의 꿈 말하기' …대상에 유영 군

[뉴욕 중앙일보] 발행: 8/2/12 미주판 7면
기사입력: 8/1/12 19:02

"'한국인은 한국어를 해야 한다'라는 말을 듣고 자랐어요. 부모님과 한국학교 선생님들께 정말 감사드려요."

재미한국학교협의회(NAKS) 주최로 지난달 27일 버지니아주에서 열린 '제8회 나의꿈 말하기대회'에서 대상을 차지한 유영(14) 군은 이같이 소감을 밝혔다.

NAKS는 한인 1.5~2세 청소년을 대상으로 매년 이 대회를 열며, 올해는 각 지역 대표 18명 가운데 본선에 오른 8명이 경연을 벌였다.
유군은 "어릴 적부터 부모님 손을 잡고 한국학교에 다녔다."라며 "평소 집에서 한국어를 쓰고 한국TV 프로그램과 K-POP을 자주 접해서인지 한국어가 어렵지 않고 재밌기에 앞으로도 열심히 공부할 것"이라고 약속했다.

미국에서 태어난 유군은 뉴저지주 갈보리무궁화학교 8학년에 다니고 있다.

갈보리무궁화한국학교의 미래

2007년에는 설립기관인 갈보리교회의 비전센터 건축으로 쾌적한 교실, 어린이 놀이터, 체육관, 도서실, 음악실 등 좋은 시설에서 학생들이 공부할 수 있게 되었다. 배움의 환경이 좋아졌고, 더욱 좋은 질의 수업이 진행되고 있다. 그러나 발전을 이루었다고는 하나 아직도 좀 더 정규학교 같은 면모로 갖추려면 해야 할 일들이 남아있다. 계속해서 완성을 향한 미완성의 여분을 하나하나 메워 가는 보람을 이쯤에서 기대해 본다. 그리고 제1회 무궁화한국학교 졸업생은 이제 나이가 40이 넘었다. 그들은 사회의 각 분야에서 성실히 일하고 있다. 앞으로도 많은 졸업생들이 배출되어서 사회의 각계각층에서 일하며 한국계 미국인으로서 긍지를 가지고 최선을 다하며 살아가기를 바란다.

3 아름다운한국학교(전 롱아일랜드연합한국학교)

김동호, 김송희, 윤병남

벌써 해를 넘겨 2014년 새해 아침이 밝아 왔습니다. 말의 해인 갑오년을 맞이하여 해외에서 사는 교민이면서 한국학교를 운영하는 책임자의 한 사람으로서 한글과 문화 및 역사를 40년이란 시간대에서 고찰하고자 합니다. 특히 아름다운한국학교도 근 40년에 가까운 오랜 역사를 지니고 있으며 앞서 이 학교의 전신인 롱아일랜드연합한국학교에서 본 학교에 이르기까지 관여한 많은 선생님들의 수고와 헌신도 함께 기록에 포함하였습니다.

본교의 역사가 38년이므로 재미한국학교 동북부협의회에서 필요한 역사적 자료는 아름다운한국학교 역사 앞의 33년(1976~2009) 기록을 더 필요로 하는 터였습니다. 본 학교가 아름다운교회 소속 기관으로 변경된 지는 이제 6년(2009~2014)에 가까우며 전임 오원호, 차세환 선생님의 협조를 구했고 지난 33년 역사 기록을 찾는 작업이 필요하던 중 전임 교장이신 김송희, 윤병남 선생님과 연결이 되는 지난 2주간 작업에 박차를 가하여 본 자료를 탈고할 수 있게 된 점을 감사드립니다. 그러므로 본 자료는 협의회에서 요청해 오신 작성 요강을 최대한 살려서 이들을 크게 3가지 교육적·역사적·학술적인 관점으로 구분하고 롱아일랜드연합한국학교와 아름다운한국학교의 연속성을 살려서 하나로 통합해서 작성하되 부득불 학교 조직이나 재정과 같이 구분해야 할 부분은 따로 적었습니다.

이 기록이 역사적 자료로 쓰일 뿐만 아니라 NAKS의 취지인 교육유산으로 남기를 바랍니다. 아울러 한류가 세계에 영향을 끼치는 세계화 시대에 많은 한글 또는 한국학교들이 새로이 생기고 있습니다. 그들이 학교를 설립하여 운영을 할 때에 조금이나마 저희의 경험이 도움 된다면 더욱 바랄 나위가 없겠습니다.

40년의 세월이 흘렀으니 당시 30대 청년은 이미 70대 노년에 이르렀습니다. 이미 작고하신 분들도 계십니다. 이 기록이 그분들의 노고와 헌신에 조금이나마 보답이 되기를 바랍니다. 최대한 정확한 자료를 모아 작성하였으나 다소 조사가 충분하지 못한 부분에 대하여는 미완의 장으로 남기겠습니다. 앞으로 세월이 또 지나 60년이 될 때에는 후반부의 아름다운한국학교도 30년의 역사를 기록하게 될 것입니다. 저희의 후임들이 그때에 이르러 지금의 기록을 열람하며 새로운 뼈 와 살을 덧붙임으로 풍성한 한국학교의 역사를 다시 기록해 주시기를 소원하며 인사에 대신합니다.

교육적 측면에서의 고찰
연혁

1975년 2월	한국학교 설립 추진위원회 구성
1976년 2월	Port Washington에 있는 South Salem Elementary School에서 롱아일랜드한국학교(The Korean School of Long Island) 개교. 교장 직무 대리에 박화양, 초대 이사장에 김승억 취임
3월	뉴욕주 정부로부터 학교 설립 인가 받음
9월	Paul D. Schreiber High School로 학교 이전
1977년 3월	교장 직무 대리에 김중석 취임
11월	뉴욕주 정부로부터 비영리단체로 승인 받음 (11-2412064)
1978년 9월	초대 교장에 안영희 취임
1979년 9월	제2대 교장으로 김수곤, 제2대 이사장으로 김동철 취임.

1980년 9월	제3대 교장으로 김송희 취임
1982년 2월	제3대 이사장에 장용호 취임
3월	Jericho Middle School로 학교 이전
1987년 7월	제4대 이사장에 지승휘 취임
1988년 7월	제4대 교장에 이종필 취임
1998년 6월	한미한국학교가 본교와 분리
1988년 9월	Thompson Middle School로 학교 이전
1989년 7월	제5대 이사장에 한전수 취임
9월	South Middle School로 학교 이전. 영어·수학 지도 과정 설치
1991년 1월	제6대 이사장에 김태수 취임
9월	Thompson Middle School로 학교 이전
1994년 3월	제7대 이사장에 서정식 취임
9월	롱아일랜드한미한국학교와 통합하여 롱아일랜드연합한국학교로 개명
1995년 7월	제8대 이사장에 지무기 취임
8월	제5대 교장에 윤병남 취임. 영어·수학 지도 과정 폐지
1996년 9월	뉴욕 새교회교육관으로 학교 이전. 수업 시간을 오전 9시부터 오후 1시까지로 연장
1998년 9월	아름다운교회 교육관으로 학교 이전. 서폭 한국학교와 통합
1999년 8월	제9대 이사장에 신중일 취임.
2003년 4월	제10대 이사장에 김상진 취임.
2004년 1월	제11대 이사장에 이신호 취임
2005년 2월	제12대 공동 이사장에 김수현, 최재락 취임
2006년 9월	제6대 교장에 오원호 취임
2008년 1월	제13대 이사장에 이종필 취임
9월	제7대 교장에 정혜경 취임

2009년 9월	제8대 교장에 차세환 취임. 교명을 아름다운한국학교로 변경 이사회를 폐지하고 운영위원회 신설
2012년 3월 4월 9월	비전센터 개관 및 아름다운한국학교 이전 아름다운한국학교 웹사이트 개설 9대 교장에 김동호 취임
2013년 8월 9월	표준 교육과정 체제 정립, Cloud Storage 사용 표준화 표준 교재 및 맞춤 한국어 및 한국어로 시행

학교 설립과 변천

아름다운한국학교는 1976년 롱아일랜드한국학교로 시작하여 근 40년이 지나는 동안, 1998년 아름다운교회 교육관으로 이전하기까지 약 20여 년 동안 7차례에 걸친 학교의 이전, 이사회의 도를 넘는 학사 운영에 대한 간섭으로 빚어진 학교의 분열 등 다른 학교에서는 겪지 못한 여러 가지 어려움을 극복하며 성장해 왔고 그 고비마다 교사와 이사들이 합심하여 학교를 유지하기에 심혈을 기울여 오늘의 아름다운한국학교로 성장하였다. 오늘의 본교가 있기까지 수고해 주신 모든 관계자 여러분과 교사분 그리고 학부모님들의 공을 잊을 수 없을 것이다.

1. 롱아일랜드한국학교 설립과 정비 과정

한인 이민자들이 그리 많지 않던 시절, 특히 롱아일랜드에는 교수, 의사 등 전문직업을 가진 극소수의 한인들이 서로 의지하고 가족끼리 교류하며 살아가면서 점차 자녀교육의 중요성을 인식하고 자녀들을 위하여 무엇인가 해야 하지 않겠느냐는 의논 끝에 자녀들에게 한국어 교육을 통한 정체성을 길러 주어야겠다는 결론을 얻게 되었다. 이렇게 하여 뜻을 같이하는 분들이 모여 한국학교설립준비위원회를 구성하고 학교 설립을 위한 구체적인 작업에 들어가, 1976년 2월에 드디어 70여 명의 학생들과 많은 내빈이 참석한 가운데 롱아일랜드한국학교 첫 개학식을 하게 되었다.

개학은 하였으나 아직 운영을 전담할 학교장과 교사 확보가 완전히 되어있지 않은 상태였으며, 교장 직무대행 체제를 유지하다가 안영희, 김수곤 두 교장을 차례로 모셨으나 개인 사정으로 1년 만에 물러나시고 김송희 교장이 3대 교장으로 취임하면서 점차 학교 체제가 정비되고 정상적인 학사 운영을 해나가게 되었다. 김송희 교장은 숙명여대 국문학과를 졸업하고 중앙여자고등학교에서 다년간 근무한 경력이 있을 뿐 아니라 미국에 와서는 1970년대 초부터 교회 한국학교에서 한국어를 가르친 경험이 많아 본교 이사회에서 특청하여 교장으로 모시게 되었다. 당시 국문학을 전공한 분을 한국학교에 모신다는 것은 거의 없었던 일이었기에 본교로서는 퍽 운이 좋았다고 볼 수 있다. 또한, 김 교장선생님은 당시 뉴욕 한국일보 편집위원으로 근무하고 있었기 때문에 한국일보에 학생들의 글을 많이 싣게 되어 학생들이 퍽 자랑스럽게 생각하기도 했다. 특히 김 교장선생님은 아직 채 자리가 잡히지 않았던 재미한국학교 동북부지역협의회 회장으로 일하면서 협의회 산하 한국학교 발전에도 많은 공적을 남겨, 문교부 장관상(1982), 대통령 표창(1991)을 받은 바 있다.

초기 학교 설립에 참여하였던 분들은 학교를 설립하기 위하여 재정적인 지원은 물론이거니와 학생 모집에도 적극적으로 참여하였으며, 또한 학생들을 지도하는 일도 마다하지 않았다. 오로지 자녀들에게 한국어를 가르쳐야겠다는 열정 하나만으로 시작한 학교를 운영하는 데는 많은 문제점이 있었던 것도 사실이다.

첫째, 우선 마땅한 교재가 있을 리 없었기 때문에 그들은 고민을 해야 했고, 머리를 맞대고 수집 가능한 자료들을 모아 학생들의 수준에 맞는 교재를 만드느라 많은 시간을 할애해야 했다. 매년 개학 때가 되면 교사들이 모여 교재를 만들기에 여념이 없었다. 마땅한 사무실이 없는 선생님들은 며칠씩 교장 자택에 모여 밤늦은 시각까지 서로 의논하고 교재를 집필하고 프린트하여 제본까지 손수 해나갔다. 요즈음 교사들에게는 이해가 되지 않을 일이었다. 근래에는 교재도 많이 구할 수 있고, 특히 인터넷을 통하여 정보를 얻을 수 있어 개교 초기와 같은 어려움은 없어 다행이다.

둘째, 교사를 확보하는 일이었다. 어떻게 하면 우수한 교사를 선발하여 학생들을 잘 가르칠 수 있느냐 하는 것이다. 그렇기에 우리는 교직 경험이 전혀 없는데다가 한국어를 전공하지도 않은 교사를 선발하여 그들이 학생들을 잘 가르칠 수 있도록 교육을 해야 했다. 한국어를 잘한다는 것과 한국어를 잘 가르친다는 것은 전혀 다르다. 그래서 교사를 선발할 때 제일 먼저 보는 것이 성실성이다. 교사가 알고 있는 지식도 중요하지만 얼마나 성실히 교사의 임무를 수행하며 학생들을 사랑으로 가르칠 수 있는지를 먼저 생각하게 된다. 다행히 지금까지의 본교 교사들은 기회가 있을 때마다 자기 연수에 시간을 할애하며 진정으로 학생들을 사랑하고 최선을 다하여 가르쳤다.

셋째, 종교 기관에 소속되지 않고 독립적 학교이기 때문에 그에 따른 애로가 있었으니, 바로 재정 확보와 교실 문제였다. 뉴욕 일원에 독립된 한국학교가 몇 개 있지만 유독 본교만이 지역적 특성 때문에 고생을 했다. 학교를 설립하기 위한 준비위원회를 구성하고, 이사회를 구성한 뒤 바로 학교 건물(공립학교)을 물색했으나 여러가지 어려움이 있었다. 결국, 한 학기만 빌린다는 조건으로 간신히 Port Washington에 있는 초등학교를 사용하게 되었고 바로 다른 장소를 물색하지 않으면 안 되었다. 모든 학교 이사들과 학부모까지 동원되어 지역 내 각종 공립학교를 찾아가 사정을 이야기한 끝에 한 고등학교와 계약을 하게 되어 9월 학기에 학교를 옮기게 되었다. 이를 시작으로 1998년 9월에 아름다운교회 교육관으로 학교를 옮기기까지 모두 여섯 번을 옮겨야 했다. 그때마다 Nassau County 교육국을 찾아가 사정도 해보았으나 별다른 성과가 없어 각 학교와 직접 협상을 하지 않을 수 없었다. 말로만 듣던 보이지 않는 인종 차별을 당했는데 이것이 오히려 교사와 학생들에게 더 열심히 학교를 지켜야 한다는 의지를 불어넣어 주었다.

개교 이후 조금씩 성장해 나가던 차에 학교의 운영을 둘러싸고 이사회와 교사들 사이에 잦은 마찰이 있었고, 마침내 1988년에 학교장을 비롯한 대부분의 교사와 학생들이 본교를 떠나 롱아일랜드 서쪽 퀸즈와 가까운 지역에 롱아일랜드 한미학교를 설립하게 이르렀다. 이후 본교 재건을 위해 이사회에서는 이종필 박사를 교장으로 초빙하였다. 이종필 박사는 사범학교를 졸업한 후 교직에 있다가 미국에 와서 수십 년간 대학교수로 재직하였고 특히 수학교육 발전에 큰 업적을 남겼다.

[롱아일랜드 한미한국학교의 설립]

1988년 6월, 봄학기를 마치고, 그동안 이사회와 극심한 대립을 해오던 김송희 교장선생님을 비롯한 대부분의 교사들은 이러한 환경에서는 올바르게 학생들을 가르칠 수 없다는 판단 아래 롱아일랜드한국학교를 떠나 또 하나의 한국학교를 설립·운영하게 되었다. 이 학교는 본교와 지역적으로 중복되지 않을 뿐 아니라 본교의 교사진이 그대로 옮겨 갔고, 몇 년 후 본교와 다시 통합했기 때문에 본교와는 불가분의 관계가 있다고 생각하여 간단히 소개하려 한다.

롱아일랜드 한미한국학교는 1988년 포트 워싱톤 중학교를 빌려 개교를 했다. 주로 포트 워싱턴 주변의 로슬린, 그레이트 넥, 만하셋, 베이사이드까지 비교적 학교 주변의 학생들이 많이 오기도 했다. 교사는 이미 2세 교육에, 또는 한국에서 이미 교사 경력을 가진 자상하고 실력 있는 선생님들이었다. 학생들은 스스로 걸어서 등교할 수 없어 주로 어머니들이 직접 운전해서 데리고 온다.

주로 2,30분 이상 운전해야 되므로 학부모회에서 '어머니 교실'을 만들어 직접 운영했다. 당번제로 어린이 간식 준비도 했다. 어린이들이 교실에서 수업하는 동안 어머니들은 커피타임을 갖고 친목의 시간을 즐긴다. 이 어머니 교실에서는 에어로빅댄스, 합창, 요리 강습, 편물 강습 등 학부모를 위한 교양강좌를 열어 가정생활, 자녀 교육에 도움을 주는 지식을 준다. 독서에 대한 관심도 많아 서로서로 돌려 가며 책 읽기에도 열심이었다.

미국학교를 빌려 쓰기 위한 가장 큰 조건 하나가 학교 소속 교육위원회에서 요구하는 학교 보험이었다. 학교 건물 파괴나 사고 처리를 위한 본교의 보험이 필수 조건이었다. 이 비용이 100만 달러였으니 초창기 이사님들의 정성이 두고두고 고맙다. 그 외에 교사 사례비, 교재비 등 적잖은 비용이 들었다. 학생들은 여름방학을 제외하고 약 16주를 한 학기로 등록금을 받았고 그것만으로는 부족하여 이사들의 찬조금이 큰 도움이 되었다. 뿐만 아니라, 모금 골프대회, 본교 육성모금 파티를 열어 친목과 더불어 학교 발전에 큰 도움을 받았다.

세월과 더불어 한국학교도 바뀌기 시작했다. 우선 미국학교를 렌트하기 어렵게 되었고, 학생 수가 줄어들기 시작했다. 여러 가지 이유가 있겠으나, 롱아일랜드 지역에 많은 교회, 종교단체가 늘어가면서 자체 한국학교가 생기기 시작했다. 학생들이 하나둘, 본인들의 교회 한국학교로 가기 시작했다. 독립된 한국학교의 성공을 바랐지만 운영에 많은 어려움이 생겼다. 이것은 오직 한미한국학교뿐만 아니다. 그래서 연구한 결과 롱아일랜드한미한국학교의 모체라 할 수 있는 롱아일랜드한국학교와 통합하여 두 학교의 자원을 합함으로써 앞으로 보다 성공적이고 보람 있는 교육을 제공할 수 있다는 뜻으로 롱아일랜드연합한국학교가 새롭게 출발하게 된 것이다. 짧은 기간이었지만 그동안 학교 운영을 위하여 수고해 주신 유봉식(초대), 임화(2대), 서진형(3대) 이사장님과 롱아일랜드한국학교 때부터 근 20년에 가까운 시간을 함께 해 주신 선생님들께 이 기회를 빌려 감사의 인사를 드린다.

[롱아일랜드연합한국학교 전반기]

이사회와 지역 유지들의 도움을 받아 운영하는 독립 한국학교로서의 한계를 실감하게 되었다. 롱아일랜드 지역에 처음에는 본교만 있었으나 점차 한인 인구가 늘고 종교 단체가 증가하면서 한국학교가 많이 생기게 되었다. 교회를 중심으로 한 소규모 한국학교가 난립하자, 롱아일랜드한인회를 비롯하여 지역 지도자들이 여러 학교를 규모가 큰 한 학교로 통합하자는 의견이 나와 우선 Nassau County 지역에서 당시 비교적 규모가 컸던 롱아일랜드한국학교와 한미한국학교가 통합하여 롱아일랜드연합한국학교로 교명을 변경하였고 한인회에서도 모금 파티 등을 통하여 재정적인 지원을 아끼지 않아 학교는 크게 성장할 수 있었다. 학생들이 상급학교 진학을 위한 과외 보충 학습이나 운동, 사회봉사를 주로 토요일에 하게 됨에 따라 이들에게 조금이나마 도움을 주고 한국학교에 나올 수 있도록 하기 위하여 한국어 수업이 끝나면 저명한 현직 교사를 초빙하여 영어와 수학을 위한 특별 지도 과정을 설치하기도 하였다. 아울러 학생들의 한국어 교육에 대한 관심을 유도하고 다른 학교의 학생들과의 교류를 위하여 대외 행사에 적극 참여하도록 권장하여 큰 성과를 거두었다. 이사회도 점차 젊은 학부모를 중심으로 구성되어 학교 재정 지원에 탄력을 받게 되었다. 미국 공립학교를 빌려 사용하고 있는 본교로서는 교실 임대료가 예산의 상당 부분을 차지하였기 때문에 젊은 이사들의 활동이 기대되기도 했고 또 실제로 많은 일을 하여 교사들로서는 학생들 지도에만 전념하게 되어 학교가 안정되어 갔던 것이다. 1995년에 함께 부임한 지무기 이사장과 윤병남 교장이 명콤비를 이루며 학교를 안정적으로 이끌어 가고 있었다. 지무기 이사장이 취임하면서 학교 체제의 재정비와 본교의 과감한 개혁을 위해 윤병남 교장을 초빙하였다 윤 교장선생님은 서울대학교 사범대학을 졸업하고 바로 교육 일선에서 학생을 지도하였을 뿐만 아니라, 교무주임과 교감을 거치면서 학교 행정에도 많은 경험이 있어 본교를 운영하는 데 가장 적임자라고 믿었기 때문이다. 윤 교장선생님은 취임 후 제일 먼저 한 일이 교육과정 개정과 교사 연수였다. 교육의 핵심이라 할 수 있는 부분을 현실에 맞고 효율적으로 하기 위한 조치였다. 학교 발전을 위하여 진력하고 있을 때 항상 우려하던 일이 일어나고 말았다.

가장 심각했던 때가 1996년이었다. 그때까지 사용하던 Thompson Middle School에서 더 이상 임대를 할 수 없다고 통보해 온 것이다. 이번에는 공립학교는 물론, 교회나 종교단체에까지 찾아다니며 다시 장소를 찾기 시작했으나 8월 중순까지 찾지 못하여 크게 실망을 하고 있던 차에 마침 뉴욕 새교회(Roslyn 소재)의 이학권 목사님께서 딱한 사정을 듣고 바로 교회의 교육관을 학교 교실로 사용할 수 있도록 허락해 주어 학교는 계속될 수 있었다. 그런데 이번에는 갑자기 늘어난 학생들 때문에 교실이 부족하게 되어 교회의 양해를 구하여 친교실을 교실로 사용하게 되어, 이희상 이사가 칸막이를 희사해 주어 금요일 밤이면 윤 교장선생님 내외와 지무기 이사장, 이사들이 칸막이를 설치하여 교실 4개를 만들어, 방음도 되지 않는 교실에서 수업을 하지 않을 수 없었다. 수업을 한 다음에는 다시 이를 철거하여 일요일에 교회에서 친교실로 사용하는 데 지장이 없도록 해주어야하는 일이 반복되었다.

[롱아일랜드연합한국학교 후반기]

그 후 새 교회에서 교육관 신축 공사 계획에 의하여 교회 교육관을 사용할 수 없게 되자, 다시 건물을 찾아나서야 했다. 다행히 아름다운교회 임형천 목사님께서 흔쾌히 무상으로 장소를 빌려줄 뿐만 아니라 교실을 증축하여 학생들을 가르치는데 별 어려움이 없도록 배려해 주었다. 다만 한 가지 지금까지도 당시에 학교에서 수업을 받은 학생들에게 미안한 점은 공립학교 건물을 떠나 교회 교육관을 사용하여 교실이 다소 협소했던 점이다. 물론 그나마도 교실이 있어 다행이었다고 위로를 할 수 있겠지만 학교를 운영하는 책임자로서 책임을 느낀다. 본교가 아름다운교회 교육관으로 이전함과 동시에 곧이어 Suffolk 한국학교와도 통합을 하여 명실상부한 Long Island 지역 내 유일한 독립 한국학교로 발돋움하게 되었다. 교실을 안정적으로 사용할 수 있고, 교실 사용 임대 비용도 절감되어 재정적으로도 많은 도움이 되는 데다가 롱아일랜드의 유일한 독립적 한국학교라는 자부심까지 갖게 되어 교사들은 오직 학생 지도에 혼신의 힘을 다 바쳤다. 교사와 학부모들이 긴밀한 관계를 유지하며 학생지도에 전력하였으며, 학교가 안정적으로 운영되던 시기에 윤병남 교장선생님은 재미한국학교 동북부지역협의회 회장으로 피선되어 협의회 산하 약 140개 한국학교가 상호 정보를 교환하며 함께 발전할 수 있도록 노력하였고, 한국학교 교육에 헌신한 공로로 교육부장관 표창을 받은 바도 있다. 교회 교육관으로 학교를 이전함으로써 한 가지 우려되는 점이 있었다면, 학부모들이 혹시 이 학교가 교회 소속 학교가 아닌가 하는 의구심을 갖지 않을까하는 것이었다. 그러나 그러한 우리들의 우려는 빗나갔고 해가 갈수록 학생들이 증가하였고 다소 협소하던 교실이 더 좁게 느껴질 정도가 되어, 원래 본교가 사용하기로 한 교실만으로는 부족하여 교회의 양해를 얻어 추가로 다른 방을 사용하게 되었다.

그동안 지출하던 비용이 많이 절약되면서 또 다른 현상이 발생하였다. 바로 이사회였다. 그동안 모든 경비를 해결하느라 바쁘게 뛰던 이사들이 재정적 부담을 덜게 되고, 학교 운영은 학교장을 중심으로 잘 되어가고 있으므로, 자신들의 자녀들이 학교를 졸업하면 자연히 이사직을 사임하면서 이사 수가 줄게 되었고, 이사회에서도 적극적으로 새로운 이사를 영입하지 않게 되어 이사회의 활동이 많이 위축되어 갔다. 지역 인사나 학부모들로 구성되어 왔던 이사회의 구성이 어려워지자 2005년 자구책으로 당시 이사회에서 아름다운교회 교인들을 중심으로 이사회를 구성하도록 결정을 하여 이후 이사회는 교회 교육위원들로 구성하게 되자 일부 학부모와 교사들 가운데 혹시 학교가 교회 소속 학교로 바뀌게 되는 것이 아닌가 하는 우려를 내비쳤다. 그러나 윤 교장선생님의 학교를 지키려는 굳센 의지와 학교장을 중심으로 더욱 학생 지도에 힘을 기울여 그들을 안심하게 하였으나, 2006년 윤병남 교장이 정년퇴임을 한 후 이사회의 결의에 의하여 결국 학교의 운영권을 교회에 양도하게 되었지만, 2009년 6월까지 롱아일랜드연합한국학교 체제를 그대로 유지하였다.

지금까지 수고하신 모든 이사님들과 교사들, 학생들, 그리고 학부모님들께 이 지면을 통하여 감사한 마음을 전하고 싶다. 황금 같은 주말 시간에 부모님에게 이끌려 마지못해 학교에 오기 시작한 학생들이 나중에는 오히려 부모님께 감사하다는 말을 할 때 우리도 보람을 느꼈으며, 이 어린 학생들이 지금은 훌륭한 사회인이 되어 미국 주류사회 곳곳에서 중추적인 역할을 하며 살아가고 있다. 또한 여러 가지로 열악한 환경 속에서도 본교에서 자신의 모든 것을 희생하며 오로지 어린 학생들을 가르치느라 온 정열을 다 바쳤던 모든 선생님들께 다시 한 번 감사를 드린다.

2. 아름다운한국학교 설립 배경

위에서 언급한 것과 같이 롱아일랜드연합한국학교가 안정적으로 발전되어 가는 것과 반대로 이사회의 조직이나 활동이 위축되어가자 이를 타개하기 위하여 이사들 일부를 교회 운영위원들 중에서 영입하게 되었고, 윤병남 교장의 퇴임을 계기로 교회에 이사회 구성을 일임하게 되어 교회에서 이사회를 구성하여 학교를 운영하게 되었다.

그 후 오원호 교장과 유혜경 교장 때까지 이전 체제를 유지하는 과도기를 거쳐 2009년 9월 차세환 교장이 취임하면서 정식으로 교명을 아름다운한국학교로 변경하면서 이사회를 폐지하고 교회 운영위원회에서 학교 운영을 담당하게 되어 이때부터 아름다운한국학교가 시작되었다. 이 과도기 전후의 과정에서 학교의 발전을 위해 많은 수고를 하신 본 교회의 전임 오원호 교장과 차세환 교장에게 감사를 표한다.

3. 아름다운한국학교 현황

이때는 교회 내부적으로도 2대 담임 황인철 목사님을 맞이하여 2세들의 교육에 비중을 둔 목회 철학으로 교육관을 오랫동안 물색하여 오던 시기였다. 마침 2010년 5월에 현 비전센터 건물을 구매하게 되었고 2011년 7월에 공사를 시작하여 2012년 3월에 교육관을 신축하고 이를 비전센터로 명명하고 봄학기부터 사용하기 시작하였다. 또한, 같은 시기에 범 교회적으로 새로운 웹사이트를 개설 준비 중에 아름다운한국학교 웹사이트도 개설하게 되었다. 2012년도 6월 봄학기 종업식을 한 후에 교장과 대부분 교사가 퇴직을 하게 되어 잠시 공백기를 겪었다. 이에 교회 당회에서는 외부 신문에 교장 공개 채용 광고를 거친 후 교회 당회의 결정으로 동년 9월에 김동호 교장이 취임하여 새로운 교사진을 확보하고 학생들을 모집하여 학교를 재정비하고 가을학기를 성공적으로 마쳤으며 2013년도에는 표준교과과정을 정립하고 9월 가을학기에 처음 시행하였다.

무엇보다도 감사한 것은 건물로 인한 어려움을 극복하고 지금까지 숙원이던 자체 교육관 건물을 가지게 되어 명실공히 뉴욕에서 가장 오랜 전통과 함께 최신의 교육환경을 갖추고 최고의 교사진을 겸비한 아름다운한국학교로 거듭 태어난 것이다. 뉴욕 일원에서는 본 학교와 같은 큰 혜택을 누리는 한국학교가 그리 흔하지 않을 것으로 생각하며 이에 관계하였던 여러분들에게 감사드린다.

4. 학교 위치와 건물

현재의 아름다운한국학교는 베스페이지란 곳에 있다. 이곳은 1970년대 초에 아폴로 우주선을 개발했던 유서 깊은 지역이다. 베스페이지(BETHPAGE)는 롱아일랜드의 중심부에 있고 롱아일랜드 고속도로(일명 495)의 출구 44번 남쪽으로 나와 1킬로미터 지점에 있다.

이곳은 예전에 나사(NASA)에서 쏘아 올린 아폴로 우주선을 만들었던 그루만(GRUMMAN) 회사가 있던 지역으로 군수산업이 한창이던 때가 전성기였던 지역이다. 냉전이 끝이 나고 난 후 국방 예산이 줄어듦에 따라 이 지역에 있던 그루만이 떠나고 지금은 한적한 주택가로 바뀌면서 이 건물들이 민간인들에게 매각이 될 때 우리 학교의 모체인 아름다운교회에서 현재의 건물들을 사들여 정착하게 되었다. 이후로 이 지역의 거리 이름을 본 교회의 이름을 딴 아름다운 거리(1 ARUMDAUN STREET, BETH-PAGE, NY 11714)라 명명하여 오늘에 이르고 있다. 미국에서 한글 이름을 따서 거리 이름으로 정한 것은 흔치 않은 일로서 한인 1세들과 그 후손들에게 매우 자랑스러운 일이다. 이곳은 GPS로 찾아보아도 지도상에 정식으로 등록되어 있음을 확인할 수 있다. 이 도시 이름은 기독교인들에게는 '벳바게'로 잘 알려진 지명으로서 옛날 성경을 번역할 때 베스페이지를 그대로 초기 번역하여 벳바게가 된 것이다.

본 학교는 '비전센터'라는 청소년 교육관에 있으며 교회 소속의 자체 건물이며 2012년 봄에 준공하고 이름을 공모하여 '비전센터'라 칭하였다. 총면적 2.7에 이커, 건물 면적 47,000 sq. ft.에 교실 35개, 강당 3개, 교사실 3개, 교무실 1개, 회의실 3개, 특활실 2개, 운동실 1개, 대형 로비 1개, 도서실 1개, 복사실 1개, 화장실 4개(남자 2, 여자 2), 음악실 1개, 자동차 주차 110대 등의 기본 시설을 갖추고 있다. 16대의 CCTV로 24시간 주야로 건물 안팎을 녹화하여 안전을 지키고 있다. 아름다운교회 소속 기관으로 변경된 후의 가장 큰 변화는 무엇보다도 자체 건물을 사용함으로써 대여 비용이 나가지 않을 뿐만 아니라 학교의 안정적인 운영이 가능해진 점이었다.

학교 요람

1. 교육 목표

- 최고의 교사진, 최신의 교육환경과 표준 교육 과정의 체계화를 이룩함으로 교육의 질적 향상을 기하고 2세 자녀들로 하여금 우리 민족의 문자인 한글과 우리 문화의 우수성을 인식하여 한민족의 문자와 문화에 대하여 자부심을 가지고 살아 나가도록 한다.
- 한국어와 한국 문화, 역사 교육을 통하여 한인 2세들에게 세속문화 속에 살면서도 이에 물들지 않고 영어 한국어의 이중언어를 할 줄 아는 한국계 미국인이면서도 한민족의 후예로서의 정체성과 자부심을 갖게 한다.
- 태권도, 전통공예, 한국무용, 사물놀이, 미술, 음악, 서예, 종이접기, 한국요리, 웅변, 인형극, 탈춤 등의 다양한 특별활동을 통해 어린이들의 사회성과 특기 개발을 돕는다.
- 다민족으로 구성된 미국 사회에서 한민족의 확고한 정체성을 갖고 당당한 한국계 미국시민으로 타 민족과 더불어 살아갈 수 있는 힘을 기른다.
- 뿌리교육을 통해 우리 2세들이 한국인이 지녀야 할 자긍심을 가진 자랑스러

운 Korean-American으로서 각 분야에서 하나님의 비전을 이루어가는 능력 있는 일꾼으로 세워질 수 있도록 최선을 다한다.

2. 학사일정

· 수업 기간: 연간 30~36주(사정에 따라 다소 변경될 수 있다)

· 가을학기: 9월 노동절(Labor Day)이 지난 토요일부터
　　　　　　 크리스마스 전 토요일 까지

· 봄학기: 1월 마지막 또는 2월 첫째 토요일부터
　　　　　 6월 일반 학교 방학 전 토요일 까지

· 수업 시간: 매주 토요일 오전 9시 30분~오후 1시

· 수업 대상: 만 3세 이상 12학년까지(외국인을 위한 성인 학급도 있음)

· 본교의 특징

　－ 학급당 10명 내외의 학생으로 편성하여 내실있는 교육을 실시함

　－ 교직 경력이 풍부한 교사진

　－ 모국의 전통 문화를 이해할 수 있는 다양한 프로그램과 특별 활동을 통하여 학생들이 모국의 문화와 예절을 바르게 알도록 함

　－ 학생 중심의 수업 진행으로 학생들의 학습 동기를 유발하고 학생들이 적극적으로 학습에 참여하는 수업 방법을 이용함

　－ 많은 학습 자료와 컴퓨터 등을 통하여 학생들이 흥미를 가지고 수업에 임하도록 교사들이 노력하고 있음

3. 학생 및 교사 현황(2013년도 현재)

학생 현황

아래 도표에서 보는 바와 같이 1976년 2월에 70명으로 개교한 본교는 근 40년

을 지내오며 매 학기(가을학기, 봄학기)마다 적게는 70명, 많게는 160명의 학생들이 등록을 하여, 연인원 약 7,500명이 지난 38년간 본 한국학교를 거쳐 갔으며 이렇게 자라난 한인 2세들은 본교에서 한국어, 한국 문화와 역사를 배우고 이곳 미국 사회에서 곳곳에서 활약하고 있다. 이들의 학교 재학 동안의 평균 연령을 5살에서 15살의 학생으로 이를 기준으로 할 때 이들은 지금은 40대 중반으로부터 50대 중반에 이르는 장년으로 성장하였음을 보여준다. 2013년도 말 현재 연 260명이 재학 중이다.

연도	봄	가을	총학생수	연도	봄	가을	총학생수
1976	70	76	146	1996	81	102	183
1977	64	83	147	1997	82	107	189
1978	77	108	185	1998	95	114	209
1979	99	86	185	1999	96	113	209
1980	79	94	173	2000	101	115	216
1981	87	88	175	2001	75	95	170
1982	72	82	154	2002	100	119	219
1983	70	79	149	2003	135	130	265
1984	68	76	144	2004	125	151	276
1985	74	87	161	2005	129	144	273
1986	69	77	146	2006	124	105	229
1987	70	88	158	2007	122	121	243
1988	72	82	154	2008	116	119	235
1989	70	79	149	2009	119	115	234
1990	109	76	185	2010	110	136	246

1991	49	119	168		2011	114	134	248
1992	90	111	201		2012	124	135	259
1993	76	74	150		2013	123	131	254
1994	60	146	206		2014	0	0	0
1995	95	74	169		2015	0	0	0
학생소계	1520	1785	3305		학생소계	1971	2186	4157
					학생총계	3491	3971	7462

교사 현황

학년도에 따라 다소 변동은 있으나 대체로 15명 내외의 교사들이 근무하였으며 대부분이 한국이나 미국의 정규학교 교직 경험이 있거나 다른 한국학교 교사의 경력이 있는 사람이다. 특히 특별 활동을 담당하는 교사는 해당 교과목의 교사자격증을 가지고 교직 경력이 있는 사람으로 구성되어 있다.

학부모회 임원 현황

역시 매 학기마다 유동적이지만 40명(매 학기 20명) 내외의 학부모회 자원봉사자들로 이루어진다. 현재 봄학기를 준비하고 있는 본교 학부모회 임원들은 22명으로 구성되어 있다.

4. 교육과정

이민 가족의 자녀들을 한국인의 정체성을 갖고 미국 시민으로 주류 사회에 잘 적응하는 한국계 미국인으로 키우기 위하여 재외국민을 위한 한국어 교육과정을 참고하여 본교 학생들의 수준에 맞는 교육 과정을 만들어 사용하였다. 최근에는 NAKS의 언어 기능과 학생의 한국어 수준에 따른 표준 교육 과정 등급 체계인 총 5단계, 입문·기초·초급·중급·고급으로 하는 교육과정을 기준으로 하여 전체 과정을 5단계 15과정으로 나눈다.

교과 과목
- 한국어(읽기, 쓰기, 듣기, 짓기)와 한국어 회화
- 한국의 역사와 문화
- 한국의 명절과 예절
- 한국 음악(동요, 전통 악기, 사물놀이 등 포함)
- 미술(종이접기, 전통공예, 사군자, 서예)
- 한국무용(민속무용, 현대무용)
- 미술(종이접기, 전통공예, 사군자, 서예)
- 태권도, 검도
- SAT II 한국어

교육 과정의 운영
한국어반과 특별활동반으로 구분하여 편성한다. 국어반은 입문, 기초, 초급(상·중·하), 중급, 고급으로 나누어 학생들의 수준에 따라 적절한 단계와 과정에 맞게 학년을 고려하여 학급당 10명 내외(3~5세까지는 8명, 기타 학급은 최대 12명)로 편성하되 경우에 따라서는 한국어 능력을 우선하여 복수학년으로 편성될 수도 있다. 특별활동반은 한국어 독본과 회화 이외의 한국 역사와 문화를 포함한 모든 과목을 각 학년의 수준에 맞추어 편성하여 운영한다.

학습 지도 시 유의 사항
- 교사는 매 시간 학습지도안을 작성하여 학교장의 결재를 받는 것을 원칙으로 한다.
- 기본 교재를 중심으로 하여 보조 교재나 다양한 학습 자료를 참고하여 학생

들을 지도하는 데 이용한다.

• 학습 내용은 교과 과정을 벗어나지 않는 범위에서 될 수 있으면 현지(미국) 사정에 맞도록 구성한다.

• 수업 중에 학생들에게 발표를 할 수 있는 기회를 많이 주어 학습에 적극 참여하도록 유도한다.

• 문법이나 쓰기, 읽기보다는 말하기에 중점을 두도록 한다.

• 과제물은 학생 스스로가 할 수 있는 범위에서 적절하게 주도록 한다.

• 학생들에게 한국어 어휘나 문장 구성 능력을 기르게 하기 위하여 최소한 일주일에 3일은 한국어로 일기를 쓰도록 권장한다.

• 매주 낱말 받아쓰기를 하여 한국어 낱말과 친해지도록 지도한다.

• 한국어 낱말이나 간단한 문장을 영어로 표현하는 연습을 하도록 한다.

• 가정에서도 가능한 한 한국어로 대화하도록 학부모의 협조를 구한다.

• 학기말 또는 학년말에는 한 학기(학년)동안 배운 것을 스스로 발표해 보는 학습발표회(학예회)를 갖는다.

• 매년 학년 말에 학생들의 글들을 모아 교지(문집)를 발간한다.

• 매 학기 학부모들을 위한 공개 수업을 실시하며, 학부모 상담 시간도 마련한다.

• 매 학기마다 학생들의 학습 결과를 평가하여 학부모들에게 통지하여 학부모들이 자녀들의 학교생활을 알 수 있도록 한다.

5. 중요행사

한국어나 한국의 역사, 문화 이외에 한국의 민속, 음악(동요), 전래 동화, 무용, 태권도 등을 통하여 한국을 이해하고 모국에 대한 자긍심을 갖도록 하기 위하여 교내외적으로 다음의 행사를 한다.

설날 민속놀이

평소 한국 역사, 문화 시간이나 한국어 시간을 통하여 우리 민족의 전통 문화나 예술 등을 가르치면서 한국 예술의 우수성이나 아름다운 예절, 명절(설날, 추석 등)그리고 각 절기마다 있는 특성이나 전통놀이를 실제 체험을 통하여 알게 할 수 있는 기회를 만들어 준다.

운동회

어린이날을 전후하여 되도록이면 한국적인 정서가 담긴 종목을 택하여, 전교생이 참여하되 연령에 맞는 종목을 가지고 개인별 실력 겨루기와 단체 협동심을 기르도록 내용을 구성한다. 개인 경기와 단체 경기를 하며 야외에서 맑은 공기를 마시며 마음껏 뛰놀며 즐길 수 있는 운동회를 실시한다.

- 종목: 공 나르기, 박 터트리기, 자루 입고 뛰기, 과자 따먹기, 풍선(물컵) 나르기, 낱말 찾기, 사람 찾기, 2인3각, 장애물 경기, 기마전, 이어 달리기, 놋다리 밟기 (민속), 줄다리기 등

동요대회

우리의 동요를 사랑하는 마음을 길러주고 동요의 내용을 잘 알고 표현할 수 있는 힘을 길러 준다. 우리나라의 동요가 얼마나 아름다운지 알 수 있도록 한다.

동화구연대회

한국어 구사 능력을 기르며, 한국의 전래 동화 또는 창작 동화의 내용을 이해하도록 하며 그 속에 담긴 내용을 어떻게 표현해야 하는지를 스스로 깨닫게 한다.

낱말경시대회

1990년대부터 본교에서는 한국어와 영어를, 각각 영어와 한국어로 바꾸는 연습을 통하여 이중언어 능력을 기르도록 하였다. 처음에는 단순한 단어로 시작하여 조금씩 간단한 문장, 조금 긴 문장을 번역하는 대회로 확대하였다. 현재 동북부지역협의회에서 실시하는 한영/영한 번역대회의 원조라고 자부한다.

어머니날, 스승의 날 카드 만들기

비정기적 행사

코리안 퍼레이드 참가, 소풍, 지역 유적지나 명소 견학, 학교 기금 모금을 위한 행사(음악회, 골프대회, 연말 파티, 바자회 등)가 있다.

대외 행사 참가

재미한국학교 동북부지역협의회가 주최 또는 후원하는 행사에 적극 참여함으로써 학생과 교사들이 새로운 경험을 하게 하고, 아울러 타교와 정보 교환도 할 수 있는 계기를 만든다.

- 행사 내용: SAT II 한국어 모의고사, 한국어 동화구연대회, 어린이예술제, 어린이민속놀이, 어린이동요대회, 교사연수회, 전국학술대회, 한영/영한 번역대회, 한국역사퀴즈대회, 어린이백일장 등

6. 학교조직

롱아일랜드연합한국학교

본교는 뉴욕 주 정부로부터 비영리단체로 인가를 받은 독립학교로, 학교를 운영하기 위하여 학교 정관에 의하여 이사회, 교사(교무)회, 학부모회를 구성하여 상호 협조 아래 학교를 운영하고 있다.

- 이사회: 보통 10~20명 정도의 이사들로 구성하며, 학교 운영 전반에 걸친 문

제를 토의·결정하여 학교 운영에 도움을 주고, 특히 학교 재정 문제를 해결하기 위하여 여러 가지 학교 운영기금 모금 활동(연말 모금파티, 가족음악회, 바자회, 골프대회 등)을 주도한다.

- 교사회: 학교장을 중심으로 이사회와 학부모회의 협조를 받아 교육과정, 학사 일정, 학생 모집 및 학급 편성, 교재 개발, 교사 연수, 학생들의 학업 평가, 학부모 면담, 각종 행사의 계획 및 실행, 학사 관계 서류의 작성 및 보관 등 학사 운영에 관한 모든 일을 의논하고 결정한다.

- 학부모회: 교사회와 긴밀한 관계를 유지하여 교사들이 학생들을 지도하는 데 도움을 주며(교사 보조, 각종 행사 참여, 간식 제공 등), 학부모들을 대상으로 각 분야의 저명 인사를 초청하여 세미나를 갖고 여러 가지 생활 정보를 교환하기도 하며, 같은 취미를 가진 사람들끼리 동호회(합창, 서예, 꽃꽂이, 요리 등)를 만들어 재미있는 시간을 보내기도 한다.

아름다운한국학교

아름다운한국학교 운영규정에 따라 운영된다. 이는 이전 학교와의 근본적인 차이점으로 예전의 이사회 제도를 폐지하고 현재는 이사회를 대신하는 학교 운영위원회에 의해 운영되고 있다.

- 운영규정 및 세칙
  - 운영규정 제2장 운영 및 조직의 제4조(운영)에 규정한바 본 학교의 운영 주체는 아름다운 교회(PCUSA)이며, 학생들의 수업료와 뉴욕 한국영사관의 재정 및 교재 지원, 아름다운교회의 재정 지원으로 운영된다.
  - 운영규정 제5조(조직)에 따라 교장의 인사 및 학교 운영 전반에 관한 최고 결정 기관은 아름다운교회 당회이다.
  - 학교의 효율적인 운영을 위하여 운영위원회를 둔다.

- 학사 행정을 위하여 교장과 교사로 구성되는 교사회를 둔다.
- 학교의 원활한 운영에 도움을 주기 위하여 학부모회를 둔다.

• 운영위원회

- 운영위원회는 교육위원회 담임교역자, 위원장, 교장 및 재무, 이상 4명으로 구성된다.
- 학교는 교장 책임제이며, 교장은 학교운영위원회의 위임을 받아서 학교를 대표하며 학교의 교구 및 교실 확보, 교사 선임 및 해임, 학사 운영 일체를 주관한다.
- 교육위원회 위원장이 운영위원회의 위원장이 되며 학교운영에 필요한 예산, 교구 및 교실 확보, 수업료 및 교사 사례비 등의 사항을 결정한다.
- 운영위원회는 봄학기와 가을학기 중 연 2회 정기모임을 가지며 학교 운영의 긴급한 사항이 있을 시 임시모임을 갖는다.
- 회계는 학기별 재정의 수입 및 지출을 집행하고 이를 교장에게 정기적으로 보고한다. 학기 말에는 지출 결산과 수입예산을 기획한다.

• 교사회

- 교장의 책임 하에 월 1회 교사모임을 가지며 교사는 효율적인 학사관리를 위하여 직접 교장에게 보고한다.
- 학급 편성, 학사 일정, 교재 선정, 효율적인 교육 방법 등을 논의하며 매월 첫째 토요일 4교시 후에 정기 교사회의를 가진다.

(1) 교사 자격

예수를 구주로 고백하는 기독교인으로서 학생들의 한국어·한국문화교육, 신앙교육, 인성교육에 대한 사명감과 능력을 갖춘 자로서 교사자격증 소지자, 교육학 전공자, 초·중·고, 대학교 교사/교수 경력자, 한국어 전공자, 재미 한국학교 교사 경력자, 교회학교 교사 또는 학원 교사 경력자 중 1개 이상의 항목에 해당하는 자.

(2) 교사 처우

① 교사는 풀타임 한국어 교사와 파트타임 특활 교사로 구분하며 한국어 교사가 특활 교사를 겸임할 수 있다.

② 교사의 사례비는 학교예산, 경제 상황 등을 고려하여 운영위원회의 결정에 따라 정기적으로 갱신할 수 있다.

③ 시간당 교사 사례비는 다른 학교의 처우에 준한다(비공개).

④ 보조교사에게는 학기별로 소액의 장학금(비공개)을 지급한다.

⑤ 장기근속 교사에 대한 우대 방안과 퇴직교사 전별금은 예산 관계상 현재로는 시행하지 못하고 있으며 예산이 가능할 때 추후 검토할 예정이다.

(3) 교사 의무

① 아름다운한국학교의 비전을 이루기 위해 함께 기도하며 학교의 교육목표와 행정질서에 뜻을 같이한다.

② 학생들을 예수의 사랑으로 대하며 어떠한 경우라도 학생들의 마음에 상처를 주는 언행을 삼간다.

③ 매 학기 초 학습지도계획서와 학부모 알림장을 배부한다.

④ 매주 학생들에게 숙제를 부과하며 결석생에게는 숙제와 학부모 알림장을 우송한다.

⑤ 매주 학습지도안을 작성하여 파일화한다.

⑥ 매주 토요일 아침 9시부터 실시하는 교사큐티에 참여한다.

⑦ 매달 4교시 후에 있는 정기 교사회의에 참여한다.

⑧ 학교의 제반 행사와 학기 초 등록업무에 적극적으로 참여한다.

⑨ 교사로 재임하는 동안 학교 또는 학교 이외의 장소에서 본교생을 대상으로 수업료를 받는 한국어 개인교습은 하지 않는다.

⑩ 학교 내외에서 학교의 명예를 실추시킬 수 있는 언행을 하지 않는다.

- 학부모회
  - 학교의 운영을 성공적으로 해 나가기 위하여 필수 불가결한 모임이다.
  - 모임은 교장이 주관하며 매 학기마다 1회 학부모협회 임원진의 구성이 끝 나는 시점에 모임을 주선하고 학사 제반 일정을 소개하며 행사별 학부모의 협조를 구한다.
  - 각 반별로 담임교사가 학부모와 접촉하여 학급대표(클래스 맘이라고도 칭 함)를 1명 이상 선출하고 이들 중에서 전체 학부모 대표인 회장단을 구성한 다. 편의상 회장, 부회장, 총무, 회계로 구성된다.
  - 매 학기의 일반적인 주요 안건은 아래와 같다.
    (1) 학부모회 대표임원 선출
    (2) 매 학기 행사 지원
    (3) 학교 운영에 관한 관심사
    (4) 동호회 모임
    (5) 학부모 면담

7. 재정 관리

롱아일랜드연합한국학교

학교재정은 이사회 규정에 의하여 이사회 재무(위원)가 관리한다.

- 예산 및 결산은 매 학기 시작 전에 학교장이 작성하여 이사회에 제출하면 이 사회의 의결을 거쳐 확정한다.
- 예산은 학생 등록비, 이사회비, 후원금, 모금, 정부 보조금 등으로 충당한다.
- 모든 경상비는 학교장의 결제로 지출하며, 특별한 지출이 필요한 경우에는 이 사장의 승인을 거쳐 집행한다.

- 경상비란 교실 사용료, 교사 사례비, 교재 제작비, 사무용품 구입비, 각종 행사비, 우편 송신료, 학교 교지 제작비 등을 말한다.
- 매 회계 연도가 끝나면 이사회에서 결산을 하여 IRS에 납세자 보고를 한다.
- 학생 등록비는 매년 이사회의 의결을 거쳐 결정하여 정한다.

아름다운한국학교

수입 지출 재정 관리 원칙은 다음과 같다.

- 예산과 지출은 가변적이며 외부 비공개를 원칙으로 한다.
- 본 학교의 수업료와 재정 지원금은 학사 운영에 필요한 교실의 확보, 교구와 교재 구매, 교사 사례비, 학교 행사 및 활동에 사용하며, 수입 지출 일치 운영을 원칙으로 한다. 지출의 가장 큰 부분은 교사 사례비이다.
- 예산 계획은 운영위원회에서 책정하여 아름다운교회 당회에 올리며, 매년 수입, 지출에 관해서는 교장이 운영위원회에 명세를 보고한다.
- 학교 운영 예산 및 지출에 관해 매년 교회의 재정 감사를 받는다.

8. 학교장, 이사장 및 운영위원장

학교장	기간	이사장 및 운영위원장	기간
박화양(직대)	1976. 2 ~ 1977. 2	김승억	1976. 2 ~ 1979. 6
김중석(직대)	1977. 3 ~ 1978. 6	김동철	1979. 9 ~ 1982. 1
안영희	1978. 9 ~ 1979. 9	장용호	1982. 2 ~ 1987. 6
김수곤	1979. 9 ~ 1980. 7	지승휘	1987. 7 ~ 1989. 6
김송희	1980. 9 ~ 1988. 6	한전수	1989. 7 ~ 1991. 1
이종필	1988. 7 ~ 1995. 7	김태수	1991. 1 ~ 1994. 1
윤병남	1995. 8 ~ 2006. 7	서정식	1994. 1 ~ 1995. 6
오원호	2006. 8 ~ 2008. 7	지무기	1995. 7 ~ 1999. 7

정혜경	2008.8 ~ 2009.7	신중일	1999.8 ~ 2003.4
차세환	2009.9 ~ 2012.6	김상진	2003.4 ~ 2004.1
김동호	2012.9 ~ 현재	이신호	2004.1 ~ 2005.2

9. 운영 진단

올해 첫 가을학기에 적용한 새로운 표준 교과과정과 실제로 현장에서 각 반으로 배치된 학생들과의 실제 학습 능력에는 어느 정도 예상했던 오차가 있었다. 이들 중 최대의 난관은 한글을 꾸준히 배우지 못하고 배웠다 쉬었다 다시 등록하여 온다든지, 나이가 든 후에 처음으로 온다든지 하는 여러 다른 원인으로 인하여 나이에 비해 자기보다 수준이 낮은 반으로 배정되어야 하는 학생들이 뜻 밖에 많다는 현실이었다. 이들을 위하여 4개의 특별 속성반을 개설하였다. 나이별로 학생 실력이 너무 다양하나 저학년과 고학년 모두가 기본적으로는 모두 입문 과정에 해당하였다. 이들 반은 흡사 한국에서의 학원과 같은 성격을 가진 반으로서 이들 반의 목표는 학생이 최대한 빨리 배우도록 함으로써 다음 학기에는 자기 나이와 인식 수준에 맞는 정규반으로 가도록 하는 데에 있다. 가능한 한 빨리 비 정규반 학생이 정규반으로 흡수되어 비 정규반이 없어지는 것이 가장 바람직한 이상형이기 때문이다.

10. 도약을 위한 제언

2013년도에는 표준 교과과정을 재정립하였다. 이를 운영해 보고 발견한 예상된 문제점들을 2014년도에는 보완하여 교육의 지표를 질적으로 더욱 향상하려고 한다. 학교에 주어진 과제는 학생들의 평균 실력을 향상시켜 다음 학기에서는 이론적인 표준교과 과정과 현장에서의 실제 반 사이에 차이가 줄어들 수 있도록 하는 것이다.

학생들이 10학년 이상의 상급학년으로 올라갈수록 공립학교에서 하는 활동이 늘고 대학 진학 준비가 중요해지므로 한국학교에 더는 등록하지 않는다는 문제가 있다. 따라서 그들의 한국어 실력이 고급반 수준에는 이르지 못하고 끝나게 되는 것이 현실이다. 한국학교는 그들이 어떻게 계속 한국학교를 다닐 수 있도록 할 것인가의 해결점을 찾아야 한다. 그 중의 하나가 SAT II 한국어교육을 강화하여 더욱 상급 학생들로 하여금 한국어로 SAT를 치를 수 있도록 계몽하는 것이 먼저 이루어지는 것이다. 그들이 한국어 SAT II를 치르겠다는 결심을 유도할 수만 있다면(이는 일부 학생에 개별적으로 홍보할 것이 아니라 모든 교포 자녀들에게 전반적으로 계몽돼야 할 과제라고 생각한다) 고등학교 12학년까지 최소 1년에서 최대 3년은 더 한글을 배울 수 있도록 할 수 있으리라 예상하며 이 기간이라면 더욱 많은 학생들이 한국어를 자유롭게 구사할 수 있지 않을까 상상해 본다.

외부에서 받는 수많은 이메일이나 우편물 중에는 외부 기관에서 주최하고 시행하는 좋은 연수 프로그램들이 있음을 발견한다. 이 행사들에 가능한 많은 교사가 골고루 참여하여 교사의 자질을 높이고 이를 바탕으로 학생들에게 더 많은 배움을 전달할 길을 마련하고 싶다. 본교의 학교 규정에는 교사연수회 참여 경비는 등록비와 교통비를, 학술대회 참여 경비는 등록비, 교통비, 호텔비, 식비를 전액 지원한다고 규정하고 있다. 그러나 이들 실질적 경비를 학교 예산만으로 실행하기에는 벅찬 실정이다. 이를 위해 더 범 교포적인 적극적인 지원정책이 현실화되기를 소원해 본다.

역사적 측면에서의 고찰

1. 한글, 문화, 역사 그리고 신앙

아름다운한국학교는 독립적으로 운영되고 있으나 아름다운교회 소속 기관이다. 따라서 교회의 사명인 신앙인으로 학생들을 양육하여야 한다. 본 학교의 운영 책임을 진 교장의 입장에서 한국학교가 한인 교포들의 이민 역사인 종교, 특히 기독교와 더불어 어떤 상관관계에 놓여 있는 것인지를 고찰하고자 한다.

60년대를 거치고 70년도를 시작하면서 미국은 이민 쿼터를 개방하였고 이에 모국의 많은 젊은이들이 더 나은 기회를 찾아 미국과 해외로 나왔다. 그리하여 이들은 새로운 미지의 땅에 정착하여 삶을 펼치게 되었다. 그들이 의식했든 못했든 간에 순례자의 삶을 살게 되었다. 이들이 사는 모습은 두 가지 공통점이 있음을 발견한다. 첫째는 많은 이들이 신앙생활을 하게 되었다는 점이고, 두 번째는 현지의 한국학교들을 통해 그들 자녀에게 한국어교육을 했다라는 점이다. 그들 자녀는 모두 어린 시절에 한국어를 배웠던 때가 뚜렷하게 그들 삶의 한 부분을 차지하고 있고 이는 해외에 사는 교포들로서의 필연적인 삶의 한 부분이다. 왜 한인들이 디아스포라로 흩어져 가는 곳마다 교회를 개척하고 나면 한글학교를 세워 한글을 가르치고 배우는 것일까? 이는 부모들이 그들의 자녀들로 하여금 외국에서 살지만, 한글을 잊지 않기를 바랐던 터이고, 어쩔 수 없이 해외에서 자라지만 한국인의 후예임을 잊지 않기를 바랐을 뿐만 아니라, 신앙생활이 그들의 생활에 큰 부분을 차지한 것처럼 그들의 자녀들 또한 장차 한인과 그리스도인의 후예로서 자라나기를 기원했기 때문일 것이다.

요즈음은 케이팝(K-POP) 등의 한류 문화와 스마트폰(Smartphone), 카카오톡(Kakao talk), 페이스북(Facebook)과 같은 첨단 미디어 기기의 확산으로 지구 구석구석 곳곳에서 타 민족 사람들이 오히려 우리들의 대중문화에 더욱 많이 접하고 있음을 알 수 있다. 이들 젊은이가 주고받는 글 속에는 영어와 한국어가 함께 사용되고 이들은 우리의 글과 문화를 배우려고 세계에서 모여드는 것을 본다. 그만큼 세계가 하루 생활권에 들어와 있을 뿐만 아니라 한글 사용의 보편화를 위한 기회들이 많아서 한글 사용도가 많아지고 있음을 보게 된다. '강남스타일'이

한 작은 예이다.

한국의 언어와 문화에 접한다는 것은 사실 한국 역사에 접한다는 사실을 간과해서는 안 된다. 한국학교의 교장으로서 보다 올바른 역사에 관심을 끌게 되는 사실에 스스로 놀라게 된다. 그러나 우리는 한국문화와는 다른 문화인 서양문화, 그 속에서도 세속문화 속에 살고 있음을 잊어서는 안 된다. 우리 스스로나 자녀들이 싸이나 소녀시대의 노래에 젖어 살지만, 우리도 모르게 쉽게 세속화한다는 사실에 주의를 기울이며 눈을 떠야 할 것이다.

이에 아름다운한국학교의 비전이 자명해진다.

"세속문화 속에 살면서도 이에 물들지 않고 뿌리교육의 비전을 가지고 영어와 한국어의 이중언어를 할 줄 아는 한국인과 그리스도인의 후예로서의 정체성에 기초한 젊은이들을 양육하자."

본 학교는 더욱 분발하며 그 책임을 다하도록 각오를 다진다.

2. 역사적 보존 가치 자료

앞에서도 언급한 바와 같이 아름다운한국학교는 38년의 전통을 이어받은 학교이다. 1976년도는 아직 컴퓨터라는 기기가 발명되지 않은 시절이었고 아마도 한국에서도 당시 경제기획원에만 아이비엠(IBM)의 슈퍼컴퓨터(Super Computer)가 한 대 있어서 인구조사 등의 통계 자료를 위해 사용되기 시작했던 때일 것이다. 그 시절은 디지털과는 거리가 멀었던 시절이었고 원고를 손으로 써서 만들고 등사 용지에 밀어서 프린트하여 수작업으로 교재를 만들던 시절이었다. 지금 생각해 보면 격세지감이 있지만, 본교는 축적된 많은 아날로그 자료들이 있다. 2014년도에는 이들을 정리·작업하려고 계획하고 있다. 이들을 스캐너로 모두 디지털 문서 파일을 만들어 사이버 클라우드 스토리지를 이용하여 정리하고자 한다.

첫째, 연도별·학년별·용도별 항목별로 일목요연하게 다시 정리하기

둘째, 시대별로 교육 방법을 비교하여 지금과의 수업 교수 방법의 차이 정리하기

셋째, 필요할 때 참고 자료로 재활용하기

20년 후 60년사 편찬을 하는 시점이 될 2033년도에 후배들이 전반 30년사와 후반 30년사가 풍성하게 기록된 발자취의 자료들을 다시 편찬할 수 있기를 바란다.

학술적 측면에서의 고찰

1. 사례 발표

학교에서는 매 학기 연 2회 교사 자체 수련회가 있다. 아래의 예제는 2012년도 봄학기 교사수련회에서 참가자로 나섰던 세분의 교사들의 교수법에 관한 학술적 접근의 예와 2013년도에 아름다운한국학교 표준 교과 과정 개발 프로젝트에서 산출된 표준 교과 과정의 개발 진행 과정을 예로 제시하고자 한다.

이하 내용은 서류의 원본에 기록되어 있는 문구를 일부 발췌 인용하였다.

〈예제 1〉

달님반 수업 지도 후기(이론과 실제) – 뿌리교육, 신앙교육(교사 김소연)

Curriculum Research Project?

교과 과정 체계화 위한 별도의 노력

Research team funded by AKS or?

예) 한국학교 전체 교과과정이 단계별로 정리된 한 장의 flowchart

부모-학생들의 예측 가능성 높임/한국학교의 언어교육 기관으로서 공신력 고양/담임교사 부담감 해소·교수현장의 질 제고/교사가 바뀌어도 사역의 지속성 확보

〈예제 2〉

효율적인 수업시간 활용 및 균형 있는 언어교육을 위한 교재 연구(교사 김수정)

• 세부적인 수업 시간표 짜기

- 학생들이 다음 수업 활동을 예측하고 그에 적응할 수 있도록 계획을 세워 매주 같은 시간에 같은 활동이 이루어질 수 있도록 준비합니다.
- 언어교육의 4가지 영역을 균형 있게 교육하기 위한 교재 활용
- 언어를 균형 있게 습득하기 위해서는 언어의 4대 영역인 읽기, 쓰기, 듣기, 말하기를 균형 있게 익히는 것이 중요합니다. 4대 영역을 별도의 교재를 사용하는 것이 아니라 한 교재 내에서 주요영역들이 연계성을 가지고 학습이 진행될 수 있도록 교사들의 교재 연구가 필요합니다.

〈예제 3〉

고학년 기초반의 효과적 학습 방법을 위한 제언(교사 황지원)

- 규칙 만들기·규칙 실행하기·개별적 접근

〈예제 4〉

표준 교과 과정 개발 연구(교장 김동호)

- 이를 위한 기초자료 기준은 낙스(NAKS)의 언어 기능과 학생의 한국어 수준에 따른 표준 교육 과정 등급 체계인 총 5단계, 입문·기초·초급·중급·고급을 기준으로 따랐다.
- 정규 입문과정 중 유치부에 해당하는 3~5살은 별도의 교재를 사용한다. 주제 학습을 통한 음성언어학습과 소리와 문자의 대응관계를 배우는 한글학습으로 구분하여 가르치는 것을 고려하도록 한다.
- 3살: 교육세계의 신나는 한글여행(한글 첫걸음 1단계), 천재교육의 기초튼튼 6단계 학습(한 걸음 더 1단계)
- 4살: 출판사 길벗스쿨 최영환 저, 기적의 한글 학습 1, 기적의 한글 학습 2
- 5살: 재외동포진흥재단 한글 기초(상)(하)
  주일학교 한글반에서 기탄교육의 기탄국어를 사용한다.

한 과정 윗반의 가을학기 교재를 한 과정 아랫반의 봄학기 교재로 사용하도록 한다. 예로서 기초 1-2 과정반이 가을학기에 사용한 교재를 기초 1-1 과정반에서는 다음 연도 봄학기에 사용한다. 환원하면 이들 두 반은 같은 단계이지만 6개월의 과정의 진도 차이가 있는 것이다. 따라서 2배의 같은 교재를 사전에 확보하여야 한다. 기타 그 이전 학기까지 사용하였던 다른 출판사 교재들은 모두 보조 교재로 하여 교사의 재량으로 사용하도록 하였다. 교육과학기술부에 의하면 새로운 교재 '맞춤한국어'는 각 두 권씩 1년 동안에 사용하도록 편찬되었다. 한 반에 2권씩 조합하여 1년 31주간을 가르치는 교재이다. 이는 6월 말 퀸즈한인교회에서 있었던 교사연수회 참석에서 확인할 수 있었다. 또한, 한국교육과정평가원의 한국어는 교육원에 의하면 1권으로 1년 동안을 '맞춤한국어'는 두 권을 1년 동안에 배우게 되어 있음을 확인하였다. 이를 위하여 8월 3일에 교사 수련회 및 워크숍을 개최하였다.

1. 사례 결과

- 예제 1의 표준 교과 과정 체계화의 연구에서는 교사가 나름대로 문제를 제시하였으나 실행하지 못한 경우이다. 이 글의 끝 부분에서 강연 교사는 제안과 질문을 던진다. 이중의 핵심으로 표준 교과 과정을 위한 연구 제안을 하고 있다. 아울러 이 프로젝트를 추진하면서 예산과 개발 연구팀의 주체는 누가 되어야 하는가, 전문적 지식과 경험을 가진 분들을 어디에서 초빙해야 하는가, 프로젝트의 소요 시간 산출 등등의 가장 기본적인 문제에서 실마리를 풀지 못하고 정지되었음을 알 수 있다.

- 이 시점 전후의 학교 발자취 기록을 살펴보면 실제로 이를 위한 팀을 구성하였다는 기록이 있다. 교사들의 이야기를 들어 보면 몇 차례의 표준화를 위한 시도는 있었으나 완성하지 못하고 중간에 끝났다고 한다. 그만큼 쉽지 않은

과제였다고 생각한다.

- 예제 2의 효율적인 수업시간 활용 및 균형 있는 언어교육을 위한 교재 연구에서는 위에 쓴 예에서 보듯이 제안과 결론을 유도하고 있는 예도 볼 수 있다.
- 예제 3의 고학년 기초반의 효과적 학습 방법을 위한 제언에서도 교사가 좋은 수업 분위기를 유지하는 실행 방안을 제시하고 있다.
- 예제 4의 표준 교과 과정 개발 연구에서는 실제로 적은 인원의 팀을 구성하고 개발 시간표와 연구 과제 및 접근 방법을 정하여 그 해 가을학기에 새로운 교과 과정으로 수업을 진행하고 이론과 현장에서 실제 적용한 결과에 나타난 오차를 줄여나가려고 한 노력을 볼 수 있다. 비록 오차는 있지만, 처음으로 교과 과정을 체계화한 예이다.

2. 기타 – 사진 모음 자료 사례발표

V

한인단체 지원학교

1 맨해튼한국학교(구, 뉴욕브로드웨이 한국학교)

이현규

개요

1983년에 개교해 30년의 전통과 역사를 가지고 있는 맨해튼한국학교의 개교 당시 학교명은 뉴욕브로드웨이한국학교이다. 당시 뉴욕한인경제인협회는 한인 2세들에게 한국어와 한글을 비롯한 우리 문화를 가르치고자 이 학교를 세웠는데 이것은 한국어 교육과 문화 교육에 대한 뉴욕 동포들의 열망이 반영된 것이라고 할 수 있다.

처음 학교가 세워졌을 때는 학생 수가 80여 명에 불과했지만 현재는 160여 명에 이르고 있다. 초창기에는 학생들에게 알맞은 교재가 별로 없어서 2대 교장이었던 김근순 선생님이 직접 교재를 만들어 사용했으며, 연세대학교 한국어학당에서 사용하던 현대적 언어교수법을 수업에 적용했다. 그 이후 네 명의 교장을 거쳐 2013년 가을학기에 심운섭 박사가 제7대 교장으로 취임하여 여러 선생님과 함께 학교의 발전을 위해 애쓰고 있다. 현재 맨해튼한국학교 수업은 West Village (Greenwich Village)에 위치한 PS3에서 이루어지고 있다. 대부분의 학생들은 맨해튼에 살고 있지만, 브루클린이나 저지시티(Jersey City)에 거주하는 학생들도 있다.

학교 수업은 매주 토요일 9시부터 오후 1시까지이며 학생들은 한국어 수업뿐만 아니라 한국 역사, 문화, 한국 동요, 전통 음악, 한국 공예 및 미술, 한국 무용, 민속 놀이, 태권도 등 다양한 수업을 통해 한국어 능력을 높이고 한국을 이해하려고 노력하고 있다.

요즘같이 한류가 전 세계에서 열풍을 일으키고 있는 상황에서 한국어는 세계에서 아주 중요한 언어로 부각되고 있다. 물론 1988년 서울올림픽 전후에도 한국어를 배우려는 외국인이 많았지만, 현재 미국 내에서 한국어 강좌를 개설하고 있는 대학교에는 한국어를 배우려는 비 한국계 학생이 많이 늘었다. 그만큼 한국어에 대한 관심이 높아졌고 중요한 외국어로 대접 받고 있다는 것을 알 수 있다. 1997년에는 한국어가 미국 대학입학시험인 SAT II 외국어 과목에 아홉 번째로 채택됨에 따라 한인 학생들도 어릴 때부터 한국어교육을 많이 받고 있다. 물론 이런 점은 아주 고무적인 현상이지만 앞으로 한국어가 더 발전하기 위해서는 한국어가 미 전역 중·고등학교에서 정규과목으로 채택되어야 한다.

한국의 경제가 발전하고 한국의 위상이 높아짐에 따라 영어와 한국어를 모두 잘하는 전문인에 대한 수요가 늘고 있다. 이제 한국어 교육은 '뿌리교육'의 의미를 넘어서 '실용교육'의 의미를 가지게 되었다. 이런 점에서 한국어를 가르치고 있는 한국학교의 사명은 막중하다고 할 수 있다.

연혁

연도	주요 행사
1983	9.24 개교 (초대 교장: 여금현, 초대 이사장: 조병창) 뉴욕 주정부 교육청에 비영리 단체로 가입
1984	2대 김근순 교장 취임, 제1차 모국 방문 연수, 제1회 교내 동화구연대회 개최(매년 실시)
1985	제2차 모국 방문 연수,
1986	제3차 모국 방문 연수, 문교부장관 감사장 수여(김근순 교장)

1987	제1회 어린이예술제 참가, 김영근 교수 초청 강연회
1988	코리안 퍼레이드 참가, 한국학교 기금 모금 골프대회 개최
1989	운동회, 종업식 및 학습발표회
1990	여름학교 개설, 재미 한국학교협의회 표창창 수여(김근순 교장)
1991	사은회
1992	학부모 교양 강좌
1993	개교 10주년 기념 행사, 예절 교육 특강
1994	어린이 날 행사 및 운동회, 코리안 퍼레이드 참가
1995	학부모회 주최 일본어/중국어 무료 강좌
1996	SAT II 모의고사 실시, 학교 기금 모금 바자회, 교내 글짓기대회, 〈나눔의 소리〉 창간호 발행
1997	어머니 날 행사, 학교 기금 모금 디너파티
1998	개교 15주년 기념 행사, 15주년 기념 문집 〈넓은 길 열린 글〉 발간
1999	김근순 교장 재미한국학교 동북부협의회 회장으로 취임
2000	코리안 퍼레이드 참가, 학부모 교양 강좌, 교사연수회 참가
2001	제1회 영한/한영번역대회 참가, 제19차 재미한국학교협의회 학술대회 참가
2002	P.S. 33로 학교 이전
2003	개교 20주년 기념 행사, 20주년 기념 문집 〈넓은 길 열린 글〉발간
2004	김근순 교장 퇴임식, 김태진 교장 직무대행, P.S. 61로 학교 이전
2005	제3대 김태진 교장 취임, 제1회 동북부 지역 나의 꿈 말하기대회 본교에서 개최
2006	제2회 동북부 지역 나의 꿈 말하기대회 본교에서 개최, 한국학교 가족 잔치, 제1회 졸업생 모국 연수
2007	제4대 최희윤 교장 취임, 제3회 동북부 지역 나의 꿈 말하기대회 본교에서 개최, 제5대 이지선 교장 취임, 학부모 주회 Shin Choi 패션 바자회, 제2회 졸업생 모국 연수
2008	개교 25주년 기념 행사, 25주년 기념 문집 〈넓은 길 열린 글〉 발간, 학부모 주최 도서 바자회, 제3회 졸업생 모국 연수, 3세반 개설
2009	26주년 기념 전자 문집 〈넓은 길 열린 글〉 발간, 제4회 졸업생 모국 연수, 문화체험(김밥/떡 만들기), 성인 한국어반 개설

2010	제6대 송동호 교장 취임, 맨해튼한국학교로 학교명 변경, 27주년 기념 문집 〈넓은 길 열린 글〉 발간, 학부모 주최 바자회, 문화체험(김밥/떡 만들기, 전통놀이 체험), PS 61 다문화 축제 참여, 성인 서예반 개설
2011	P.S. 34로 학교 이전. 교사 주임 체제. 28주년 기념 문집 〈넓은 길 열린 글〉 발간, 학부모 주최 바자회, 문화체험 행사(연 날리기), 한자/국악반 개설, 운동회, 어린이 예술제 및 아시안문화축제 참가
2012	29주년 기념 문집 〈넓은 길 열린 글〉 발간, 학부모 주최 바자회, 문화체험 행사(연, 김밥 만들기), 운동회, 한국학교 가족잔치, 코리안 퍼레이드 참가, 가야금반 개설, 공개수업, 학습발표회, on-line 등록 시작, 뉴욕시 블룸버그 시장과 간담회, 교육인적자원부 장관 표창장 수여(이현규 교감)
2013	제7대 심운섭 교장 취임, 제32회 동화 구연대회, 개교 30주년 기념 문집 〈넓은 길 열린 글〉 발간, 개교 30주년 기념 행사, 학부모 주최 바자회, 운동회, 한국학교 가족잔치, 문화체험 행사(연, 김밥, 태극기 만들기), 학습 발표회, 한국 미술반 개설, 한국 전통놀이반 개설, P.S. 3로 학교 이전, 추석 잔치

현황

최근 3년간 맨해튼 한국학교의 학생 현황은 아래 표와 같다.

학기		전체학생수	부모 중 한 명이 비한국계인 학생 (명) / %
2013	가을	115	59 / 56
2013	봄	167	61 / 40
2012	가을	189	67 / 38
2012	봄	177	69 / 39
2011	가을	186	73 / 39
2011	봄	153	55 / 40

표에서도 알 수 있듯이 최근 3년간 맨해튼한국학교의 평균 학생 수는 160명이며, 부모 중 한 명이 비한국계인 경우 2013년 가을학기에는 절반을 넘고 있다.

교과목

- 한국어: 한국어 수업은 5시간 중 2~3 시간이다. 학생들은 이 시간 동안 한국어로 말하기, 듣기, 쓰기, 읽기 등의 활동을 통합하여 한국어를 배우게 된다. 학생의 연령에 맞는 교육 목표를 설정하여 학생들이 좀 더 즐겁고 유익하게 한국어를 배울 수 있도록 다양한 학습 활동을 구성하여 운영하고 있다.

- 한국 동요: 입문과 기초의 학습 단계에 있는 학생들의 나이에 맞는 한국 동요를 배움으로써 학생들이 음악을 통하여 한국어와 한국의 정서를 같이 배울 수 있게 한다. 한국 동요 수업은 음악을 전공한 선생님을 중심으로 구성되는데, 한국어로 된 동요를 함께 배우고 부르면서 자연스럽게 한국어에 익숙해질 수 있도록 한다.

- 태권도: 한국의 전통 무예인 태권도를 통하여 한국인의 정신과 예절 등을 학생들이 직접 배우고 경험할 수 있도록 수업을 운영하고 있다.

- 한국 무용: 한국 무용 시간에는 한국의 전통 무용뿐만 아니라 한국의 전통 음악에 대하여 배우고, 더하여 학생들이 직접 한국의 전통 악기를 다뤄 보는 시간을 갖는다. 이는 한국의 전통 음악과 무용, 그리고 악기 연주를 통하여 학생들에게 한국 예술 문화에 대한 이해를 돕도록 한다.

- 한국 전통 놀이와 문화: 한국의 전통 놀이를 선생님, 그리고 친구들과 함께 직접 경험할 수 있도록 수업을 구성하여 운영하고 있다. 절기와 명절 등에 따라 한국에서 전통적으로 행해지고 있는 놀이 문화를 배우고, 직접 경험함으로써 학생들이 한국 문화를 몸으로 느낄 수 있는 기회를 가진다.

- 한국 예술과 문화: 한국의 전반적인 미술과 예술 문화에 대하여 미술 선생님과 함께 직접 체험하고 배울 수 있는 수업이다. 학생들은 한국의 전통 문양, 글씨, 조각 등에 대하여 배경 지식을 배운 후에 직접 자신의 작품을 만들어 보는 시간을 갖게 된다. 한국 예술 문화와 관련된 미술 활동을 통하여 학생들은

그 속에 담긴 의미와 정신을 배울 수 있다.

- 이민사, 한국 역사·문화: 현재 맨해튼한국학교에 다니는 많은 학생들이 코리안 아메리칸이다. 학생들은 재미동포의 이민사를 배움으로써 자신의 정체성을 알고 자아를 확립하는 데 도움이 될 수 있다. 또한 한국의 역사와 문화를 배우고 이해하여 한국이라는 나라에 대한 전반적인 이해를 도울 수 있다. 이 수업 시간은 영상 및 사진 자료를 통하여 학생들이 시각적으로 한국 문화에 접근할 수 있도록 하며, 수업 후 느낀 점을 표현하게 하여 한국어 학습과도 연계시키도록 운영하고 있다.

- 성인 한국어: 성인반은 2009년에 개설되었으며, 성인 학생들의 수준에 따라 반을 편성하여 수업을 진행한다. 성인반에서는 말하기, 듣기, 읽기, 쓰기 교육과 문화 교육이 아울러 이루어지며, 학부모들의 호응도가 점차 높아지고 있다.

- 성인 영화반: 성인 영화반에서는 영화를 통해 한국 사회 전반을 이해시키는 데 초점을 맞추고 있다. 영화가 끝나면 그 영화 내용에 대해 자기 의견을 발표하는 시간을 갖는다.

특별활동

- 학습발표회: 매 학기가 끝나는 때에 있다. 학생들은 학습 단계와 연령에 맞는 한국 노래와 율동, 연극 등을 선생님과 함께 선정하여 연습·준비하여 발표한다. 학생들은 학습발표회를 친구들과 함께 준비하는 과정에서 협동심을 기르고 부모님들 앞에서 자신이 준비한 것을 발표함으로써 보람을 느낄 수 있게 된다.

- 동화구연대회: 1년에 한 번 동화구연대회를 개최한다. 한국어로 된 동화를 각 레벨에 맞게 선정하여 선생님과 함께 연습한 후에 대회에 참가하게 된다. 이 대회를 통하여 자신의 한국어 실력에 대하여 자신감을 갖게 되고, 이는 앞으

로 한국어를 배우는 데에도 훌륭한 동기 부여가 된다.

- 문화 체험의 날: 가을학기에는 추석 기념 문화 체험의 날, 그리고 봄학기에는 어린이날과 어버이날을 기념한 문화 체험 행사가 있다. 한국의 고유 명절인 추석에 관하여 전통 놀이, 음식, 책 등을 통하여 학생들이 배우고 나눌 수 있도록 운영하고 있다. 또한 봄학기에는 어린이날과 더불어 어버이날에 대한 의미를 학생에게 가르침으로써 한국의 기념일 및 전통 예절과 부모에 대한 효 사상에 대하여 학생들이 이해할 수 있도록 기회를 마련한다.
- 운동회: 봄학기에 학생과 선생님, 그리고 학부모가 모두 참여하여 신체 활동을 통하여 모두가 하나가 될 수 있는 시간을 마련한다. 학생들은 이 날 다양한 게임과 이벤트에 참여할 수 있다. 한국학교 학생들이 한국학교는 재미있고 즐거운 곳이라고 생각할 수 있도록 구성하여 운영하고 있다.
- 코리안 퍼레이드 참가: 한국의 명절 추석을 기념하여 뉴욕 맨해튼 코리아타운에서 펼쳐지는 '코리안 퍼레이드에 매년 참여하고 있다. 학생들은 전통 의상인 한복을 입고 퍼레이드에 참여하며 외국인들에게 한국과 한국 문화를 알릴 수 있다는 것에 큰 자부심을 느끼게 된다.

조직과 기능

맨해튼한국학교는 학교의 효율적인 운영을 위해 그리고 교사들의 일체감을 높이기 위해 2013년 가을학기부터 학교 조직을 새롭게 만들고 그 기능을 강화하였다.

그 원칙은 다음과 같다.

- 학교의 조직은 수직적 조직이 아니라 수평적 조직이다. 모든 직책과 위원회의 위원은 역할만 다를 뿐 더 중요하고 덜 중요한 직책과 위원은 없다.
- 위원회의 위원장은 교장이 임명하며 교사는 본인이 원하는 최소한 한 개 위원회의 위원이 된다.
- 교사회의와 위원회 참석은 교사의 권리이자 의무이다.

학교의 조직 및 기관은 교장, 교감, 교무, 재무, 교사, 학교운영위원회, 학부모회, 위원회, 교사회로 이루어져 있다. 각 기관의 기능과 역할은 다음과 같다.

- 학교운영위원회: 학사 일정 결정, 예산 및 결산 승인, 기타 학교의 중요 정책 결정
- 학부모회: 학교 행사 참여 및 후원, 기금 모금 후원 외 관련 업무
- 교사회: 학사, 교과 과정, 수업 지도안 외 관련 업무

학교에는 6개의 위원회가 있는데 그 명칭과 주요 기능은 다음과 같다.

- 교무위원회: 학교 및 학사 전반에 관한 정책 수립 및 집행 등 학교 제반 업무 총괄 외 관련업무
- 창의적교육개발위원회: 창의적 프로그램 계발, 발표 외 관련 업무
- 학교관리위원회: 학교 건물 계약 및 관리, 학교 비품 관리, 교과서 및 사무용품 관리 외 관련 업무
- 행사준비위원회: 추석, 코리안 퍼레이드, 종업식 외 학교 행사 관련 업무
- 문집발간위원회: 문집 편집, 출판, 발송 외 관련 업무
- 홍보위원회: 학교 안내 및 홍보, 광고, Web Update, 뉴스레터 발간 외 관련 업무

재정

학교의 재정 수입은 등록금, 재외동포재단 후원금, 뉴욕경제인협회 후원금, 학부모회 후원금, 그리고 개인 후원금으로 충당하고 있다. 주요 재정 지출은 교사 사례비, 학교 임대비, 수업 재료비, 행사비, 문집 제작비 등으로 사용되고 있다. 한국학교가 장기적으로 존속되고 운영되며 발전하려면 재정의 자립도가 매우 중요하기 때문에 각 회계 연도 재정 수입과 지출을 잘 관리하여 한국학교 발전기금을 조성하려고 계획하고 있다.

사례발표

"육개장 맛이 달라요" – 졸업 여행 이야기: 김태진 선생(4대 교장)

"죄송합니다. 개나리반(기초1반)은 정원이 차서 더 이상 받을 수가 없습니다."

"다른 방법은 없을까요? 한국학교에 꼭 입학하고 싶은데요."

"진달래반(기초2반)은 20명 넘게 신청을 해서 한 반을 더 만들었습니다. 일단

진달래반으로 넣으시고 혹 개나리 반에 결원이 생기면 그때 옮겨 드리겠습니다."

"네. 그럼 그렇게라도 해 주십시오."

이번 학기도 유치반은 포화상태다. 그러나 반의 등급이 올라갈수록 학생 수는 줄어든다. 그 감소는 7, 8단계인 고급반에선 더욱 심해져 학생 분포도를 그려보면 피라미드 모형처럼 위로 올라갈수록 급격한 감소를 보인다. 2004년 가을학기, 한국학교 교장이 되고 가장 먼저 눈에 띈 심각한 현상은 고급반 학생의 급감이다. 어릴 때는 부모님 손에 이끌려 별 저항 없이 학교에 오지만, 나이가 들수록 한국어 배우기를 싫어하고 운동이나 음악 등 자신이 하고 싶은 것을 하려는 의지가 반영되면서 한국학교를 멀리하기 시작한다. 게다가 중학생이 되면 특목고 입시를 위해 학원에 가야 하므로 그 숫자는 더욱 줄어든다. 학부모는 자녀와 한국말로 일상대화가 되는 것에 만족하고 한국학교를 포기하지만 솔직히 고급반이라 해도 실력이 좋은 것은 아니다. '땅을 샀어요'의 뜻은 알지만 '대지를 구입했어요'라고 하면 무슨 말인지 모르는 수준이니 8단계를 마쳤다고 해도 이제 겨우 산 하나를 넘은 것이건만 4,5단계를 끝으로 그만두는 학생을 보면 안타깝기 그지없다.

그러나 대학입시를 위해선 한국어보다 영어, 수학이 더 급선무인 것을 어쩌랴. 그러니 고급반 윗 단계로 'SAT II 한국어반'을 만들어 한국어 실력을 더욱 강화하고 싶은 나의 바람은 먼 세상의 일이 되고, 고급반이나마 살려내야 한다는 절실함이 차오른다.

'한국학교를 중간에 그만두지 않고, 꾸준히 다니게 하는 좋은 방법이 없을까?'

'뿌리 교육재단'의 모국 방문 연수생을 선발하는 광고가 신문에 실렸다. '우리 아이들도 이런 연수에 참여하면 교실에서 몇 년을 배우는 것보다 훨씬 효과적으로 한국을 느낄 텐데…' 개인이 아니라 단체로 가면 더 좋겠지? 그래, '졸업여행을 만들면 되겠다. 우선 졸업생들 격려도 되고, 중간에 포기하고 싶은 아이들도 모국 방문의 목표가 생기며 꾸준히 학교를 다닐 테니 고급반 급감 사태는 자연히 해결

되겠지?' 동시에 한국과 한국어에 대한 생각이 달라져 오면 'SAT II 한국어 반 신설도 가능해질 거야. 와! 졸업여행 하나로 내가 꿈꾸는 모든 것을 다 이룰 수 있네. 이거야 말로 일석이조, 꿩 먹고 알 먹고, 도랑 치고 가재 잡기인데….'

"따르릉…."

현실성 없는 혼자만의 망상(?)을 깨우기라도 하듯 전화 벨 소리가 요란하다. '졸업여행을 가려면 만 달러는 필요할 텐데 어디서 그 돈을 구하겠어?'

잠시 구름 위에서 분홍빛 꿈을 꾸다 떨어진 기분으로 전화기를 든다.

"교장선생님, 이번에 '교육재단에서 교포 2세를 위한 모국방문 사업을 실시하고자 합니다. 좋은 자료와 조언 좀 부탁 합니다."

우리 학교를 세운 뉴욕한인경제인협회(이하 경협)의 '교육재단측 전화다.

"네. 마침 저에게 좋은 자료가 있습니다. 검토해 보고 연락드리겠습니다."

전화를 끊는 순간, 단어 하나가 섬광처럼 떠오른다. '졸업여행!'

"그래, '경협 모국 방문사업'을 '뉴욕브로드웨이한국학교 졸업여행'으로 하는 거야. 이건 하늘이 주신 기회야. 꼭 성사시켜야 해."

학교의 당면 문제를 해결할 수 있으리라는 기대와, 언젠가는 2세들을 위한 모국방문 프로그램을 만들고 싶었던 꿈이 성큼 다가온 것 같은 설레임으로 '졸업여행 추진을 위한 나의 머리와 마음은 바삐 움직이기 시작했다. 교육재단 이사회가 있다는 정보를 얻어 기획안을 들고 찾아갔다.

"…이상이 졸업여행으로 고급반 문제를 해결할 수 있는 방안이었습니다.

다음은 'SAT II 한국어반' 신설입니다. 이 반은 한국어 공부 이외에 후배들을 위한 봉사를 계획하고 있습니다. 졸업여행의 효과로 이 반이 운영되면, 동문의 결속력이 강해지고 나아가 미국 내 '한국 커뮤니티'의 성장에 큰 힘을 발휘할 것입니다. 여러분들이 20년 동안 키워온 학교가 200년을 향한 청사진을 그리는데 아낌없는 후원을 바랍니다."

"네, 좋은 생각입니다. 학교발전을 위한 일에 힘을 모아 봅시다. 오늘은 졸업여행 건을 실시하는 것으로 의결하고, 구체적인 사항은 다음 이사회에서 논의하도록 하겠습니다."

마음에 품고만 있던 꿈이 이렇듯 빨리 실현된다는 감격에 목이 메인다. 그러나 2차 이사회 결과, 선발 대상을 11, 12학년에 국한시켰다. 너무 어린 학생들은 안전사고 등 보호에 문제가 많이 생길 것이 우려되었기 때문이다. '한국학교 졸업반은 대부분 7, 8학년인데…. 다시 경협을 찾아가 설득을 했다.

"비록 나이는 어리지만 같이 공부한 친구들과 함께 가는 것이기에 서로 도우며 잘 적응할 것입니다. 이미 졸업한 학생을 보내는 것도 의미가 있겠지만, 학교 발전에 더욱 큰 효과를 발휘할 수 있는 것은 당해 연도 졸업생의 여행입니다. '졸업여행의 그 상징적인 의미가 잘 시행될 수 있도록 도와주십시오."

드디어 허락이 떨어지고 더욱 신이나 졸업여행을 구체적으로 준비하기 시작했다. 모 대학과 연계하여 프로그램을 마련하고자 할 즈음, 한 통의 팩스를 받게 되었다.

'한민족리더십캠프!' 전 세계에 흩어져 있는 교포 2세들과 대한민국 학생들이

참여하여, 서로 우정을 나눔으로써 세계화 시대에 발맞춘 인적 연결망을 형성하는 의미 있고 풍성한 행사다. 행사 내용도 한국어, 역사문화교육 외 각종 대회, 유적지, 산업시설 견학, 해병대 훈련 등 우리 아이들만 연수받는 것과는 비교가 되지 않는 매우 알차고 귀한 경험인 것이다. 그러나 '기간'이 문제였다. 우리가 계획했던 기간은 2주였는데 한민족리더십캠프는 한 달이다. 학부모님들도 불안해하셨고, 마냥 좋아하던 학생들도 '한 달'이라는 소리를 듣자 주춤 발을 뺀다. 모국을 더욱 다양하고 깊게 체험하고 세계 각지의 친구를 만들 수 있는 기회라는 점을 부각시키며 설득하기 시작했다. 학부모님이 하나씩 승낙을 하면서 이제 졸업여행 준비는 어떤 걸림돌도 없이 순조롭게 진행되었다. 마침 한민족 캠프 '뉴욕지부까지 있어 담당자의 구체적인 도움을 받으며 더욱 순항을 한다.

그리하여 2006년 7월 21일부터 8월 18일까지 열리는 한민족캠프를 향해, '뉴욕브로드웨이한국학교 졸업여행'의 첫 테이프를 끊으며 졸업생들은 한국행 비행기에 몸을 싣게 되었다.

덜컥 겁이 났다. 아이들을 격려하러 나간 공항에서 기념사진 찍는 것도 잊을 만큼 내 마음은 불안과 초조함으로 타들어 가고 있었다. 그제야 한 달이라는 기간이 너무 길다는 생각도 들었고, '의욕만 앞서 무모한 짓을 한 것은 아닌가?' 란 후회가 밀려 왔다.

'경협 이사님들 말씀이 옳았어. 그래, 먼 여행을 하기에는 아이들이 너무 어려.'

'행여 아이들이 탄 비행기가 사고라도 난다면? 혹 캠프에서 훈련을 받다 다치는 것은 아닐까? 낯선 곳에 가서 병이라도 나면 어쩌지? 예전 어떤 캠프에선 남녀 학생 사이에 불미스런 일도 발생했다고 들었는데…'

무지개빛 꿈을 갖고 신이 나서 일을 추진할 때와는 달리, 온갖 나쁜 생각이 다 몰려들며 좌불안석이 된다. 물론 보험도 다 들었고, 혹 불상사가 일어나도 주최측이나 학교에 책임을 묻지 않겠다는 보호자 각서도 받아놓았지만 그런 법률적 보호 장치나 서류가 해결해 줄 불안이 아니었다. 한국어 향상, 문화체험, 정체성 확립 등의 거창한 목표는 이미 사라졌고 아이들이 무사히 돌아만 와준다면 아무 원이 없을 정도의 간절함이 매 순간의 기도로 이어졌다.

'무심한 놈들, 잘 있다는 전화 좀 주면 손가락뼈가 부러지나?'

학부모를 통해 아이들이 잘 있다는 소식은 듣고 있지만 연락 한 번 주지 않는 아이들이 야속하기만 하다.

"교장 선생님, 유미예요."

캠프가 거의 끝나갈 무렵, 가장 상급생인 유미에게 전화가 왔다.

"응, 유미구나. 잘 지내고 있니?"

"네. 다른 애들은 모두 개인으로 왔는데, 우리는 단체로 와서 다들 부러워해요. 서로 도우며 잘 지내고 있어요."

"많이 배웠니? 힘든 점은 없어?"

"네. 선생님은 우리들 한국어 실력이 낮다고 걱정하셨지만 우리가 제일 잘해서 브로드웨이한국학교가 유명해졌어요. 그리고 저 '말하기대회'에서 1등 했어요. 상품이 인절미예요. 지금 애들과 나눠먹고 있어요. 모두 먹어 본 떡 중에 제일 맛있대요."

"선생님!"

"응, 영미구나? 잘 배우고 있니? 어디가 제일 좋았어?"

"무령왕릉이요. 미국엔 없는 것이잖아요. 무덤에 가득 넣은 유물도 봤어요. 선생님! 그 무덤을 525년에 만들었대요. 그때 미국은 있지도 않을 때인데…"

아이의 입을 통해 듣는 무령왕릉을 본 감격…. 정확히 연도까지 파악하고 있는 그 아이의 머리와 가슴엔 무엇이 담겨져 있을까?

'엄마! 한국에서 먹던 육개장과 뉴욕에서 먹는 육개장 맛이 달라요. 한국 육개장이 더 맛있는 것 같아요. 좀 덜 맵고….'

교장 선생님, 며칠 전 영미가 저에게 한 말입니다. 영미가 한국음식의 미묘한 맛의 차이를 이야기하다니…. 평소에는 한국에 대한 말만 해도 머리를 저으며 시큰둥했던 아이가 마음의 문을 열고 한국에 대한 인식이 달라져 돌아온 것이지요. 영미에게 나타난 변화는 이것만이 아닙니다. 우선 자신이 한국계 미국인이라는 것을 분명하게 인식했고 그래서 앞으로 한국에 대한 공부를 열심히 하겠답니다. 밤이 늦도록 이야기를 나눌 때도 많습니다. 머리로만 배우던 한국이, 직접 땅을 밟고 보며, 체험을 통해 가슴으로 느껴진 것이지요. 이전과 달리, 영미와 이야기할 때면 마음과 마음이 통하는 것을 느낍니다.

"엄마! 생각날 때마다 조금씩 조금씩 또 얘기할게요."

아이의 마음속에 엄마와 나누고 싶은 뭔가가 가득 들어있다는 느낌, 그것이 주는 기쁨이 저의 하루하루를 행복하게 채워주고 있답니다."

영미 어머님이 내게 편지도 보내주시고 학교 누리집에도 올린 글이다. 무사히 돌아만 와 준다면 원이 없을 것 같던 아이들이 가슴에 보석을 심어왔다는 사실에 감격의 눈물이 흐른다. 그동안의 마음 졸임을 씻어 내리기라도 하듯….

졸업생의 무사 귀환으로 그 어느 때보다 감사하고 감격스런 여름이 가고 새 학

종합

"한국인 정체성 찾아오겠어요"

뉴욕브로드웨이한국학교 모국방문단 결단식 개최

뉴욕한인경제인협회(회장 전병관) 부설 뉴욕브로드웨이 한국학교(교장 김재진) 졸업생 7명은 졸업여름을 겸한 모국방문 연수에 참가한다.

졸업 관계자들과 연수 참여 졸업생 및 학부모들은 13일 경협 사무실에서 결단식을 갖고 성공적인 모국방문 연수를 기원했다.

이날 결단식에서 경협의 전병관 회장은 "경협 교육재단에서 교포 2세들의 정체성 확립을 위한 교육사업의 일환으로 제공하는 이번 연수는 참여 학생들에게 한국의 혼 아닌 한국문화를 이해하고 한민족이라는 정체성을 심어줄 좋은 기회가 될 것으로 기대한다"고 말했다.

한국 문화관광부 후원 영어 캠프와 남가주 한국문화 프로그램이 제휴하는 '한민족 뉴 리더십 캠프'에 오는 23일부터 8월 18일까지 참가하게 될 뉴욕브로드웨이 한국학교

뉴욕브로드웨이 한국학교 졸업생 7명은 오는 23일부터 8월 18일까지 한국에서 열리는 '한민족 뉴 리더십 캠프'에 참여하기 위해 19일 대한항공편으로 출국한다. 사진은 13일 결단식에 참여한 경협 관계자들과 졸업생 및 학부모들.

졸업생들은 오전에는 한국어 수업을 받고 오후에는 각종 활동을 통해 한국문화를 체험하게 된다.

이 캠프는 해외에 흩어져 있는 재외동포 자녀와 본국의 학생들이 서로의 다른 언어와 문화를 나누고

재외동포 2세들은 한국어 혼 아닌 한국문화를 이해하고 한민족이라는 정체성을 확립하는 동시에 상호간 국제 네트워크를 형성해 세계의 주역이 될 수 있는 자질을 성장시키는 목표로 실시하는 범 국가적 행사다.

캠프 참여자들은 각종 활동 프로그램은 물론 문화, 역사 유적지 방문과 함께 삼성, 포항, 현대중공업 등의 주요 산업시설을 경험하게 된다.

경협의 연수 참가 학생들의 왕복 항공권을 제공하고 캠프 참가비용은 무료이다.

한편 23년 전통을 자랑하는 뉴욕브로드웨이 한국학교는 변천훈 유일의 한국학교로 지난 6월 10일 9명의 졸업생을 배출했다. 이중 연수 참가자는 신나미, 이미리, 이주석, 임채리, 장석인, 장석원, 정민구 학생 등 7명이다. 이들은 오는 19일 대한항공 06시편으로 출국할 예정이다.

〈류수현 기자〉

기가 열렸다. 반 하나가 더 생겼다. 'SAT II 한국어반'이다. 졸업생 모두가 등록을 하진 못했지만 반 이상이 등록을 했고 부모님의 강요가 아닌 자신의 의지로 결정한 것이다. 1,2,3교시 한국어 공부를 끝내고 4,5교시에는 실력이 부족한 후배의 개인 교습을 하고 태권도와 무용을 하는 유치반 동생들도 보살펴 준다. 12학년이 된 유미는 개나리반 '보조 교사'가 되어 병아리 같은 동생들에게 사랑을 듬뿍 쏟아준다. 지각이 잦던 유미였지만 일찍 와서 후배들을 맞고 무엇이 그리 불만이었는지 항상 입이 부어있던 영미는 언제 그랬냐는 듯 환한 웃음으로 학교를 밝힌다. 내성적이고 수줍음 많던 미리도 후배들을 가르치며 적극적이고 자상한 선배로 바뀌었고, 개인지도를 하는 준호가 말을 안 듣는다고 힘들어하면서도 후배 가르치는 일을 자랑스럽게 얘기하는 영미였다. 특별교실로 동생들을 인솔할 때면 작은 키도 커 보이는 의젓한 성민이, 유치부 아이들의 고사리 손을 잡고 화장실에 데려다 줄 때는 깍쟁이 같은 희진이도 엄마처럼 푸근해 보인다.

　하교 후 늦게 데리러 오는 학부모를 대신해 후배들과 놀아주는 자상한 선배들

의 모습 위로 반짝이는 가을 햇살이 더욱 아름답게 빛난다. 사랑과 우정이 가득한 공간, 뿌리 깊은 푸른 나무들을 축복하듯이….

사진으로 보는 맨해튼한국학교

맨해튼한국학교는 7일 허드슨 스트리트에 있는 학교에서 'MKS(Manhattan Korean School) 가족잔치 행사'를 개최했다. 이 날 행사에서 학생, 학부모, 교사들의 한국 전통음악 공연과 한국 부채 만들기, 캐릭터 공작 등 다양한 프로그램이 진행됐다. 캐릭터 공작 시간에 어린이와 학부모들이 함께 작품을 만들고 있다.
— 미주 중앙일보, 2013년 12월 10일

올해로 개교 30주년을 맞은 뉴욕 맨해튼한국학교가 지난 14일 '가을학기 종업식 및 발표회'를 열었다. 학생들은 한국 동요와 율동, 한국어 연극, 난타 공연, 태권도 시범과 미술품 전시 등을 통해 학부모와 학교 관계자 등 300여 명 앞에서 그동안 갈고 닦은 솜씨를 뽐냈다. — 미주 중앙일보, 2013년 12월 19일

맨해튼한국학교는 지난 21일 추석 기념행사를 진행했다. 학생들은 이날 각종 전통놀이를 경험하고 송편 등 추석 음식을 직접 만들어보기도 했다. 학생들이 윷놀이를 하며 즐거워하고 있다. – 미주 중앙일보, 2013년 9월 24일

뉴욕브로드웨이 한국학교가 지난 1일 맨해튼 센트럴파크에서 운동회를 열었다. 이날 운동회에는 학생과 학부모 등 250명이 참석했다.
– 미주중앙일보, 2010년 5월 5일

2013년 10월 26일 김상곤 경기도 교육감이 학교를 내방하여 여러 현안에 대해 논의했다.

2 뉴헤이븐한국학교

송미령

개요

뉴헤이븐한국학교는 1976년 5월 코네티컷 한미인회(한인회 전신)의 후원으로 설립되었고 그 당시 한인사회의 중심인 뉴헤이븐 한인교회 성도들이 중심이 되어 개교를 하게 되었다. 그 당시 코네티컷 중남부 지역에는 교회도 뉴헤이븐 하나밖에 없어 선생님들도 학생들도 거의 뉴헤이븐 교회의 일원이었고 예일대학이 옆에 있어 대학원생들도 교사로 봉사해 주었다. 특히 초대 교장을 맡은 윤상순 장로는 맨해튼에 유일하게 있었던 맨해튼교회의 윤응팔 목사님(1946-1964시무)의 부인으로 한국전쟁이 나자 그 당시 예일대학에서 미선교사들, 정부요원들, 미 공군들에게 12년간 한국어를 가르치게 된 것이 계기가 되어 은퇴 후 뉴헤이븐 한인교회(1973년 창립)의 주일학교 교장을 맡고 있었는데 본 한국학교 교장도 맡아 주었다.

그때부터 뉴헤이븐한국학교는 예배 후 교회 교실을 사용했지만 독립적으로 운영을 해왔는데 10년 전 교회 장로님이었던 이사장님께서 한국학교 운영의 어려움을 절감하고 교회의 도움(일부)을 얻어 운영하기로 결정하여 지금에 이르고 있다. 25년 정도는 뉴헤이븐 한인교회 교실에서 오후에 한국학교 수업을 했으나 점차 교인도 많이 늘어나고 자연히 학생들도 많이 늘어 10년 전부터는 바로 옆에 있는 미국교회 교실을 빌려 운영하고 있다. 처음에는(20년 전) 한국정부 차원에서 뉴욕영사관을 통해 미세하게 보조를 해주었으나 얼마 전부터는 재외동포재단을 통해 보내오는 보조비가 학교운영에 큰 도움이 되고 있다.

2016년에는 뉴헤이븐한국학교도 개교 40년이 된다. 그동안 우리의 자녀들에게 한국어와 한국의 얼을 심어주기 위해 밑거름이 되어준 모든 선생님들과 부모님들, 이사진들에게 감사를 드리며 한인 이민 2세들의 미래를 위해 끊이지 않는 관심을 가져준 한국정부(뉴욕영사관, 교육원, 재외동포재단)에 감사를 드린다.

연혁

- 1976년 5월 10일: 뉴헤이븐 지역 한미인회(코네티컷 한인회 전신)의 후원으로 설립
  7월 11일: 교사 3명과 학생 23명으로 개교함(전 뉴헤이븐 한인교회 사용)
  초대교장: 윤상순, 교무: 민일미, 초대 이사장: 이홍만(5명의 이사)
  9월: 정식으로 등록 받음(교사 4명, 학생 29명)
- 1981년 5월: 2명 졸업
- 1983년 9월: 교무 임재일
- 1984년 9월: 이희종 이사장 취임
  9월: 교무 이종임, 회계 임재일
- 1984~85년: 재미한인학교협의회 가입
- 1988년: 재미한인학교 동북부지역협의회 가입
  회계 손정식
- 1992년 3월 7일: Yale 음대 박사과정 음악인들이 참여한 장학 음악회 개최
- 1993년 5월 1일: 우리 학생들(음악학도) 구성으로 장학 음악회 개최
  8월: 윤상순 교장 신병으로 사임
  9월: 이종임 교장 대리

- 1994년: 이종임 교장 취임
- 1995년: 교무 정성숙
- 2000년 10월: 정근삼 이사장 취임
- 2003년: 박종복 이사장, 차용범 교장 취임
- 2006년: 손평식 이사장, 이종임 교장 복귀
- 2009년: 교무 최정연
- 2011년: 35주년 기념 음악회

현황

1. 교육목표

뉴헤이븐한국학교는 우리 자녀들에게 한국어와 한국문화를 가르침으로 미국 사회에서 한국인의 긍지를 가지고 차세대 리더로 살아갈 수 있도록 한다.

2. 교육과정 및 시간

- 1학기(9월중순~12월중순): 한국어, 역사/문화, 전통음악, 전통미술, 동양화
- 2학기(1월중순~5월초): 한국어, 역사/문화, 전통음악, 전통미술, 서예
- 절기행사: 추석잔치, 설날잔치, 성탄파티, 가을운동회, 종업식 및 학예발표회
- 시간: 주일 오후 2시~4시(한국어: 1시간 30분, 음악/역사문화 : 30분)
- 학습구성: 유치반, 초등1·2·3·4·5·6반, 중등반, 고등반, 한글기초반

3. 학교 조직

- 이사회　　・학부모회　　・교사회

4. 재정(수입 및 지출, 교사대우 등)

• 등록금   • 교회보조   • 재외동포재단 보조 등

5. 학사일정(2014년 봄학기)

1월 19일	개학식/한국어
1월 26일	한국어/역사,문화
2월 2일	설날잔치
2월 9일	한국어/역사,문화
2월 16일	한국어/역사,문화/서예(초등5.6반)
2월 23일	한국어/역사,문화/동양화(중·고등반)
3월 2일	한국어/역사,문화/미술(유치반/초등1반)
3월 9일	한국어/역사,문화/미술(초등2반/초등3반)
3월 16일	한국어/음악/미술(초등4,5반/한글기초반)
3월 23일	한국어/음악/미술(초등6반/중·고등반)
3월 30일	한국어/음악
4월 6일	한국어/음악
4월 13일	한국어/음악
4월 20일	부활주일 (휴강)
4월 27일	한국어/음악
5월 4일	2014년 종업식 및 학예발표회

뉴헤이븐한국학교의 자랑 및 특색

1. 단소 배우기

2. 학생 작품

3. 설잔치

4. 졸업생들의 회고의 글

• Jennifer Seung-Yon Lee Gentner(현재 40대)

As I look back on my experience at the New Haven Korean School, I feel very grateful for its existence. Not only did I learn how to read, write and converse, but I learned about many facets of the Korean culture. Through stories I read, I learned about Korean history and life in the old days. When teachers shared their stories and experiences, I learned about other peoples lives other than those of my parents and relatives. I was also exposed to Korean art such as calligraphy brush painting and music. Most importantly, the New Haven Korean School provided an opportunity to connect with other Koreans. Growing up in CT in the 1970s and 1980s and 1980s, most of us lived in communities where we were one of the very few Asians in our schools and perhaps the only one. The friendships that I had with other Koreans my age were critical to shaping my identity··· my Korean American identity. Knowing the Korean language helped to solidify those connections at church and throughout my life thus far.

Special thanks to the former and current board members, dedicated teachers and supportive parents who believe so wholeheartedly in maintaining the legacy of the school.

Congratulations on your first 30 years! My hope is that this school will continue to teach and celebrate the Korean language and culture for years to come.

• Michael Junghahn Moon(현재 40대)

As I have been away from Connecticut for the past 15 years, I am happy to learn that the New Haven Korean School continues to educate Americans in Korean language and culture. It is truly amazing to know that this program has survived 30 years in an area with a relatively small, Korean-American population. No doubt, this is evidence of the themselves to better challenging students. When I think about how reluctant I was to attend classes, and how mischievous I was, in hindsight, I am so appreciative of the patience and dedication of the teachers and the perseverance and wisdom of my parents to provide me the opportunity to learn Korean.

In celebrating this milestone for the New Haven Korean School, I wish much continued success for the program, its teachers and students, both today and tomorrow.

• Sandi Soo-Yon Lee Shim(현재 30대)

Korean School was a very valuable experience for me. Though at the time I did not realize how much this knowledge would benefit me, I am now grateful. I took classes for many years during which I learned to read, write and speak Korean. It was an investment of time and energy but the effort paid off.

The greatest value of these classes was being able to communicate with my grandparents. I am grateful for the barriers we overcame with my ability to speak with them.

During one of my visits to Korea to see them, I spent a summer teaching English to elementary school kids. Every day I traveled by subway to get to work. I was able to read signs for the train and the bus and get around the city independently. I had the time of my life and I am grateful that my family trusted my languge ability to travel on my own.

Though it has been many years since, I have retained my knowledge. I am able to communicate with my husbands parents and grandparents. I am proud to be able to speak with them clearly and respectfully. Korean school has allowed me to learn more about my heritage, travel to my native country, and represent a part of who I am as a Korean-American.

• 최환석(현재 30대)

Hindsight is always 20/20, and my realization of how invaluable knowing Korean is no different. I have attended Korean School at NHKC from elementary to high school. It wasnt my preference to spend a couple hours every Sunday reading through Korean textbooks. I wanted to do what every child wants to do – play. Little did I know that I would be appreciative of the weekly grind that I tried so hard to get out of during my childhood years.

Being able to read, speak, and understand Korean has allowed me to communicate effectively not with just my parents, but also with my grandmother. I have been able to minimize miscommunication and frustrations the inability to properly communicate can bring. I have also been able to better connect with peers who came over from Korea.

Knowing how to speak, read, and write is definitely a blessing that I have taken for granted growing up. It was only after high school that I realized just how much it meant to me. I use it daily with the people that matter to me most-friends and family. A big portion of the music I listen to is in Korean. Its a huge part of who I am and I cannot imagine my life not being able to speak of understand it. Likewise, I have never met anyone who regrets knowing a second (or third) language, especially one spoken in ones native country.

• 홍지원(현재 30대)

Ive learned over the years how important ones heritage is. Being a Korean in America is something that can be terribly difficult, allowing one to simply fall away from their cultural roots. However for me I was fortunate enough to have parents who cared about the importance of my identity, and with their desire for me to be rooted in my heritage they enrolled me into the Korean language school at New Haven Korean School. Of course as any child would, at my early age I viewed the time from 2:00 to 4:00 after church simply as something completely incorrect.

What we learned in these classes was something that we could keep, cherish, use, and pass on. What we learned in these classes differed from what we learned in school because not only did it teach us about a history or language, it taught us who we are. My classmates were comprised of my closest friends; my teachers were parents we knew and were fond of. My classmates, who were the same every year, turned out to be my best friends and also my groomsmen. Some of our fondest memories here at New Haven Korean School have been memories created during our class time at Korean School, memories that we still talk about to this day. I remember each and every one of the teachers Ive had, all of them being a parent of a friend of mine. My classmates and I were a rambunctious group, but all the teachers weve had held their patience with us and taught us with the care and love as if we were their own.

By the time I graduated I learned that Korean School is much more that a classroom or school on a weekend. It was a place that allowed me to hold onto one of the most important parts of being Korean, my own language, it was a place that I was able to spend time and create memories with my closest friends, it was place that felt like family. I will always be thankful for the opportunity I was given to be a graduate of the Korean School at New Haven Korean Church. I will be sure to pass along what I learned to my future ahead.

학생이 쓴 시 '고요한 밤'
– 고등반 서부교(현재 20대)

어두운 밤하늘의 별은
까만 천장에 뿌려진
은빛 물감 자국 같다.

부드러운 바람이 불어 와
나의 영혼을 순수하게 만드는
이 평화로운 밤.

멀리서 들리는
귀뚜라미의 노래는
지친 내 마음을 회복시킨다.

나의 고요한 밤 …….

아름다운 달빛이
반짝이는 별빛이
바람처럼 스쳐간다.

3 AWCA 엔젤입양인한국학교

제미경, 최예경, 김진홍

개요

엔젤스쿨은 입양인 한국학교의 이름이다.

ANGEL은 Adoptees Network for Good Education & Leadership의 앞 글자를 모아 만든 이름이다.

2003년 메트로 뉴욕지역 자비량 선교단체인 뉴욕미션하우스(대표 김진홍 목사)가 성인입양인단체인 AKA(Also-Known-As)의 협조로 주로 북부뉴저지 지역에 거주하는 한인 입양아를 둔 부모들을 주축으로 해서 시작된 것으로 1년 가까운 준비과정을 통해 2004년 3월 13일에 첫 수업을 시작했다. 주로 뉴저지에 거주하는 한인 입양아들과 그 가족(부모 및 형제)들을 대상으로 일주일에 한 번씩 만나 한국어와 한국문화를 체험하는 한국학교가 되었다.

기원

엔젤학교의 첫 수업은 2004년에 시작되었지만 그 시작점은 꽤 많은 시간을 거슬러 올라간다. 미 서부·중부 지역에서 80년대에 21세 이상의 성인이 된 입양인들의 부모 찾아주기를 하던 김진홍 목사가 뉴저지 프린스턴 지역에서 90년대 초 입양인 한국문화학교를 시작했다. 그 후 도시 복지선교를 목적으로 설립된 뉴욕미션하우스에서 1997년도에 뉴욕 맨해튼에서 그 시기에 결성된 뉴욕 지역의 성인 입양인 단체인 AKA와 더불어 차세대 입양인을 위한 프로그램(AMCI: American Multi-Cultural Institute)의 일환으로 성인 입양인 학교를 처음 시작한 것이 그 모태가 되었다.

맨해튼에서 처음 시작한 성인 입양인 학교는 성인 입양인들을 모국에 대한 정체성 교육을 통해 미국 사회에 리더로 키워나가자는 취지와 노력으로 많은 커뮤니티의 리더들이 배출되어 현재 미주 13개 지역에 AKA 그리고 KAAN(Korean-American Adoptees Network) 등의 단체들이 결성되어서 활동하고 있다.

이러한 역량을 바탕으로 입양인들에게 모국에 대한 정체성 교육의 효율성을 극대화시키기 위해선 어린 입양아동들과 그 미국인 부모 및 형제, 친척들에게 교육의 기회를 제공하는 것이 중요하다고 판단하여 2003년 봄부터 뉴저지 북부지역과 뉴욕 롱아일랜드 지역의 입양인 아동과 입양인 가족을 위한 학교 설립을 추진했다.

그 결과 맨해튼 입양인 학교 출신이며 보스턴 지역 입양인 단체를 설립한 AKA의 리더 중 한 사람인 Mark Fermi와 그가 평상시에 가깝게 지냈던 OAK라는 뉴저지 소재 해외 입양인 단체의 몇몇 입양인 가족의 적극적인 참여로 그 이듬해인 2004년 봄 뉴저지에도 입양인 학교를 시작하게 되었다. 성인 입양인을 위한 것이 아니라, 입양인 가족과 입양인 아동들을 위한 학교였기에 학교이름을 엔젤(ANGEL)로 명명했다.

그래서 2004년 3월에 뉴저지 Ridgefield Park에서 학생 25여 명과 자원 봉사자 선생님 10여 명으로 그 첫 학기를 시작하였고, 둘째 학기부터는 당시 뉴저지 Teaneck에 새 회관을 마련한 AWCA 측의 적극적인 배려로 티넥 소재 AWCA 새 회관으로 수업 장소를 이전했다. 그 후 8학기가 진행되는 동안 AWCA는 물심양면의 배려를 넘어서 입양인 복지에 대한 지대한 관심과 참여로 떼려야 뗄 수 없는 파트너 관계가 형성되었고 자리가 잡혀가는 프로그램은 그 지역의 파트너 단체가 인수한다는 뉴욕미션하우스의 운영철학과 학교의 체계적 운영과 미래를 위해 2008년 가을부터 AWCA 산하 정식프로그램이 되었다.

AWCA와의 연결

Asian Womens Christian Association은 34년 전 미국 뉴저지주에 이민 온 여성들에 의해 만들어진 여성 봉사단체로 처음에는 주부 클럽으로 시작해 뉴저지 YWCA로 활동하다 Y의 첫 글자를 Asian의 A로 바꾸고 지역사회에 봉사와 교육(Serving for the Future)을 중점으로 현재 가정상담소 시니어센터(한·중·일), 평생교육원(성인대상), 사회복지서비스, 엔젤입양인학교, 아이소리모아 어린이 합창단(6~12세), 홈케어서비스, 저소득층 가정의 자녀들을 위한 SAT 무료클래스를 운영하고 있다. AWCA의 이사회는 전부 여성으로 이루어져 있으며 각종 행사를 통해 기금모금을 원칙으로 운영자금을 조달하고 있다.

엔젤스쿨은 AWCA가 후원하던 프로그램 중의 하나로 장소와 기금을 지원받아오다 학교의 좀 더 체계적인 운영과 미래를 위해 엔젤스쿨 운영진과 AWCA 이사회가 회의를 거쳐 2008년 가을부터 엔젤스쿨을 AWCA 산하 정식프로그램으로 운영하기로 합의했다.

AWCA 엔젤입양인한국학교

엔젤스쿨이 AWCA의 정식 프로그램이 되면서 한국정부가 한글교육을 위해 재외동포들에게 제공하는 지원금을 수령하는 과정에서 이름을 AWCA 엔젤입양인한국학교로 재등록하고 정식 토요 한국학교로서의 프로그램을 진행하고 있다.

1. 엔젤스쿨의 학생은 누구인가?

엔젤입양인학교에는 말 그대로 한국에서 아이를 입양해 뉴저지와 뉴욕에 거주하는 입양가족들이 학생으로 등록한다. 학생 등록을 할 때는 아이들만이 아니고 부모가 함께 학생으로 참여해 아이들과 성인반을 함께 진행한다. 아이들이 학생으로 등록할 수 있는 나이는 4살부터이며 그 이하의 어린이들은 부모가 함께 돌봄을 조건으로 참여가 가능하다.

입양아 가정 가운데 한국에서 아이들을 형제 혹은 남매로 입양한 가족들이 많지만 입양부모가 낳은 자녀들이 있는 상태에서 아이를 입양해 키우는 가정들의 경우 그들의 형제, 자매가 함께 와서 학생으로 참여를 하고 있다.

AWCA 엔젤스쿨의 가장 큰 특징이라면 입양된 아이들이 태어난 나라의 언어와 문화를 함께 온 가족이 배우면서 아이들을 낳아준 부모와 한국에 대한 지속적인 관계를 만들어 주려고 노력하는 부모들이 참여하는 곳이며 가장 가족적인 한국학교가 아닐까 싶다.

2. 엔젤스쿨에서는 무엇을 배우나?

엔젤입양인한국학교는 1년에 봄학기와 가을학기로 나누어 진행된다. 봄학기는 보통 2월 말에 개강해서 6월 중순에 방학을 하고, 가을학기는 9월초에 개강을 해서 12월 중순에 방학한다. 학기별로 10번의 수업이 진행되며 1년 동안 모두 20번의 수업이 진행된다. 수업은 대개 격주로 진행되며 시간은 오전 10시부터 12시까지 2시간 동안이다. 개교 초기에는 매주 9시부터 12시로 3시간씩 수업을 하다가 2009년부터 격주로 토요일에 진행을 하고 있는데 매주 학교를 오픈하지 않는 이유는 학부모들의 요청에 의한 것이다.

엔젤입양인학교의 학부모들은 매주 토요일에 학교를 갈 경우 아이들의 예체능과 관련된 다른 프로그램 참여나 기타 취미생활을 할 수 없기에 격주로 토요일에 하기를 원하여 2009년 봄학기부터 진행을 하고 있다.

엔젤입양인학교의 수업은 1교시는 한글을 배우고 익히는 시간으로 교재는 재외동포교육진흥재단에서 출판된 한글학교 학생용 교재 '한글기초'를 단계별로 사용하고 있으며 성인반의 경우 교사들이 만든 생활용 교재를 통해 보다 실생활에 적용되는 한글수업을 하고 있다. 두 번째 시간에는 한국문화 클래스로 아이들과 어른들이 모두 함께 모여 역사, 미술, 요리, 음악, 댄스, 각종 만들기, 소풍 및 견학 등으로 구성된다. 한 학기에 한 번은 반드시 야외 견학이나 소풍을 가는 것을 원칙으로 하며 주로 한인 마트나 한인 식당, 한국의 것을 볼 수 있는 박물관이나 개인 집을 방문하며 가을에는 맨해튼에서 열리는 코리안 데이 퍼레이드에 참석해서 엔젤입양인학교 학생들과 교사, 자원봉사자들이 함께 맨해튼 브로드웨이 거리를 함께 행진하고 맨해튼 32가의 한인식당가에 가서 한국음식으로 점심을 함께한다.

3. 엔젤입양인한국학교와 다른 한국학교의 차이는 무엇인가?

엔젤입양인학교는 다른 한국학교와 같이 매주 토요일에 수업을 하지 않기 때문에 학생들의 수업진도나 한글을 배우고 익히는 사용도 면에 있어서 취약하다고 할 수 있다. 학업의 결과를 놓고 볼 때 이론적인 면에서 전체 수준이 떨어지는 것이 현실이지만 입양인학교 부모들의 생각과 바람은 자신의 아이들이 한 달에 두 번 한국학교에 와서 자기와 비슷하게 생긴 사람들을 만나고 한국음식을 먹고 한국이란 나라에 대해 낯설지 않게 배우며 알아가는 데 목적이 있기 때문에 학교 측에서는 가급적 부담을 주지 않는 선에서 수업을 이끌어 나가고 있다.

반면에 한국의 문화를 체험하는 문화수업 시간에는 부모들과 아이들의 관심도가 더 큰 상태이다. 주로 가장 좋아하는 시간이 한국의 요리를 직접 만들고 배우는 요리클래스와 견학, 소풍이다.

4. 교사진은 어떻게 구성이 되나?

엔젤입양인학교의 교사는 책임 간사인 Director한 사람만을 제외한 모든 교사가 봉사하는 것을 원칙으로 하며 아이들의 멘토링을 위해 고등학교 8학년 이상 학생들을 보조교사로 해서 각 클래스마다 한 명 내지 두 명씩 배치가 되어서 교사를 돕고 어린 학생들을 돌보는 역할을 하게 한다.

보조교사제도는 개교 후 바로 다음 학기인 둘째 학기부터 도입되었다. 개교 당시 학생 25명에 선생님 10여 명으로 시작했지만, 첫 학기를 치르면서 맨해튼의 성인입양인학교와는 달리 어린 입양아동들과 미국인 부모들에겐 학생 1명당 교사 1명씩이 붙는 소위 맨투맨 방식의 교육이 절실하다는 것을 깨달았고 더욱이 어린 입양 아동들에겐 한국문화에 익숙한 한인 1세 선생님들보다 그들의 미국 학교생활을 잘 이해해 줄 수 있는 그들 또래의 언니·형들이 필요하다는 점이었다. 아울러 멘토링을 담당하는 고등학생 보조교사들에게도 자신의 한인이민자로서의 정체성 개발과 리더십 형성 그리고 무엇보다도 가정의 의미를 배우는 귀한 기회가 되고 있어 학교에서는 늘 봉사희망자의 대기명단(waiting list)이 길다.

교사들은 다른 한국학교에서의 유경험자를 대상으로 우선 선발하며 보수가 주어지지 않고 봉사로 진행되는 점을 고려해 항상 대신 할 수 있는 교사들을 확보·훈련하는 것이 어렵지만 현재 그렇게 진행되고 있다. 엔젤입양인 한국학교에서는 정교사나 보조교사나 누구든지 선발과정에 인터뷰 과정을 중요시해 경험이 있다고 누구나 쉽게 교사가 될 수 없게 하는 것이 이곳의 규칙이자 어려움이다.

현재 모두 8명의 교사들이 정교사로 10명의 학생들이 보조교사로 봉사를 하고 있으며 교사들에게는 1년에 한 번 정도 감사의 표시, 보조교사 학생들에게는 자원봉사 수료증을 수여하고 있다.

5. 특별행사는 무엇이 있나?

엔젤입양인 한국학교에서는 개교 이후 학생들의 모국방문을 추진해 지난 2009년 16명의 학생들과 부모들이 10박 11일의 일정으로 한국을 다녀왔다. 이를 위해 AWCA에서는 카네기 홀에서 '엔젤입양인 한국학교 모국방문을 위한 기금 모금 음악회'를 개최해 학생들과 부모들이 한국방문을 적은 비용으로 할 수 있도록 도왔다. 이때는 방문학생들이 항공비만 지불하고 모든 비용을 AWCA에서 지원했으며 엔젤에서 학교설립 당시부터 수년간 일하다 귀국하신 목사님의 한국교회에서 숙소, 차량, 일부 경비 등의 지원을 받았고 한국입양인협회와도 연결해서 하룻밤 한 가정씩 민박을 하기도 했다. 차기 모국방문은 적당한 연령에 이른 학생들의 수가 채워지는 2015년경으로 계획하고 있다. 모국방문 외에 여름방학 기간 중 Home Coming Picnic Day와 주로 가을에 있는 ANGEL NIGHT Concert가 있다.

6. 엔젤입양인학교의 청소년들은 어떻게 배우나?

뉴저지주에는 공식적인 기록으로 한국에서 입양된 가정이 3천 가정이 있다고 한다. 지역이 크다 보니 지역별로 입양인 모임들이 많고 교회들에서도 한국학교 스타일로 진행하고 있다. 이제 10주년을 맞이한 엔젤입양인학교는 어느새 개교 초기 어렸던 아이들이 자라 험난한 십대 청소년기를 보내게 되었고, 특히 2009년에 처음으로 한국방문을 한 10대들 중 일부는 20세 청년이 되어 대학에 진학했다.

성장을 위한 고통(growing pain)이란 말이 있듯이 10대란 누구에게나 힘든 기간이겠지만 피부 색깔, 생김새 다른 입양 부모, 형제, 학교환경 등으로부터 완전히 동화되지 못하고 오히려 이질감이 커져갈 수밖에 없는 한인입양인 10대 그 힘든 시기에 도움이 되기 위해선 유년기부터 바람직한 정체성 형성을 준비해 갈 수 있도록 도와주어야 한다는 것이 엔젤학교의 설립 당시부터의 비전이다. 그리고 그 어려움은 한인입양아 스스로만 겪는 것이 아니라 입양한 가족들, 특히 부모들도 함께 겪기 때문에 부모 역시 엔젤학교의 학생으로서 함께 배우고 이 시기를 준비하는 것이다. 그런데 무엇보다 지난 모국방문을 통해 한국을 다녀온 학생 가운데 한 명이 한국을 심하게 그리워하는 마음이 청소년기와 맞물리면서 입양 어머니의 마음고생이 컸었다. 지금은 그 시기를 잘 넘기고 훌쩍 성숙한 모습을 보이고 있다.

엔젤스쿨은 아이들이 점점 자라면서 그들이 겪게 되는 정체성의 혼란을 최소한 줄여보고자 청소년들을 위한 프로그램을 한 달에 한 번 따로 진행을 하면서 십대들의 나이에 맞게 프로그램을 진행하고 있다. 더불어 AWCA가 하는 다양한 행사 때마다 엔젤입양인 학생들이 참여의 폭을 넓혀 구성원으로서 자신감을 가질 수 있도록 봉사의 장을 제공하고 있다. 더불어 입양아 형제자매를 두게 된 가정의 형제나 자매들에게도 그들의 동생들이 태어난 나라를 좀 더 잘 알 수 있도록 기회를 갖게 노력하고 있다. 그 첫 번째 예로 2010년에는 입양아 가정의 형제 가운데 한 명이 한국의 연세대학교 어학당에서 장학금을 받으면서 한국프로그램에 직접 참여하기도 했다.

7. AWCA 엔젤입양인학교의 미래는?

AWCA는 한국에서 입양되어 뉴욕과 뉴저지에서 새아버지, 어머니, 형제, 자매, 혹은 입양아들로만 구성된 형제자매가 된 아이들에게 든든한 힘이 되어주기를 소망한다.

미국의 정서상 대학만 들어가면 각자 독립해서 살아나가는 구조 속에 성인입양아로서 실패를 겪는 경우가 많이 있는 것을 볼 때 AWCA 엔젤입양인학교의 미래는 여기서 어린시절을 보낸 경우가 고향과 같은 존재로 힘이 되어주고, 위로가 필요할 때는 위로를 해주고, 상담이 필요할 때는 상담을 해 주며 직장이 필요할 땐 그들에게 정보를 제공해 줄 수 있는 든든한 백그라운드가 되어 주고자 한다.

상대적으로 입양 부모들에게도 입양부모로서의 입장을 함께 나누고 고민하며 해결해 주는 편안한 가정과 같은 학교를 제공해 주고 싶다. 아울러, 10주년을 맞으며, 이벤트 중심이 아닌 상설(on-going program) 교육기관으로서 그 교육의 질을 높이기 위해서, 그리고 계속해서 타 지역에서도 제2, 제3의 엔젤입양인학교가 만들어질 수 있도록 커리큘럼 연구 및 외국인을 위한 한글교육 교재 개발 및 각종 입양인 관련 자료들을 모아서 교육 자료로 만들어야 하는 일 등의 필요성을 절실히 느낀다. 앞으로 엔젤입양인학교가 뉴저지 한 지역에만 머물러 있는 것이 아니라, 처음 시작한 학교의 철학 그대로 미국 전역, 그리고 한국과 네트워크를 형성하여서 미국 사회뿐만 아니라, 글로벌 커뮤니티의 리더를 만들어 갈 수 있는 귀한 학교가 되기를 바란다.

8. 재정지원은 어떻게 해결하나?

엔젤입양인학교는 기본적으로 학생들이 내는 수업료가 큰 액수는 아니지만 학기별로 학부모들이 부담하며 한국정부에서 소액이지만 1년에 한 번씩 지원금을 받고 있다. 그 외에는 모두 AWCA에서 자체 기금모금 행사를 통해 필요한 기금을 모금하고 개인후원자를 통해 진행을 하고 있다. 가능하면 입양인 부모들로 구성된 학부형회에서도 모금에 참여할 것을 늘 권장한다.

9. 엔젤입양인한국학교 부모들은 프로그램에 만족하나?

엔젤입양인한국학교에 나오는 부모들은 참 존경스럽다는 생각을 한다. 가슴으로 아이를 낳은 부모들이 그 바쁜 토요일에 집에서 쉬고 싶은데도 아이들을 한국학교에 데리고 와서 수업을 함께 들으며 시간을 함께 한다는 것이 얼마나 어려운 일인가를 알기에 그러한 부모를 만난 아이들이 다행스럽고 한편으로 마음이

놓인다. 또한 분명히 입양을 했음에도 피부 색깔과 생김새가 다른 데도 불구하고 부모와 입양자녀가 닮았다는 사실이 참으로 놀랍기도 하며 기쁘기도 하며 동시에 낳은 것보다 기르는 정이 얼마나 인생에서 중요한가를 일깨워 주는 것임을 깨닫는다.

엔젤학교에서는 1년에 한 번씩 학부모들로부터 설문조사를 실시해서 그들의 평가와 바람을 듣는다. 이 설문조사는 학교 측이 아니라 학부형 회장이 주도해서 실시하도록 한다. 대개는 설문 내용도 학부형회가 스스로 만들고 응답내용을 모아서 분석하는 작업까지 다 스스로 한다. 그럼에도 불구하고 천사 같은 사람들이어서인지 개교 초부터 지금까지 늘 고맙다는 말과 만족한다는 의견이 주를 이룬다. 학교를 준비하고 운영하는 우리는 늘 부족하고 헛점 투성이인데 고마워하고 시정을 기다릴 줄 아는 그들의 인내가 우리로 하여금 용기를 주고 배우게 한다. 엔젤스쿨은 그 주인공인 어린 입양아들이 천사들이고 그들을 아무런 조건 없이 사랑해주는 입양부모와 형제들이 천사들이고, 바쁜 이민생활 속에서도 귀한 토요일을 내어 놓는 봉사자들이 천사들인 곳이다. 이 천사들의 행진이 우리 한인 이민사의 큰 주춧돌의 하나가 되기까지 계속되기를 염원한다.

끝으로 엔젤입양인 한국학교의 한 부모가 쓴 글을 함께 나누고자 한다.

이 부부는 한국에서 남자 아이 두 명(이름: 빈, 하늘이)을 입양해서 키우고 있다. 평상시 학교에서 보면 둘째 아들 하늘이가 항상 엄마에게 붙어서 떨어지지 않고 늘 엄마만 찾는 아이였다. 어느새 자라서 이제는 어린이반에 들어가 한글을 배우고 있다.

"엄마 나는 엄마 뱃속에서 자랐어?"

사랑이란 빈과 하늘이의 잘생긴 웃는 얼굴을 보면서 삶이란 완전한 것이라고 느끼는 것이다.

사랑이란 아침에 침대에서 빈과 하늘이를 껴안고 나 자신에게 "이곳이 세상의 천국이야."라고 말하는 것이다.

사랑이란 내가 일에서 돌아올 때에 하늘이가 문가 쪽으로 달려오면서 "엄마 너무 너무 보고 싶었어."라고 힘차게 외치는 것이다.

사랑이란 빈이가 냉장고에 있는 상상할 수 있는 모든 식재료를 사용해서(감자칩까지) 침대 속의 나에게로 아침을 만들어서 갖다 주면 "지금까지 먹어본 중에서 제일 맛있는 식사야."라고 생각하는 것이다.

사랑이란 반 고흐의 어떤 작품보다 뛰어난 빈과 하늘이가 학교에서 만든 작품을 가지고 집을 장식하는 것이다.

사랑이란 입양한 아빠가 요리를 가르쳐 주었고 생모가 식당을 하기 때문에 빈이가 이 다음에 자라면 요리사가 되고 싶어하는 것이다.

사랑이란 하늘이가 잠이 들 때 나의 손을 잡는 것이다.

사랑이란 빈이 한국아이로 태어났고 이탈리안과 아이리시계 미국인 가정에 입양되어 자기 스스로를 '코탈리시(Kortalish)'라고 부르는 것이다.

사랑이란 하늘이가 노래를 부를 적에 세상에서 가장 달콤한 목소리라고 생각하는 것이다.

사랑이란 빈이 "엄마, 우리 얘기 좀 해."라고 할 때 그 대화가 세상에서 제일 아름답다고 생각하는 것이다.

사랑이란 애들이 한국 아이들이기 때문에 한국문화를 배우고 한국영화를 보는 것이다(물론 영어 자막과 함께).

사랑이란 배를 타고 맨해튼에 있는 Korea town에 가서 만두를 먹는 것이다.

사랑이란 6년 동안 시도함에도 아직도 한글을 못 읽으면서도 빈과 하늘이 그들의 문화를 배우고 한국 사람들과 시간을 같이 보낼 수 있도록 토요일에 한국학교를 가는 것이다.

사랑이란 빈과 하늘이 울 때 껴안아주고 뽀뽀로 그들의 아픔을 날려 보내주는 것이다.

사랑이란 빈이 일요일 아침 7시에 일어나서 내 생일 케이크를 구워주고 하늘이가 icing 을 도와주면서 종아리에까지 초콜릿을 묻히는 것이다.

사랑이란 맨해튼의 Korean Parade에서 우산도 없이 비를 맞으면서도 자랑스럽게 행진하는 것이다.

사랑이란 한국 콘서트에 가서 하늘이는 내내 자고 나는 한마디도 못 알아들으면서도 한국 커뮤니티의 일부로 느껴지는 것이다.

사랑이란 애들이 나와 함께 있는 것이 행복하면서도 그들을 낳아준 부모와 같이 있지 않는 것이 슬픈 것이다.

사랑이란 애들을 낳아준 부모와 한국에 대한 지속적인 관계를 만들어주겠다고 약속하는 것이다.

사랑이란 빈과 하늘이가 그들을 낳아준 부모와 입양한 부모를 모두 사랑할 수 있다는 것을 아는 것이다.

사랑이란 하늘이가 콧물을 흘리거나 초콜릿으로 덮인 얼굴로 뽀뽀할 때 이 세상에서 제일 달콤한 뽀뽀라고 생각하는 것이다.

사랑이란 내 아이들인 빈과 하늘이 한국에서 지구 반 바퀴를 돌아와서 영원히 나의 아들들이 되었다는 것이다.

사랑이란 진정으로 우리는 완벽하게 잘 어울린다는 것을 안다는 것이다.

사랑이란 애들이 "엄마, 나는 엄마 뱃속에서 자랐어?" 하고 물어볼 적에 "아니, 너희들은 내 가슴 속에서 자랐어. 좀 다르기는 하지만 뱃속에서 자라는 것보다 더 낫거나 부족하지는 않아. 그냥 조금 다를 뿐이야. 너네들이 엄마 가슴 속에서 자랐기 때문에 무슨 일이 있어도 엄마는 너희들을 영원히 사랑할 거야." 라고 말할 수 있는 것이다. 사랑이란 아이들이 안도의 한숨을 내쉬며 "엄마, 알았어. 내가 엄마 가슴 속에서 자랐다니 너무 좋아. 엄마, 사랑해."라고 말하는 것이다.

4 우리한국학교

김귀희, 서미숙

개요

우리한국학교는 미한국상공회의소 (KOCHAM: 회장 윤석환, 이사장: 송종근) 부설 한국학교이다. 현재 뉴저지주 클립톤에 소재하며, 주로 미국에 진출한 한국 지상사와 금융기관 주재원 자녀들을 대상으로 토요일에 전일제로 수업을 하고 있다. 주재원이 3~4년 미국에서 근

토요일 학교 점심시간 모습

무하다가 한국에 귀임할 때 자녀가 성공적으로 적응할 수 있도록 한국의 교과과정을 가르치는 학교이다. 이에 따라 한국의 초·중·고 교사자격증이 있는 교사들이 한국의 교과서를 사용해 가르치고 있으며 현지 적응 교육은 물론 한민족 문화교육, 예절/생활 교육, 민주 시민 교육을 실시하고 있다. 다음은 학교 정관에 나타나 있는 설립취지 및 교육 방침이다.

설립취지

본교는 미국에 일시 체류하여 본국 교육을 받을 지상사 및 회원사 자녀들의

어려움을 해소해 주기 위하여 본국 교육과정 연계 교육과 현지 적응 교육을 실시하기 위하여 설립되었다.

연혁

우리한국학교는 KOCHAM이 창립된 1992년 같은 해에 설립되었다. 주재원 자녀에게 한국의 교과과정 방식으로 가르침에 따라 자연스럽게 나타난 현상이다. 92년 5월 뉴저지 주정부에 비영리법인 우리한국학교(Korean Educational Institute)로 등록, 그 해 9월 대우 아메리카 유기범 사장을 초대 교장으로 선임해 10월 10일 뉴저지 잉글우드 소재 '드와이트 모로 고등학교'에서 학생 554명, 교사 40명과 KOCHAM 관계자들이 참석해 개교식을 가졌다.

95년엔 학생수가 7백 명 가까이 증가하면서 수용 시설이 부족해 학교를 '제니스 이 디스머스 중학교'와 함께 사용하다, 97년 2월부터 수용 규모가 큰 현재의 클립턴 소재 '우드로 윌슨 중학교'에 자리 잡고 있다. 98년부터 시작된 IMF 사태로 해외 지사 축소로 인해 주재원이 줄어들면서 98년에 학생수가 513명으로 줄었다. 이에 대한 대응 차원에서 김영만 제3대 이사장 겸 교장이 KOCHAM과 우리한국학교의 재정 통합, KOCHAM 회장의 우리한국학교 교장 겸임제 실시, 99년에는 초등학교와 중·고등학교 교감 제도 시행, 2001년부터 동포 자녀를 위한 기초반 신설 등 적극적인 대응 활동을 벌였다. 이 같은 노력으로 학생 수가 다시 회복되었으며 2003년에는 학교 지원 차원에서 KOCHAM 내에 한국학교분과위원회를 신설했다.

이후 2007년에는 KOCHAM 회장과 한국학교 분과위원들이 주도한 '창립 15주년을 위한 꿈나무 기금 모금'으로 학교의 재정적 어려움을 극복했으며, 이 같은 노력은 2002년 10월에 '우리한국학교 20주년 기념행사'로 이어졌다.

1991.11.	지상사협의회 이사회에서 학교설립을 결정하고 학교 이사장에 협회 전회장인 (주)대우 유기범 사장을 선임하고 종합상사 및 임원 회사 관리 책임자로 설립 추진 위원회 구성, 제1차 회의 소집 (대우, 럭키금성, 삼성, 쌍용, 선경, 현대, 효성, 코오롱, 한국 화약 의 관리자 9명으로 설립 추진 위원회 구성)
12.	제1차 설문 조사 실시
1992.1.	제2차 회의 소집하여 기본 방향 설정 / 제2차 설문조사 실시
5.	미국 주 정부에 비영리 법인 학교 등록 – 우리한국학교 / Korean Educational Institute
8.27	교사 선임 완료하고 (주) 럭키금성사에서 교사회 개최
9.28	초대 교장에 (주) 대우 유기범 이사장을 겸임토록 선임
10.10	학생 554명, 교사 40명으로 DWIGHT MORROW HIGH SCHOOL, Englewood, NJ 강당에서 개교식을 개최하고 수업시작, 초등학교(1~6학년) 18학급, 중학교 (7~9학년) 5학급, 고등학교(10~12학년) 2학급, 계25학급
1993.3.1	유기범 사장 귀국 발령으로 제2대 이사장겸 교장에 (주)대한통운 김상규 사장을 선임
3.6	초등학교(1학년: 4학급, 2학년~6학년: 각 3학급, 총 445명) 중학교 (7학년~9학년: 각 2학급, 총 141명) 고등학교(10학년~12학년: 각 1학급, 총 64명)
6.22	MEMBERS COMMITTEE 위원 10명 선출 MEETING, 보조금액 결의
1994.4.1	이사 중 삼성 정방언, LG 고명석 귀국 발령으로 사임하고 대한통운- 김상규, 선경- 김영만, 현대- 김영덕. TRUSTEE 선출됨
9.	2학기 28학급, 학생 650명, 교사 40명
1995.3.4	1학기 31학급, 학생 892명
9.9	JANES E. DISMUS MIDDLE SCHOOL 건물을 전용으로 사용. 2학기 31학급 교사 40명
1996.3.9	1학기 33학급, 교사 40명, 학생 773명
9.	2학기 33학급, 교사 40명, 학생 770명
1997.3.8	1학기 30학급, 교사 40명, 학생 670명
9.8	학교 이전 – WOODROW WILLSON MIDDLE SCHOOL, CLIFTON, NJ 2학기
1998.03.07	1학기 25학급, 교사 40명, 학생 513명
09.01	김상규 사장 귀국발령으로 KOCHAM 김영만 회장을 제 3대 이사장 겸 교장으로 선임.
1999.03.06	1학기 21학급, 교사 35명, 학생 401명
09.11	초등 교감 손영석, 중·고등 교감 김진권으로 분리·운영하여 2학기 수업 시작
2000.03.04	1학기 22학급, 교사 34명, 학생 401명
09.09	초등 교감 손영석 사임. 김진권 교감이 초·중·고 전 학년을 담당하여 운영. 22학급, 교사 34명, 학생 448명.

2001.03.03	2001년도 1학기 23학급, 교사 31명, 학생 418명.
	기초반 신설, 체육관 2개 사용하여 점심시간과 체육시간을 이용하게 함.
09.08	2학기. 23학급, 교사 31명, 학생 418명
2002.03.02	1학기. 22학급, 교사 32명, 학생 412명
09.07.	2학기. 22학급, 교사 32명, 학생 409명. 학교 System 을 미국학교와 같이 도입, 담임 지도 하에 체육관에서 전 학생을 인솔하게 함
2003.01.02	한국학교 분과위원회를 발족하고 분과위원장 김윤수(외환은행), 김영만, 석연호(효성), 오억수(대한통운), 최진욱(한국타이어), 안동규(기업은행), 고석진(신한은행), 김병호(하나은행)을 New Trustees of KEI 로 선출함
01.16	2002년도 재외 유공 동포 동백장(훈장) 김영만 교장 수상
03.01	1학기 22학급, 교사 32명, 학생 405명
03.	김윤수 지점장 귀국 발령으로 ㈜대한통운 오억수 사장을 분과위원장으로 선임
09.06	Board of Trustees에서 이사장에 김영만, 교장에 김진권을 선출. 2003년도 2학기 22학급, 교사 32명, 학생 410명
2004.03.06	1학기 학생 423명 학급 22학급, 교사 33명
09.11	2학기 학생 440명 학급 23학급, 교사 33명
2005.01.01	2004년도 본국 외교통상부 장관상을 우리한국학교 서미숙 부장 수상
02.19	우리마당 제 6집을 발간
03.01	김영만 이사장 사임으로 ㈜대한통운 오억수 사장을 제 4대 이사장 겸 분과위원장으로 선임 안동규 지점장 발령으로 ㈜SK INC 김문기 사장을 분과위원으로 추가 선임
03.05	1학기 학생 430명, 23학급. 교사 33명
09.10	2학기 학생 404명, 23학급. 교사 33명
2006.02.08	오억수 이사장 사임으로 우리은행 뉴욕지점장 조용흥을 한국학교 제 5대 이사장 겸 분과위원장으로 선임 최진욱(한국타이어), 고석진(신한은행), 김문기(SK Telecom), 김창현(대한통운)을 Board of Trustees로 추대함
02.18	우리마당 제 7집 제작
03.04	1학기 학생 374명 22학급, 교사 34명
09.09	2학기 학생 360명 22학급, 교사 34명
11.21	2006/7학년도 예산통과 시 부족분에 대한 해소방안으로 등록금, 회원사 회비 및 개인 회비 인상을 2007년 3월 학기부터 실시하기로 결의하고 통과함

2007.03.03	1학기 학생 340명 22학급, 교사 30명
	김귀희 교감, 차현숙 교무주임, 김교훈 학생주임 선임
05.23	조용흥 이사장 귀국발령으로 대한통운 김창현을 한국학교 제6대 이사장 겸 분과위원장으로
	선임하여 배호열(한국타이어), 김문기(SK USA), 김홍주(하나은행), 이영태(우리은행)을
	Board of Trustees로 추대함
11.15	우리한국학교 개교 15주년 기금 후원의 밤 행사 실시
2008.02.09	김진권 교장 사임으로 김귀희 현 교감을 교장으로 선임하여 3월 학기 준비
03.01	김창현 이사장의 사임으로 배호열(한국타이어)을 제7대 이사장 겸 분과위원장으로 선임함.
	310명 학생 수, 21학급으로 3월학기 시작
09.06	학생 수 280명으로 2학기 수업 시작
2009.03.07	학생 수 250명으로 1학기 수업 시작
06.25	배호열 이사장 겸 분과위원장 사임으로 김홍주(하나은행)를 제8대 이사장 겸 분과위원장으로
	선임함
09.12	학생 수 252명으로 2학기 수업 시작
2010.03.06	학생 289명 1학기 수업 시작
09.12	학생 315명 2학기 수업 시작
2011.03.05	2011년도 3월 5일 339명 1학기 수업 시작
03.24	김홍주 이사장 사임으로 나득수(우리은행)를 제9대 이사장 겸 분과위원장으로 추대하고
	분과위원으로 이상길(대한통운), 백승달(무역보험공사), 조도현(보건산업진흥원),
09.10	송종근(하나은행) 선임
	2011년도 2학기 수업 시작. 23학급, 학생 수 304명, 교사 27명
2012.03.03	2012년도 1학기 수업 시작, 23학급, 학생 313명, 교사 27명
09.08	2012년도 2학기 수업 시작. 학생 수 301명, 22학급, 교사 27명
10.01	이상길(대한통운) 귀국으로 홍국철(대한통운), 백승달(한국무역보험공사) 귀국으로
	김종석(한국무역보험공사)를 새로운 분과위원으로 선임함
10.20	개교 20주년 행사를 학교 강당에서 실시함
	교지 '우리마당14호 특집 발간
2013.03.02	2013년도 3월 학기 개학. 21학급으로 교사 27명, 학생 수 300명
	제1회 한자경시대회를 실시함
09.14	2013년도 9월 학기 개학. 18학급으로 교사 27명, 학생 수 263명
	중·고등학교 과목에 국사/사회 개설
	나득수 이사장 사임으로 송종근 하나은행 지점장을 제10대 이사장 겸 분과위원장으로 추대
	하고 우정훈(한국보건산업진흥원)을 분과위원으로 추가 선임함

교육목적

- 본국 교육과정 연계 교육: 본국 교육과정에 준하여 본국의 교과서로 지속적인 교육을 실시함으로 귀국 시 연계 교육 공백을 해소시킨다.
- 현지 적응 교육 실시: ESL 등 현지 적응 교육을 실시하여 생활의 어려움을 해소시킨다.
- 민족문화 유지 교육: 국의 교육 과목을 계속 교육함으로써 민족문화를 유지시키게 하고 학생의 소질 함양에 기여해 나갈 수 있는 기회를 부여한다.
- 생활 교육: 우리 민족의 예절과 생활 습관을 교육시켜서 민족의 긍지를 심화시키고 세계인으로서의 봉사와 헌신의 자세를 함양시켜 자아를 발견하는 기회를 부여한다.
- 민주 시민 교육: 동일 민족 속의 집단생활과 우리 고유의 문화를 계승할 수 있는 기회를 유지하고 자기 스스로 해결할 수 있는 창조적인 기틀을 마련하며 문화 시민으로서의 역할을 할 수 있는 자질을 연마하게 한다.

교육방침

- 한국의 교육 이념과 교육방법을 최대한 수용·적응토록 한다.
- 한국의 초·중·고 교육과정에 최대한 접근하는 교육을 실시한다.
- 한국의 학교 교육의 학습 지도와 생활 지도 방법의 장점들을 본국 교육에 최대한 적용시키도록 한다.
- 미국 교육 방법의 장점을 조화 있게 유지·적응시키도록 한다.
- 학생들의 능력을 감안, 여건이 허용하는 범위 내에서 능력별 교육을 실시하도록 한다.
- 예절 교육에 힘쓰고 민족 교육의 효사상 교육에 힘쓴다.

특징

우리한국학교는 토요일 전일제로 한국의 교과과정과 연계한 과목들을 가르치는 것이 특징이다. 수업은 연간 총 30주 2학기(학기당 15주)로 매주 토요일 하루 7시간을 가르치고 있다. 기본적으로 초등학교는 한국어, 수학, 사회 과목을 가르치고, 교양 및 인성 교육 차원에서 음악과 체육 수업도 실시하고 있다. 중학교의 경우 국어, 수학, 역사 및 사회를 가르치며 특히 한국인의 정체성과 '뿌리 교육'의 일환으로 최근 국사 및 사회교육을 재신설, 시행하고 있다. 2010년부터는 학생들에게 실시간으로 인터넷 영상을 활용한 '디지털 교육'을 실시, 학생과 학부모의 호응을 얻고 있다. 이 같은 체계적인 교과과정에 힘입어 재학생들은 귀국 후에 한국 교과과정에 잘 적응할 뿐만 아니라 상급학교 진학률도 높게 나타나고 있다. 동포 학생들을 위한 기초반과 초등학교반도 운영하고 있다.

특히 학습 내용을 응용하고 학습동기를 유발 차원에서 수학경시대회, 한영/영한 번역 경시대회, 한자경시대회에 이어 최근에는 국사경시대회를 실시하고 있다. 2000년부터 학생들의 작품을 담은 '우리 마당을 매년 발간, 2014년 올해 14집을 발간했다. 교사진 또한 한국 교과 과정과 밀접하게 연계됨에 따라 교사 전원이 한국의 교원자격증 소지자로서 수년간 현장 교육 경험이 있으며, 한국은 물론 미국의 교육 제도를 잘 아는 교사로 구성되어 있다.

학교의 특성상 학부모들의 활동이 활발한 점도 우리한국학교의 특징이다. 어머니뿐만 아니라 주재원 아버지의 참여도 상대적으로 적극적으로 편이다. 설립 당시부터 지상사/금융기관의 협회인 KOCHAM이 적극적으로 지원해 오고 있으며 예컨대 KOCHAM 회원사별로 주재원 아버지들이 매주 순번제로 학교를 방문해 등교 버스 안전 지도 등 학생들의 학습 환경을 지원하고 있다.

학교 운영 재원은 학생들의 학비 외에 KOCHAM 개별 회원사의 임직원 자녀가 학교에 등록할 경우 보조금을 학교에 제공, 회사의 지원을 받고 있다.

미래의 도전

외환위기 이후 주재원 숫자가 크게 줄어들었을 뿐만 아니라 최근 들어 유학 풍조가 불면서 주재원 부모들의 귀국 시 자녀들이 미국에 남아 상급학교로 진학하여 학생 숫자도 크게 줄어들어 우리한국학교의 정체성을 재정립해야 하는 도전을 안고 있다.

또한 우리한국학교는 최근 동포 학생을 위한 프로그램도 운영하고 있지만, 여전히 주재원 자녀만 다니는 학교로 인식되어 있어 동포 학생들을 위한 프로그램 홍보 활동도 과제로 남아 있다. 한국에서 교직에 있던 교사가 휴직서를 제출하고 미국 현지에서 교사를 할 경우 체류 신분 변경에 어려움도 있어 향후에는 한국의 재직 교사가 파견 근무할 수 있는 제도를 마련하는 것도 필요한 상황이다.

VI

한국학교 관련단체 및 협의회

1 재미한국학교 동북부지역협의회(The National Assoiciation for Korean Schools, NAKS)

이광호

재미한국학교협의회 탄생

1980년 12월 13일 뉴욕한국학교(당시 교장 허병렬)에서 미 동부지역 한인학교 대표자 11명(뉴욕지역 6명, 워싱턴 지역 2명, 시카고 지역 1명, 보스턴 지역 1명, 애틀랜타 지역 1명)이 모여 주말 한인학교협의회를 만들기로 의견을 모으고 임시의장 주하성 박사의 사회로 준비위원회를 구성하여 정관과 사업 등을 의논하고 창립을 위한 제반 준비를 시작하였다.

1981년 4월 18일 워싱턴 지역인 Hyatt 호텔에서 LA동부지역 한인학교 대표 41명이 참가하여 창립총회 및 대표자 회의를 열어 주하성 임시의장이 경과보고를 한 후 헌장을 채택하고 헌장에 의해 이사 13명을 선출한 후 이사장에 오재근 워싱턴제일한국학교 이사장을 선출하고 협의회의 명칭을 재미한인학교협의회로 결의했다. 오재근 이사장의 사회로 회장단을 선출(초대회장: 주하성, 부회장: 강경식, 서문원, 백예원)하고 사업별 6개 분과위원회를 구성하고 교사강습회, 교과과정, 교과서 집필 및 편찬 업무 등을 연구하기 시작했다. 주미한국대사관의 김영춘 교육관의 협조로 1982년 4월과 1984년 11월에도 같은 장소에서 정기총회 및 대표자회의를 가졌다.

동북부지역협의회 창립

1985년 5월 11일(토) NAKS 주최 제2회 교사강습회가 뉴욕한국학교(당시 Kennedy H.S, Bronx)에서 개최되어 오전 2시간은 뉴욕한국학교 교사들의 공개 수업과 세분 강사의 전체 강의가 강당에서 있었고, 오후에는 교실에서 분반 강의 (4교시 5명, 6교시 5명)가 있었다. 뉴욕지역 교사들은 따로 모여 NAKS 2대 회장 강경식 박사의 사회로 창립총회를 개최하여 회칙을 통과시키고, 허병렬 뉴욕한 국학교 교장을 초대 회장으로 선출하였다.

- 회칙: 5장 20조
- 명칭: 재미한인학교 뉴욕지역협의회 (NAKS-New York Chapter)
- 영역: 뉴욕을 중심으로 메인 주에서 델라웨어에 이르는 12개 주

이로서 NAKS 산하에 Washing DC 지역 협의회, 시카고 지역 협의회, 뉴욕 지 역 협의회가 구성되었다.

1. 교사연수회 실시 및 회보 발행

이 날 실시된 교사강습회는 NAKS가 주최했지만 뉴욕에서 실시된 첫 번째 행 사로서 매우 유익하고 의미 있는 연수회였다.

- 오전 2시간: 수업참관(각 교실) – 뉴욕한국학교 교사들의 공개수업
- 오후 3시간: 전체 강의(강당)

　　　　　　대화를 중심으로 한 한국어 교육 – 박창해 박사

　　　　　　상급반 한국어 지도 방안 – 김석연 박사

　　　　　　재미 한인학교의 과제 – 김치경 교장

- 오후 2시간: 분반 강의(각 교실)

　　　　한국어 교육 방법 – 박창해 박사, 이선근 박사

　　　　한국역사 교육 방법 – 백린 박사, 오정렬 교장

　　　　한국학교 운영 방법 – 허병렬 교장, 김은자 교장

　　　　한국음악 교육 방법 – 최필남 선생, 임성순 선생

　　　　교육과정 운영 방법 – 김석연 박사, 김송희 교장

연수회 강의 내용 발간(40쪽 분량)

초대 집행부가 구성된 6개월 만인 11월 30일에 NAKS 정기총회 및 대표자 회의가 엘머스트에 있는 Holiday Inn에서 개최되었다. 50개 학교 대표 80여 명이 참가하여 특별강연 등 수준 높은 학술대회의 성격을 띠면서 발전된 모습을 보였다.

한인학교의 사명과 목적	서문원 박사(그린스모로한국학교 교장)
한국인의 긍지와 2세 교육	김유미 교장(일리노이한국학교)
한국학과 한인 2세 교육	전혜성 박사(예일대학 교수)
한국학교의 발전 전망	박희서 박사(한미교육연구소)
한인 2세들의 자아의식과 심리적 발육	김승태 박사(뉴욕대학 의대교수)
재미국민교육에 대한 시책과 방침	김영춘 교육관(주미한국대사관)

　　초대 집행부는 뉴욕 일원 교사들에게 매유 유익한 두 번의 NAKS 교사연수회를 개최하였고, 1986년 8월에 분량은 적지만(8쪽) 회보 1호, 1987년 8월에 회보 2호를 발행하여 교사들에게 필요한 강의와 참고자료를 실었다.

　　1987년 9월, 2대 회장을 맡게 된 이선근 브루클린 한인교회 한국어학교 교장은 본 협의회 주최 제1회 교사연수회를 실시하였다. 한인 커뮤니티센터가 없어 장소를 구하는 것이 매우 힘들었으나 뉴욕브로드웨이한국학교가 임대하여 사용하고 있는 J.H.S 104에서 개최하여 약 120명의 교사들이 참가하였다. 지금도 기억나는 하나는 허병렬 선생님의 '한국어 초급반 지도' 시간에 브로드웨이한국학교 학생들을 대상으로 시범수업을 한 것이다. 많은 선생님들이 지켜보는 가운데 수업을 받는 아이들이 매우 재미있다고 좋아하던 모습이다. 제2회 연수회는 LA Guardia Holiday Inn에서 실시하였고 강의 내용은 회보 제3호, 4호에 실었다.

1989년 9월, 3대 회장이 된 김송희 롱아일랜드한미한국학교 교장은 우선 장소를 퀸즈한인성당으로 정하였다. 그 이후 지금까지 본 협의회는 시설이 좋고 교실이 많은 교회 건물을 사용하고 있다.

1991년 9월, 4대 회장에 당선된 감숙자 필리버한국학교 교장은 처음으로 교사연수회의 주제를 설정하였다. '효과적인 학습지도의 연구'라는 주제가 강조되는 강사를 초빙하였고, 강의 후 질의 응답을 통해 효과적인 학습지도를 위해서는 아이들의 성격 발달 과정과 청소년기의 특징을 교사와 부모가 잘 맞추어 지도함이 필요하다고 주장하였다.

1993년 9월, 5대 회장으로 당선된 나박 뉴저지무궁화한국학교 교장은 뉴욕의 퀸즈 지역에서 1년에 한 번 실시해 온 교사연수회를 3곳, 즉 뉴욕, 뉴저지, 필라델피아 지역에서 실시하기로 임원회에서 결의해 임시총회에서 인준을 받고 실천하였다.

1994년 2월, 필라델피아 영생교회에서 필라지역 한국학교 대표자 회의를 소집, 9학교 대표 16명이 참석하여 지역 간사로 영생한국학교 김인기 교감을 선정하고 교사연수회를 비롯한 제반 사안들을 의논하였다. 뉴저지는 뉴브런즈윅에 있는 갈보리교회에서, 필라는 영생교회를 필두로 매년 큰 교회를 순회하며 실시하였다.

1999년 9월, 정기총회에서 펜실베이니아를 독립시키기로 결의하였고 2000년

7월 NSKS 이사회의 승인을 받기까지 7년 동안 임원들과 연수회 강사들은 금요일 오후에 필라에서 호텔 숙박을 하거나 토요일 새벽 6시에 뉴욕을 떠나 9시에 도착하는 힘든 일을 열정적으로 함으로써 참가 교사수가 NY의 200명에서 세 지역을 합쳐 500명 이상이 참가하게 되었다. 또한 연수회 참가자들에게 수료증도 발급하였다.

1997년 9월, 7대 회장으로 현 이광호 교장이 재선되었다. 현재 활발히 진행 중인 SAT Ⅱ 한국어시험을 정착시키기 위한 회원들의 선택이었다. 1996년 4월 동북부에서만 실시된 모의고사가 전국협의회로 확대되었고 그 효과가 1997년 11월 첫 번째 시험에서 성공적으로 나타났다. 제19회 연수회는 집중연수회라는 이름을 붙여 4주동안(매주 토요일 한 과목씩) 한 과목을 집중적으로 배우는 연수였다(오후 3시~6시).

1999년 9월, 8대 회장이 된 김근순 브로드웨이한국학교 교장은 주제를 아동기 심리 및 정서의 발달과정은 안영희 교수, 한국어 문법교육은 이용성 뉴욕 교육원장이 담당하였다. 필라지역을 독립시키고 마지막 연수를 해 주면서 그들의 진행을 자문해 주며 동중부지역 협의회의 발전을 빌었다.

2001년 5월은 아주 걱정스럽고 긴박했던 기억이 생생하다. 한국의 KBS국악관현악단이 미국에 와서 공연을 하는데 동북부협의회의 모금 공연으로 해보라는 건의를 쉽게 승낙한 것이 예상외로 그렇게 어려운 일이 될지 몰랐다. 단원이 70명이고 링컨센터 Tuly Hall의 대관료가 35,000 달러였으며, 게다가 공연 예정일은 대부분의 사람들이 여행을 떠나는 Memorial Day였다. 하지만 천만다행으로 공연장이 꽉 찼고 대관료는 KBS에서 지불함으로써 일단락되었다.

2001년 9월, 9대 회장이 된 윤병남 롱아일랜드연합한국학교 교장은 뉴욕 중앙일보에서 지정한 홍익단체상(상금 5,000달러)을 수상하였다. 8대에서 많은 업적에 관한 자료를 준비했는데 9대에 자료를 더 보강하여 재신청하여 영광스럽게도 수상을 하게 되어 한글과 문화교육을 통한 한민족의 뿌리를 든든히 지속시키는 본 협의회가 공인을 받게 되었다.

교사연수회와 회보 발행

회장	일시와 장소	참가 학교 및 교사 수	주제강연 및 워크숍 강사	회보
초대 허병렬	NAKS 주최 제2회 교사강습회 1985.5.11. NAKS 제3차 학술대회 1985.11.30.	103학교 350명	한국어회화지도법 – 박창해 박사 상급반한국어지도법 – 김석연 박사 재미한인학교의 과제 – 김치경 교장 워크숍 – 박창해, 백린, 허병렬, 강경식, 최필남, 김석연, 이선근, 오정렬, 기은자, 김송희, 임성순	강의록 발행 제1호 1986.3. 제2호 1987.7.
2대 이선근	제1회(1988.5.28.) 맨해튼 JHS 104 뉴욕브로드웨인KS	120명	한국어초급반 지도 – 허병렬 교장 바람직한 한국어 표현 교육 – 장숙인 교수 Approches to language Teaching – Clay Parker	제3호 1988.8.
	제2회(1989.6.24.) 라과디아 Inn		학습지도안작성의 이론과 실제 – 정운복 교수 한국 역사 교습상의 문제와 실제적인 접근방법 – 박진원	제4호 1989.9.
3대 김송희	제3회(1990.5.16.)		한국어 독본 – 강지혜(초급), 김정혜(중급), 　　　　　　　이종실(고급) 한국어 회화 – 김근순(기초, 중급), 　　　　　　　이영순(고급)	제5호 1990.9.
	제4회(1991.6.29.) 퀸즈한인천주교회		재미교포 자녀의 언어교육 – 송석중 교수 워크숍 – 허병렬, 김정혜, 김근순, 이경희, 이선근, 김진화, 김옥대, 고혜순, 김송희	제6호 1991.6.
4대 김숙자	제5회(1992.6.29.) 퀸즈한인교회	36학교 199명	2세 아동 성격 발달 과정 – 윤양자 교수 워크숍 – 허병렬, Carolyn Graham, 최숙희 연구수업 – 허병렬	제7호 1992.6.27.
	제6회(1993.7.3.) 퀸즈한인교회 NAKS 제11차 학술대회 (1993.8.27.~28.)		주제: 효과적인 학습지도와 연구 인간 성장과 발달 – 안영희 교수 한국 문화 교육의 이론과 실제 – 허병렬 교장 워크숍 – 박규영, 이경희, 김정혜	제8호 1993.7.3.

5대 나박	제7회(1994.6.25.) 퀸즈장로교회		외국어로서의 한국어 문법 – 황정숙 한 교실 안에서의 능력별 언어 수업 – 홍정민, 지무기, 나박, 이경희 워크숍 – 장미향, 김진화	제9호 1994.3.10. 제10호 1994.6.25.
	제8회(1994.8.6.) 뉴저지갈보리한국학교			
	제9회(1994.8.13.) 필라델피아영생교회			
	제10회(1995.6.24.) 퀸즈장로교회	68학교 470명	주제: 효과적인 학습지도의 방법 아동기 언어학습의 가능성과 한계 – 유승희 교수 한국어 문법을 어떻게 다루어야 하나? – 이종숙 교장 SAT II한국어 채택과 한국학교의 당면 과제 – 나박 교장 워크숍 – 허병렬, 김옥대, 최미정, 박온순, 천휘자, 이광호, 이종숙, 전수경	강의록 1995.6.24. 제11호 1995.8.23.
	제11회(1995.7.8.) 뉴저지갈보리한인교회			
	제12회(1995.7.15.) 필라델피아제일교회			
6대 이광호	제13회(1996.6.29.) 플러싱제일교회	34학교 170명	주제: 한국어 교육의 질적 향상과 다양성 미주 한인 2세들이 안고 있는 문제점과 그에 대한 도움말 – 한혜원 교수 SAT II한국어모의고사 결과 보고 및 한국어 교육의 재고 – 이선근 박사 워크숍 – 박정숙, 차세환 이광호 김옥대, 최필남, 장미향, 이재성, 이해경, 이종숙	제12호 1996.1.27. 제13호 1996.6.29.
	제14회(1996.7.13.) 뉴저지갈보리한인교회	20학교 110명		
	제15회(1996.7.20.) 필라임마누엘교회	15학교 90명		
	제16회(1997.6.28.) 퀸즈장로교회	37학교 175명	주제: 외국어로서의 한국어 교육법 – 장숙인 교수 '97 SAT II한국어 모의고사 평가 및 교육 방향 – 나박 교장 워크숍 – 전현자, 허병렬, 장숙인, 안영희, 이미자, 정인대, 황정숙, 이영주, 이숙인, 전명숙	제14호 1997.1.25. 제15호 1997.6.28. (본 협의회 연혁 기재)
	제17회(1997.7.12.) 뉴저지갈보리한인교회	21학교 115명		
	제18회(1997.7.19.) 벅스카운티한국어학교	16학교 98명		

7대 이광호	제19회(1997.11.1~22.) 퀸즈 YWCA 한국학교	83명	집중연수(매주 토요일 오후3시~6시) 유치반 한국어 교육 – 이소영 공립학교 교사 초·중급 한국어 교육 – 허병렬 교장 Korean – American Identity, it's problems and leadership qulities – Dr. Stephen Linton 고급 한국어 교육 문법교육 – 이종숙 교장	제16호 1997.11.1.
	제20회(1998.6.27.) 퀸즈장로교회	37학교 172명	주제: 다산 정약용의 사상과 동포 2세 교육 – Dr. Mark Setton '98 SAT II 한국어 모의고사 – 이선근 박사, 이광호 교장 동포2세를 위한 한국문화 교육 – 김승래 교수 워크숍 – 이경미, 박영진, 황정숙, 이창봉, 강순애, 이종숙, 정광현, 심운섭, 김순희, 김인식, 윤순철, 홍태명, 김정근	제17호 1998.6.27.
	제21회(1998.7.11.) 뉴저지갈보리교회	30학교 150명		
	제22회(1998.7.18.) 필라안디옥교회	20학교 107명		
	제23회(1999.6.26.) 퀸즈장로교회	37학교 234명	주제: 한국어 교육의 새 방향 – 조영미 교수 이중 국적과 삼중 문화를 위한 바른교육 – 김병석 교수 Visions and Realities in the Korea Language Education – Carol Schulz 워크숍 – 함정현, 양승효, 이경원, 김희선, 이창봉, 최희윤, 박윤영, 이종숙, 윤영호, 최일단, 이영주, 심운섭, 정광현, 진재숙, 하영주, 안선아, 이미영, 조동호	제18호 1999.6.26.
	제24회(1999.7.10.) 뉴저지갈보리교회	23학교 230명		
	제25회(1999.7.17.) 필라영생교회	19학교 190명		
8대 김근순	제26회(2000.6.24.) 플러싱제일교회	30학교 158명	주제: 아동기 심리 및 정서의 발달 과정 – 안영희 교수 한국어 문법 교육 – 이용성 교육원장 워크숍 – 함정현, 이희만, 전설자, 이현주, 전현자, 이소영, 김혜옥, 이라미, 김연경, 심운섭, 조동호, 송순빈	제19호 2000.6.24.
	제27회(2000.7.8.) 뉴저지갈보리교회	20학교 105명		
	제28회(2000.7.15.) 필라영생교회	필라지역 자체운영		
	제29회(2001.6.30.) 뉴욕한빛교회	27학교 119명	주제: 미국사회의 차별과 교육적 대책 – 김 옥 선생 교사의 자질과 그 활성화 – 이광자 교장 워크숍 – 정인애, 천정희, 허병렬, 박선혜, 정광현, 전설자, 조미경, 이종숙, 백은주, 이의순, 이희만, 이현규	제20호 2001.6.30.
	제30회(2001.7.7.) 뉴저지갈보리교회	19학교 91명		

9대 윤병남	제31회(2002.6.29.) 플러싱제일교회	126명	주제: 언어습득의 원리와 재외 한국어 교육 – 김종율 박사 워크숍 – 전호경, 이영주, 황현주, 안미숙, 전현자, 안선아, 김혜옥, 이재현, 전설자, 이종숙, 장지은, 허병렬	제21호 2002.6.29.
	제32회(2002.7.6.) 뉴저지갈보리교회	91명		
	제33회(2003.6.21.) 플러싱제일교회	128명	주제 강연: 이민 100년과 정체성 교육 – 전혜성 박사 워크숍 – 안순승, 안영희, 심운섭, 최희윤, 이영선, 김근순, 김종수, 이일령, 김인선, 안미숙, 허병렬, 전설자	제22호 2003.6.21.
	제34회(2003.6.28.) 뉴저지갈보리교회	122명		
10대 이경희	제35회(2004.6.19.) 플러싱제일교회	160명	주제 강연: 미국 한국학교의 교사상(NY) – 윤여탁 박사 21세기의 한국과 재외동포교육(NJ) – 이남교 박사 워크숍 – 심정균, 최진하, 윤영훈, 전현자, 이은선, 이계자, 허낭자, 이종숙, 김은희, 허병렬, 하승연, 백은주	제23호 2003.6.21.
	제36회(2004.6.26.) 뉴저지갈보리교회	120명		
	제37회(2005.6.18.) 뉴욕한빛교회		주제 강연: 정체성을 버려라 – 한수산 교수 특강: 외국인들에 대한 한국어 기초교육 – 김현식 교수 수업의 구성과 수업활동 유형 – 김수경 교수 워크숍 – 김현정, 한수산, 김선주, 유영미, 조현용, 허병렬, 김동수, 방진효, 윤영훈, 김수경	제24호 2005.6.18.
	제38회(2005.6.25.) 뉴저지갈보리교회			
11대 이승은 (전반기)	제39회(2006.6.17.) 뉴욕중부교회	111명	주제 강연: 국제화 시대에 있어서 2세들의 한국어 교육 – 최승자 교수 특강: 이경원, 천세련, 홍태명 워크숍 – 최덕희, 김태진, 심운섭, 김혜옥, 이현규, 김경욱, 이승은, 신성자, 이영주, 이일령, 허병렬, 고영주	제25호 2006.6.17.
	제40회(2006.6.17.) 뉴저지갈보리교회	157명		

11대 홍태명 (후반기)	제41회(2007.6.23.) 플러싱제일교회		주제 강연: 유비쿼터스 시대 한글의 우수성과 한국어 세계화 교육 (NY) – 최기호 교수 이민자 언어 습득과 교수 이론(NJ) – 윤혜석 교수 워크숍 – 손현숙, 이경희, 오선미, 안준승, 김인애, 정광현, 이경원, 서량, 이종숙, 이선근, 홍태명, 황정숙, 박선혜, 박현숙, 김자영, 허병렬	제26호 2007.6.23.
	제42회(2007.6.30.) 아콜라연합감리교회			
12대 허낭자	제43회(2008.6.21.) 플러싱제일교회	260명 (NY, NJ)	주제 강연: 한국문화의 상징과 한국어 교육 – 김종철 교수 워크숍 – 정구향, 황정숙, 조은영, 백미아, 이경원, 안젤라 손, 한원선, 이광호, 김근순, 김정연, 이명진, 이해영, 유솔아, 박현숙, 허병렬, 박찬미	제27호 2008.6.21.
	제44회(2008.6.28.) 아콜라연합감리교회			
	제45회(2009.06.20.) 후러싱제일교회		주제 강연 : 세계 속의 한국 – 김경근 뉴욕 총영사(NY) – 신호범 박사 (NJ) 워크숍 – 오 진, 하금실, 이현규, 이 범, 조현용, 정용철, 이신경, 박지연, 이광자, 이광호, 이종숙, 이지선, 박현숙, 김 연, 허병렬	제28호 2009.6.20.
	제46회(2009.06.27.) 아콜라연합감리교회			
13대 심운섭 (전반기) 고은자 (후반기)	제47회(2010.6.19.) 퀸즈한인교회	420명 (NY, NJ)	주제: 차세대 한국 교육의 조명과 전망 – 교과과정을 중심으로 주제강연: 한국어 표준개발과 한국학교 교과과정(NY) – 유영미 교수 '한국의 숲' 향기를 세계로 뽑자(NJ) – 허병렬 교장 워크숍 – 김정환, 김해종, 이종숙, 허병렬, 이광호, 송용주, 오선미, 박봉구, 김미아, 최광순, 최윤정, 박종권, 김진홍, 박찬미, 조은영, 이명진, 이현규, 안순승	제29호 2010.6.19.
	제48회(2010.6.26) 뉴저지한국학교			

13대 심운섭 (전반기) 고은자 (후반기)	제49회(2011.6.18.) 퀸즈한인교회		주제: 글로벌 시대의 지도자 배출을 위한 한국학교 교육 주제 강연: 고난의 건국, 영광의 대한민국(NY) – 김영목 뉴욕 총영사 다중 정체성 시대와 한국을 바라보는 열린 시각 – 이길상 교수 특강: 통합적 한국어 교육을 위하여 – 최영환 교수 다문화 교육의 동향과 한국학교 교육의 역할 – 황규호 교수 워크숍 – 정지혜, 김영선, 조경자, 홍수옥, 김동수, 배영란, 이춘승, 정광현, 김근순, 이현규, 김진홍, 이명진, 박찬미, 안순승, 조은영	제30호 2011.6.18.
	제50회(2011.6.25.) 아콜라연합감리교회			
14대 문윤희	제51회(2012.6.16.) 퀸즈한인교회	350명 (NY, NJ)	주제: 한국학교의 역할과 교육 전문성 모색 주제강연: Korean Culture in the Era of Globalization – Dr.Chatles Armstrong 국내 한국어교육 환경의 변화와 한국학교의 역할 – 이정희 교수 특강: 학생들의 정서발달과 사회성 함양을 위한 교사의 역할 – 조수제 교수 NY – 한인동포사회에서 한국학교 교사들의 역할(권현주 박사) NJ – 한국학교의 졸업규정에 대하여 (이종숙 교장) 워크숍 NY – 정정화, 여혜정, 이종숙, 장영주, 하영, 김영덕 NJ – 감옥향, 정 안젤라, 이정희, 엄성민, 오소영, 이선근, 문지혁, 정광현, 박승애	제31호 2012.6.16.
	제52회(2012.6.25.) 아콜라연합감리교회			

14대 문윤희	겨울연수회 (2013.1.19.) 필그림교회	150명 (NY, NJ)	〈수업활동을 중심으로 한 워크숍〉 학습활동 '선택' 개작 그리고 실제적용 – 동북부협의회연구지원부 워크숍 – 김정호, 임칠성, 권용선, 방지현, 황의선, 윤선자, 정 안젤라 특강(NJ): 미국 표준 외국어교육: 한국어 수업에 어떻게 적용할 것인가? (신혜성 교수)	강의록
	제53회(2013.6.22.) 아콜라연합감리교회		주제강연(NY): 평범한 지도자를 키우는 사회 – 이길주 교수 교육심리학 –공감의 이해와 아동상담 – 장정은 교수 워크숍 NY – 황정숙, 송은경,	제32호 2013.6.22.
	제54회(2013.6.29.) 퀸즈한인교회		김소희, 오승연, 김정미, 신혜연, 뉴저지한국학교역사문화연구회 NJ – 조은영, 조미경, 조남은, 강주언, 이길주 장정은, 뉴저지한국학교역사문화연구회	
15대 김경욱	겨울연수회 (2014.2.22.) 퀸즈한인교회	110명	〈눈높이 교육을 위한 워크숍〉 김현정, 최미옥, 나은주, 이길주, 김재욱	강의록

2. 어린이 예술제

5월은 어린이날, 어버이날, 스승의 날이 있는 가정의 달이다.

1985년 5월에 창립된 본 협의회는 한글교육과 더불어 한국문화와 역사도 함께 가르치기 때문에 어린이들의 문화 활동을 발표할 수 있는 학예회를 구상했다. 당시 협의회는 큰 행사를 주최할 재정이 없었다. 다행히 뉴욕한인회 조병창 회장이 자녀들의 뿌리교육에 큰 관심을 보였기 때문에 당시 이선근 부회장과 합의가되어 뉴욕한인회가 주최하고 협의회가 주관하는 형식으로 1987년 5월 9일 오후 2시부터 1부와 2부로 나누어 플러싱 소재 PS20 강당을 빌려 제1회 어린이예술제를 실시하였다. 제1회는 13개 학교 250여 명이 참가하였고, 제2회는 18개 학교 450여 명이 참가하는 성황을 이루었다. 그 이후 28회를 이어오면서 시대의 흐름에 따라 다양한 한국 문화가 공연되었다. 초창기에는 합창, 중창, 합주, 작문낭독, 태권도, 한국예법 시범도 있었으나 안전에 유의해야 하는 태권도는 지양하고, 개인 활동보다는 단체 활동을 장려하였다. 한국 문화의 장르 가운데 한국고전무용, 부채춤, 탈춤, 칼춤, 소고춤, 장구춤, 재롱춤, 도라지춤, 화관무, 농부가, 꼭두각시, 북춤, 소고놀이, 풍물놀이, 사물놀이 등 연극·노래극은 종합 예술이다. 특히 사랑한국학교가 시도한 손가락 인형극은 어린이들의 상상력을 키워주는 동시에 극본을 쓰고 인형을 조작하고, 성우가 되어 음향을 조작해야 하는 쉽지 않은 공연이다. 가장 많이 참가한 해는 1997년 21개 학교에서 688명이었고 4개 학교가 노래극(Musical)을 발표할 정도로 수준이 향상되었다. 장소는 주로 PS20, JHS189에서 하였으나 창립 25주년 기념일인 2010년 5월 13일에는 대동연회장에서 공연을 하였다.

2012년부터는 뉴욕장로교회가 장소를 제공해 주고 있다.

멀리 있는 뉴저지의 학교들은 아이들을 안전하게 동원하는 일이 매우 힘들고 경비도 많이 드는데, 그 좋은 공연을 관람하는 동포들의 수가 많지 않아 그것이 늘 숙제로 남아있다. 원광한국학교의 사물놀이, 농악, 풍물놀이 등은 매우 수준이 높아 찬사를 받아왔다. 최근에는 K-POP까지 곁들여 다채로운 공연이 펼쳐지고 있다. 특히 한국문화원이 최근 몇 년간 국악기 대여를 적극적으로 지원하면서, 참가팀의 절반 이상이 한국의 전통악기와 소품을 활용한 공연을 펼쳐, 한국의 전통문화에 대한 높아진 관심을 반영하고 있다.

어린이 예술제 (Childrens Art Festival)

회차	일시	장소	참가인원
제1회	1987.5.9.	PS 20, Flushing, NY	13개교(270명)

제2회	1988.5.7.	Aviation H.S. Queens, NY	18개교(400명)
제3회	1989.5.20.	PS 20, Flushing, NY	19개교(700명)
제4회	1990.5.19.	JHS 189, Flushing, NY	15개교(350명)
제5회	1991.5.18.	JHS 189, Flushing, NY	14개교(700명)

제1회~제5회: 뉴욕한인회 주최, 동북부협의회 주관
제6회~현재: 동북부협의회 주최

회차	일시	장소	참가인원
제6회	1992.5.16.	PS 20, Flushing, NY	18개교(500명)
제7회	1993.5.15.	PS 20, Flushing, NY	19개교(500명)
제8회	1994.5.21.	JHS 189, Flushing, NY	20개교(400명)
제9회	1995.5.10.	JHS 189, Flushing, NY	16개교(524명)
제10회	1996.5.18.	PS 20, Flushing, NY	20개교(496명)
제11회	1997.5.17.	JHS 189, Flushing, NY	21개교(688명)
제12회	1998.5.16.	JHS 189, Flushing, NY	17개교(685명)
제13회	1999.5.15.	JHS 189, Flushing, NY	19개교(463명)
제14회	2000.5.20.	JHS 189, Flushing, NY	21개교(598명)
제15회	2001.5.19.	JHS 189, Flushing, NY	17개교(610명)
제16회	2002.5.18.	JHS 189, Flushing, NY	17개교(526명)
제17회	2003.5.17.	JHS 189, Flushing, NY	13개교(472명)
제18회	2004.5.15.	JHS 189, Flushing, NY	15개교(350명)
제19회	2005.5.21.	JHS 189, Flushing, NY	13개교(218명)
제20회	2006.5.20.	JHS 189, Flushing, NY	14개교(265명)
제21회	2007.5.19.	PS 20, Flushing, NY	12개교(280명)
제22회	2008.5.17.	PS 20, Flushing, NY	12개교(250명)
제23회	2009.5.16.	PS 41, Flushing, NY	12개교(212명)

제24회	2010.5.13.	대동연회장, Flushing, NY	15개교(450명)
제25회	2011.5.14.	대동연회장	14개교(400명)
제26회	2012.5.12.	뉴욕장로교회	15개교(500명)
제27회	2013.5.18.	뉴욕장로교회	14개교(500명)
제28회	2014.5.17.	뉴욕장로교회	12개교(300명)

별첨 – 연구교사 명단
    – 2014 한국학교 현황

연구교사 명단

전문분야	1995.8.23. 회보 11호	1997.1.25. 회보 14호	2005.1.29. 회보 24호	2008.5.13. 회보 27호
한국어 초급	허병렬	허병렬	전현자	전현자, 안순승, 김현숙
한국어 중급	김정혜		황현주, 심정균	심정균
한국어 고급	이선근	이선근	김혜옥, 박선혜	황정숙
한국어 회화	김근순	김근순	김근순	김근순
한국어 문법	이경희, 황정숙	이종숙, 이경희, 황정숙	이경희, 홍정희	이종숙, 이경희
한국역사	박온순, 김진화	김진화	정광현	정광현
한국동요(음악)	최필남	최필남	이일령, 진재숙	이일령
한국무용	전설자	전설자	전설자, 천세련	김경옥
한국학교 교육행정/심리	이광호	이광호	이광호, 홍태명	이광호, 심운섭, 김경옥
한국학교 교육과정	윤순철, 나박	윤순철, 나박	허낭자, 이승은	허낭자
한국서예		최일단	최일단	박현숙
유아교육 (유치부)		천취자, 김옥대	천취자, 정인애, 김현정	정인애, 김현정
SAT II 한국어		나박	이선근, 이광호	이선근, 이광호
한국어 글짓기			이영주, 백은주	황정숙, 허병렬
한국이민사/문화				심운섭
유치부시청각 교육/놀이				최덕희
연극/한국문화				허병렬

NY 퀸즈	뉴욕한빛 한국학교	88-22 Corona Ave. Elmhurst, NY 11373 kslee111@yahoo.com	718-760-2262 718-760-2273	종교단체 이광숙	1986.10.5. 교회부설 (자체)
	퀸즈 장로교회 한글학교	143-17 Franklin Ave. Flushing, NY 11355 wahxp320@hotmail.com	718-886-4646	종교단체 김성국	1987.9. 교회부설 (자체)
	퀸즈 감리교회 한글학교	95-01 32Ave. E. Elmhurst, NY 11369 emoksa@gmail.com	718-899-6800 718-899-3599	종교단체 이후근	1988.9.1. 교회부설 (자체)
	미래비전 한국학교	144-31 41Ave.1F Flushing, NY 11354 life9191@gmail.com	347-721-6003 718-539-0635	종교단체 김진화	1989.9. 교회부설 (자체)
	뉴욕 베데스타 한국학교	85-20 57th Ave. Elmhurst, NY 11373 dwk0070@gmail.com	718-478-8900	종교단체 김원기	1990.4.1. 교회부설 (자체)
	뉴욕 중부교회 부설한국학교	252-00 Horace Harding Expwy Little Neck, NY 11362 cpcofny91@gmail.com	718-279-2758	종교단체 김재열	1990.9. 교회부설 (자체)
	베이사이드 장로교회 한국학교	45-62 211St. Bayside, NY 11361 sofiawithlord@gmail.com	718-229-0858 718-229-0815	종교단체 김성덕	1991.8.26. 교회부설 (자체)
	뉴욕화광 한국학교	40-10 Bell Bluvd Bayside, NY 11361 minojoy@gmail.com	347-307-3312	종교단체 고민호	1993.11.28. 교회부설 (자체)
	뉴욕 겟세마네 한글학교	45-75 Parsons Blvd. Flushing, NY 11355 nygo4tgc@gmail.com	718-358-6225 718-762-4693	종교단체 이지용	1993.3. 교회부설 (자체)
	기쁜소식 뉴욕교회 한글학교	43-00 171 St. Flushing, NY 11358 han41932@yahoo.com	718-878-4246	종교단체 한인수	1995.1.1. 교회부설 (자체)

NY 퀸즈	뉴욕우리 한국학교	53-71, 72 Place, Maspeth, NY 11378 sungmjung1@gmail.com	718-565-6555	종교단체 정성민	1995 교회부설 (자체)
	뉴욕동원 한글학교	21-01 124St. College Point, NY 11356 heepark91@yahoo.com	718-321-9199 718-446-8467	종교단체 박희근	1996.1.13. 교회부설 (자체)
	은혜교회 부설은혜 한글학교	43-37 249th St. LittleNeck, NY 11363 imwool@gmail.com	718-428-1447 718-428-1487	종교단체 이승재	1998.10.9. 교회부설 (자체)
	뉴욕 열방교회 한국 문화학교	57-35 226St. Bayside, NY 11364 nyanh@daum.net	718-343-1593 718-343-1594	종교단체 안혜권	1998.2.15 교회부설 (자체)
	주사랑 장로교회 한국학교	209-08 48th Ave. Bayside, NY 11364 kapc3927@gmail.com	718-229-8855 718-244-6630	종교단체 김도균	1999.2.13. 교회부설 (자체)
	뉴욕효신 한국학교	42-15 166St. Flushing, NY 11358 hjoh0511@gmail.com	718-321-1787	종교단체 오현주	2001 교회부설 (자체)
	한마음선원 한마음 한국학교	144-39 32Ave. Flushing, NY 11354 gptjftmsla@hanmail.net	718-460-2019 718-939-3974	종교단체 김동연	2002.2. 불교부설 (자체)
	사랑이 가득한 한글학교	147-46 Sanford Ave. Flushing, NY 11355 nysandrakim@yahoo.com	917-291-9424 718-374-3373	종교단체 김성희	2003.11.25. 교회부설 (자체)
	뿌리깊은 나무 한국학교	56-15 213St. Bayside, NY 11364 kimjongsun47@gmail.com	718-352-6979 718-352-9619	종교단체 김종선	2004.10.19 교회부설 (자체)
	퀸즈중앙 장로교회 한글학교	58-06 Springfield Blvd. Bayside, NY 11364 kcpcqny@gmail.com	718-229-9191	종교단체 최성호	2005.10.2. 교회부설 (자체)

NY 퀸즈	푸른 겨레학교	35-19 157St. Flushing, NY 11354 pureunschool@gmail.com	646-312-9415 347-732-9841	박재우 최경선	2005.4.1. 기타 (유상)
	뉴욕 주의빛 한국학교	171-20 Bagley Ave., Flushing, NY 11358 woorine5@hotmail.com	718-539-0307 718-539-0307	종교단체 성영철	2005.7.3. 교회부설 (자체)
	생명샘 교회 한글학교	5418 Little Neck Pkwy, Little Neck, NY 11362 abekim12@yahoo.com	718-423-0207	종교단체 김영인	2005.9.10. 교회부설 (자체)
	KCS 지역사회학교	35-56 159St. Flushing, NY 11358 kcsafterschool@gmail.com	917-299-9811 718-886-6126	김광석 최창옥	2007.10.15. 단체부설 (무상)
	노라도래 한글학교	215-14 42Ave, Bayside, NY, 11361 adullam68@hanmail.net	646-266-1017	종교단체 장규준	2007.9.10. 교회부설 (자체)
	늘기쁜 한국학교	61-51 Fresh Meadow Ln., Fresh Meadows, NY 11365 hongskim1623@yahoo.com	718-359-0691	종교단체 김홍석	2008.3.20. 교회부설 (자체)
	선한이웃 어린이 한국학교	45-25 162St. 1B Flushing, NY 11358 kcy0091@daum.net	347-779-4250	종교단체 김창렬	2009.3 교회부설 (무상)
	뉴욕복음 선교교회 한국학교	8032 Springfield Blvd, Hollis Hills, NY 11427 loveruth50@yahoo.co.kr	917-660-0759	종교단체 이병수	2009.8.20. 교회부설 (자체)
	뉴욕동양 제일교회 한국학교	50-43 97Place Queens, NY 11368 sangbin64@gmail.com	718-760-0059	종교단체 빈상석	2010.9. 교회부설 (자체)
	만나 한국어 학교	170-04 Northern Blvd. Flushing, NY 11358 kwanhochung@hotmail.com	917-750-8174	종교단체 정관호	2012.2.1. 교회부설 (자체)
	선한목자 아카데미 한국학교	211-06 48thAve. Bayside, NY 11364 graceeunsook@gmail.com	718-229-5991 718-229-5891	종교단체 황영진	2013.2. 교회부설 (자체)

NY 브롱스	성남요한 천주교회 한글학교	3663 White Plains Rd. Bronx, NY 10467 jongsooklee@hotmail.com	718-231-2414 718-405-0053	종교단체 이종숙	1985.11. 교회부설 (자체)
NY 스태튼 아일랜드	스태튼 아일랜드 한국학교	1501 Richmont Ave. Staten Island, NY 10314 jykjee@gmail.com	718-494-5429	한인회 김지연	1976.3. Internatio-nlal Christi-ancener (유상)
	샛별 한글학교	1250 Rockland Ave. Staten Island, NY 10314 klondikchoi@gmail.com	718-612-4611	종교단체 최예영	1989.9.1. 교회부설 (자체)
NY 롱아일랜드 낫소카운티	뉴욕 감리교회 한국어학교	992 Old Country Rd. Plainview, NY 11803 susier0331@yahoo.com	516-681-1713 516-806-4411	종교단체 유영순	1974.9.15. 교회부설 (자체)
	뉴욕 그레잇넥교회 한국문화학교	715 Northern Blvd, Great Neck, NY 11021 hemannlee21@hotmail.com	718-463-3131	종교단체 신희만	2013.3.13. 교회부설 (자체)
	뉴욕예일 한글학교	17 New South Rd. Hicksville, NY 11801 yalekoreanschool@gmail.com	347-404-2628	종교단체 김종훈	2000.3.4. 교회부설 (자체)
	늘푸른 한국학교	20 Andrews Rd. Hicksville, NY 11801 mjj0227@gmail.com	516-822-6900 516-822-4449	종교단체 민정재	2004.2.7. 교회부설 (자체)
	로즐린 한인교회 한국학교	108 Warner Ave. Roslyn Heights, NY 11577 samyjeby@yahoo.com	516-317-3166	종교단체 한흥식	2010.3.2. 교회부설 (자체)
	롱아일랜드 성결교회 한글학교	190 Ellison Ave. Westbury, NY 11590 kecli@hotmail.com	516-333-1757	종교단체 이혜영	1998.1.1 교회부설 (자체)

NY 롱 아 일 랜 드 낫 소 카 운 티	새한국 문화학교	1 Willow St. RoslynHeights, NY 11577 tncny1@gmail.com	516-484-8004 516-484-9004	종교단체 표현종	2008.9.25 교회부설 (자체)
	선재 한국학교	91 Stewart Ave. Hicksville, NY 11801 cheongahsa@gmail.com	516-938-0563	종교단체 류애자	2009.3. 청아사부설 (자체)
	성알로 이스우스 한마음 한국학교	592 Middle Neck Road, GreatNeck, NY 11023 doheekim.ny@gmail.com	917-716-0725	종교단체 이승용	2012.1.9 교회부설 (자체)
	롱아일랜드 한인성당 한국학교	690 Woodbury Rd. Woodbury, NY 11797 likcc.ks@gmail.com	516-921-3333 516-921-3334	종교단체 정창식	2008.10.7. 성당부설 (자체)
	새하늘 한국학교	100 Main Street East Rockaway, NY 11518 newvisionkmc2@gmail.com	516-256-3040 516-256-3060	종교단체 임성균	2009.9.1. 교회부설 (자체)
	아가페 한국문화 학교	94 Fulton Ave. Hempstead, NY 11550 pastor.eun@gmail.com	516-485-2102 516-485-2103	종교단체 은희곤	2009.1. 교회부설 (자체)
	아름다운 한국학교	1 Arumdaun St. Bethpage, NY 11714 arumdaunks@gmail.com	516-349-5559 516-349-5828	종교단체 김동호	1976.2.2. 교회부설 (자체)
NY 롱 아 일 랜 드 셔 폭 카 운 티	롱아일랜드 연합 감리교회 한국학교	486 Townline Rd. Commack, NY 11725 annchangek@gmail.com	631-499-1260 631-499-2914	종교단체 장은경	2012.3.3. 교회부설 (자체)
	뉴욕성서 한글학교	1201 Carlls Straight Path. DixHills, NY 11746 kimsangill123@yahoo.com	631-243-5683 631-243-2717	종교단체 김상일	1981.9.6. 교회부설 (자체)

NY 업 스 테 이 트 뉴 욕	뉴욕진아 한국학교	723 South Broadway Tarrytown, NY 10591 wlavalley@hotmail.com	914-357-0290	종교단체 오화자	1978.2.18. 교회부설 (유상)
	웨체스터 연합교회 한글학교	50 Pintad Ave. New Rochell, NY 10801 yangmeejhin@yahoo.com	914-738-3076	종교단체 하항윤	1984 종교단체 (자체)
	뉴욕 웨체스터 한국학교	242 N. Broadway, Sleep Hollow, NY 10591 inkyoo23@gmail.com	914-332-0447 914-332-0379	종교단체 김영	1984.2. 종교단체 (자체)
	미드허드슨 한국학교	38 Jackson Road, Poughkeepsie, NY 12603 midhudsonkoreanschool @gmail.com	845-592-4577	종교단체 조숙인	1985.8.25. 교회부설 (자체)
	올바니 한글학교	7 Knox Dr. Schenectady, NY 12303 eunapark77@gmail.com	518-862-0247	종교단체 박은아	1987.10.4. 교회부설 (자체)
	동산 한국학교	100 Herrmann Place Yonkers, NY 10710 ha2sun@hotmail.com	914-961-0540 914-961-9251	종교단체 김홍근	1987.6.5. 교회부설 (자체)
	코넬 한인교회 한글학교	G16 Anabel Taylor Hall, Cornell Univ. Ithaca, NY 14853 kcc.korean.school@gmail.com	607-255-2250	종교단체 박응식	1992.1.25. 교회부설 (자체)
	중부뉴욕 한국학교	5833 E. Seneca Tpke, Jamesville, NY 13078 jonghan@syr.edu	315-637-9836	이재균 한종우	1995.10.7. 교회부설 (유상)
	뉴욕백민 한국학교	2 Murray Hill Rd. Scarsdale, NY 10583 kangkibong@hotmail.com	718-822-0206 718-822-2378	종교단체 강기봉	1996.9. 교회부설 (자체)
	무궁화 한국학교	7 Donovan Dr. Hopewell Jct., NY 12533 jangoo@us.ibm.com	845-227-6909 845-227-6909	종교단체 이장수	2003.10.12. 교회부설 (자체)

NY 업 스 테 이 트 뉴 욕	알바니 성가정한인 천주교회 한글학교	17 Exchange St. Albany, NY 12205 kimsil@nycap.rr.com	518-424-9750	종교단체 김은실	2003.5.4. 교회부설 (자체)
	버팔로 한국어학교	955 Sheridan Dr. Tonawanda, NY 14150 buffalokorean@gmail.com	716-875-3323	종교단체 홍윤정	2005.9. 교회부설 (자체)
	하나님의 교회 한국학교	13 Mountain View Ave. Orangeburg, NY 10962 ilykwon910@hotmail.com	845-398-0691 845-398-1365	종교단체 권일연	2006.9.1. 교회부설 (자체)
	불광한국 문화학교	104 Route 303, Tappan, NY 10983 bulkwangkcs@gmail.com	845-359-5151 845-359-5153	종교단체 김현모	2007.6.1. 사찰부설 (자체)
	올바니 사랑의교회 한글학교	410 23rd St. Watervliet, NY 12189 jcky57@hotmail.com	518-783-1241	종교단체 이창규	2010.10.1. 교회부설 (자체)
	온누리 한국학교	10 Oak Street, Orangeburg, NY 10994 onnureekoreanschool @hotmail.com	845-359-1458	종교단체 조문휘	2011.9.10. 교회부설 (자체)
	버팔로 성김대건 한국학교	9 Ohara Rd. Tonawanda, NY 14150 jaeyoon0321@naver.com	716-430-7471	종교단체 김영수	2011.9.11. 교회부설 (자체)
	시라큐스 크리스챤 아카데미	1800 E. Genesee St. Syracuse, NY 13210 sungguri@gmail.com	315-474-8346	종교단체 지용주	2013.5.14. 교회부설 (자체)
NJ 북 부 뉴 저 지	뉴저지 한국학교	34 Sunset Lane Tenafly, NJ 07670 koreanschoolnj@hotmail.com	201-220-5541	곽상준 황현주	1983.1.8. Tenafly M.S(유상)

NJ 북 부 뉴 저 지	에리자베스 한국학교	700-714 Bayway Ave. Elizabeth, NJ 07202 kwangholee@yahoo.com	718-981-7692 718-983-1192	종교단체 이광호	1985.7.1. 교회부설 (자체)
	뉴저지 장로교회 한국학교	500 Broad Ave. Palisades Park, NJ 07650 kspcnj@gmail.com	201-944-5756 201-497-6862	종교단체 김도완	1985.9.15. 교회부설 (자체)
	한소망 한국학교	1190 River Rd. Teaneck, NJ 07666 woongko@gmail.com	201-801-9100 201-801-9111	종교단체 전진은	1985.9.15. 교회부설 (자체)
	성김대건 한국학교	585 Saddle River Rd Saddle Brook, NJ 07663 msy0647@hotmail.com	201-703-8131 201-703-7111	종교단체 정향숙	1986.9. 공립학교 (유상)
	베다니 한글학교	491 Alps Rd. Wayne, NJ 07474 greenpasture72@yahoo.co.kr	201-452-9251	종교단체 고창윤	1990.6. 교회부설 (자체)
	뉴저지 안디옥 한국학교	616 Prospect Ave. WestOrange, NJ 07052 antiochkschool@hotmail.com	973-325-1471	종교단체 강준석	1990.8. 교회부설 (자체)
	우리 한국학교	460 Park Ave. #410 NewYork, NY 10022 admin@woorischool.org	212-829-1770 212-829-1771	기타단체 김귀희	1992.9.19. Woodrow Wilson M.S(유상)
	아콜라 한국문화 학교	S-52 Paramus Rd. Paramus, NJ 07652 hurnagja@hotmail.com	201-843-7970	종교단체 허낭자	1995.1. 교회부설 (자체)
	늘푸른 한글학교(NJ)	1321 Teaneck Rd. Teaneck, NJ 07666 joshuapyon@gmail.com	201-833-8336 201-833-2503	종교단체 편헌범	1998.9.1. 교회부설 (자체)
	필그림 한국학교	18 Essex Rd. Paramus, NJ.07652 pilgrimkoreanschool @gmail.com	201-694-6954	종교단체 유영수	2000.3. 교회부설 (자체)

NJ 북부 뉴저지	한성 장로교회 설한글학교	168 Lexington Ave. Cresskill, NJ 07626 hansung408@gmail.com	201-567-7670	종교단체 송호민	2000.3.2. 교회부설 (자체)
	산돌 한국학교	356 Change Bridge Rd. Pine Brook, NJ 07058 jkpeters201@gmail.com	973-575-2778	종교단체 김현준	2001 교회부설 (자체)
	세종 한국학교	451 Grand Ave. Palisades Park, NJ 07650 somahngnj@yahoo.com	201-592-6004 201-592-6005	종교단체 박상천	2002.7. 교회부설 (자체)
	AWCA 엔젤입양인 한국학교	9 Genesee Ave. Teaneck, NJ 07666 awca.mje@verizon.net	201-862-1662	AWCA 김진홍	2004.2.5. 기타 (자체)
	뉴저지연합 장로교회 한국학교	27 Bay Ave. Bloomfield, NJ 07003 27kupc@gmail.com	973-743-5455	종교단체 황규민	2004.9.7 교회부설 (자체)
	팰리세이드 한국학교	236 Old Tappan Rd. Old Tappan, NJ 07675 yhhm77@gmail.com	845-270-4752	종교단체 문윤희	2005.10.8. 교회부설 (자체)
	포트리 한국 문화학교	121 Bridle Way Fort Lee, NJ 07024 hyobinim@yahoo.com	201-446-2491 201-947-8989	박정호 박정호	2005.11.1. 교회부설 (무상)
	뉴저지 만나교회 한글학교	88 Hickory Ave. Bergenfield, NJ 07621 mannaschool@gmail.com	201-250-6005	종교단체 서우석	2005.2. 교회부설 (자체)
	열린문성약 한국학교	480 Warwick Ave. Teaneck, NJ 07666 hurmsoo@gmail.com	201-833-9909	종교단체 허민수	2005.4. 교회부설 (자체)
	뉴저지평화 한글학교	39-23 Fair Lawn Ave, Fairlawn, NJ 07410 jkim0691@gmail.com	201-279-3953	종교단체 김재준	2006.1.1. 교회부설 (자체)

NJ 북부 뉴저지	에덴 한글학교	2420 Lemoine Ave. FortLee, NJ 07024 soeun3765@yahoo.co.kr	201-233-5057 201-944-0517	종교단체 박창복	2006.9.2. 교회부설 (자체)
	사랑과진리 교회부설 한글학교	169 N Washington Ave., Bergenfield, NJ 07621 info@ltchurch.com	201-406-6784	종교단체 벤자민 오	2007.12.19. 교회부설 (자체)
	기쁜소식 뉴저지교회 한글학교	1075 Queen Anne Road Teaneck, NJ 07666 kim.eunhee89@gmail.com	201-857-2516	종교단체 김은희	2007.3. 교회부설 (자체)
	동화 한국어학당	P.O.Box 271 Englewood, NJ 07631 info@donghwaculture.org	201-871-3033	기타단체 조영	2007.9.10. 독립시설 (유상)
	참빛 한국학교	55 Hillside Ave. Teaneck, NJ 07666 euiyullh@yahoo.com	201-530-0053	종교단체 이념	2008.9.25. 교회부설 (자체)
	새누리 한국학교	344 Washington Ave, Dumont, NJ 07628 yesoliya@hanmail.net	201-566-1223	종교단체 신윤희	2009.12.30. 교회부설 (자체)
	뉴저지 성실교회 부설열린 한글학교	111 Charotte Pl. #101 EnglewoodCliffs, NJ 07632 senmg1002@gmail.com	201-568-2398 201-568-2398	종교단체 장승철	2009.5.5. 교회부설 (자체)
	푸른하늘 한글학교	321 Mary St. Englewood, NJ 07631 bluesky3267@gmail.com	201-401-7520	종교단체 이은희	2010.10.1. 교회부설 (자체)
	한무리 한글학교	295 Highland St. Leonia, NJ 07605 hanmoory@hotmail.com	201-281-5182	박상돈 유정림	2010.2. 교회부설 (자체)
	하제 한국학교	432 Wyoming Ave., Millburn, NJ 07041 millburnhaje@gmail.com	973-738-9439	종교단체 이민용	2010.9.10. 종교단체 (자체)

NJ 북 부 뉴 저 지	샘이깊은 한글학교	10-10 Maxwell Place, Fair Lawn, NJ 07024 seongoolee@gmail.com	718-460-3515	종교단체 임동숙	2011.4. 교회부설 (자체)
	하베스트 한국어학교	370 Demarest Ave. Closter, NJ 07624 hj915@hanmail.net	201-784-1974 201-784-1361	종교단체 김영호	2011.6.17. 교회부설 (자체)
	모퉁이돌 교회 한국학교	2 E. Passaic Ave. Rutherford, NJ 07070 chodoyo@hotmail.com	201-676-0452	종교단체 최동용	2011.9.30. 교회부설 (자체)
	뉴저지 동산 한국학교	210 Washington Ave. LittleFerry, NJ07643 jhin1516@yahoo.com	201-229-1561 201-229-1562	종교단체 윤명호	2012.3.3. 교회부설 (자체)
	땅끝교회 토요 한글학교	35 Liberty Rd. Bergenfield, NJ07621 jaydo55@hotmail.com	201-387-1414	종교단체 유재도	2013.3.13 교회부설 (자체)
	샘마이클 누리학교	312 FirstSt. PalisadesPark, NJ07650 inkyung.lee@nurishool.org	201-598-0733	종교단체 이인경	2013.7.8. 교회부설 (자체)
	뉴저지 훈민학당 한국학교	12 West Central Ave. Bergenfield, NJ07621 njhunmin@gmail.com	201-282-8393	원호길 원여호세바	2013.9.26. 독립시설 (임대)
NJ 남 부 뉴 저 지	갈보리 무궁화 한국학교	572 Ryders Lane E. Brunswick, NJ08816 calvaryks@gmail.com	732613-4930	종교단체 도상원	1979.9.8. 교회부설 (자체)
	남부뉴저지 한인연합 감리교회 한국학교	5340 White Horse Pike Eggharborcity, NY08215 ml88gl@comcast.net	609-965-1222 609-652-0809	종교단체 이미경	1982.9.1. 교회부설 (자체)
	트렌톤 한국학교	14 Morton Court Lawrenceville, NJ08648 chungjaykim@yahoo.com	609-895-2601 609-298-0602	종교단체 김정자	1990.7. 교회부설 (자체)

NJ 남 부 뉴 저 지	사랑 한국학교	173 Essex Ave.#201, Metuchen, NJ 08840 hongcpa153@gmail.com	732-603-8877 732-603-8874	종교단체 홍태명	1990.9.1. 교회부설 (자체)
	대한 한국학교	323 Rt.73 South Voorhees, NJ 08043 gofellowship@hotmail.com	856-489-1188	종교단체 백행원	1995.6.10. 교회부설 (자체)
	프린스톤 한국학교	302 Trinity Ct.#12 Princeton, NJ 08540 chongsook2@gmail.com	609-452-7586	재단 이종숙	1996.2. 미국교회 (유상)
	양지 한국학교	24 Bartlett Blvd. E.H.Twp, NJ 08234 Hij1103@hamail.net	609-335-3059	종교단체 김혜자	2000.9.20. 교회부설 (자체)
	참빛 한글학교	46 Strickland Rd. Freehold, NJ 07728 davidkim778@gmail.com	201-838-4579 732-462-7858	종교단체 이태환	2002.9. 교회부설 (자체)
	찬양 한국 문화학교	15 Cedar Grove Lane Somerset, NJ 08873 hannakso@gmail.com	732-805-4050 732-805-0403	종교단체 고성옥	2005.9.10. 교회부설 (자체)
	시온성 한국학교	28 S.4th St. Fords, NJ 08863 hsleetkd@gmail.com	732-382-8460 732-382-0418	종교단체 류태우	2008.11.4. 교회부설 (자체)
	남부뉴저지 통합 한국학교	5 Carnegie Plazza, Cherry Hill, NJ 08003 isabellacskim@yahoo.com	856-979-5101	종교단체 김정숙	2009.10.1. 교회 (무상)
	뉴호프 아카데미 토요학교	1989 Marlton Pike East Cherry Hill, NJ 08003 newhope.esther@gmail.com	856-308-8287	종교단체 이진석	2009.10.1. 교회부설 (자체)
	만모스 한국학교	76 Wyckoff Rd. Eatontown, NJ 07724 sunkoogkim@gmail.com	201-410-7584	종교단체 김선국	2009.8.3. 교회부설 (무상)

NJ 남부 뉴저지	프린스턴 한국순교자 성당부설 한국학교	1130 BrunswickPike, Trenton, NJ08638 kimuh72@gmail.com	609-695-6613	종교단체 김우현	2010.1. 교회부설 (자체)
	해밀톤 한국학교	465 PaxonAve, HamiltonSq, NJ08690 namokyu@hotmail.com	267-471-9674	종교단체 강남옥	2010.2. 교회부설 (자체)
커네티컷	뉴헤이븐 한국학교	42 GlenParkwayRd. Hamden, CT06517 jilee45@yahoo.com	203-287-0105	기타 이종임	1976.5.10. 교회건물 (유상)
	코네티컷 토요한국학교	100 OhmanAve, Orange, CT06477 yongjoosong@yahoo.com	203-314-1357	김창수 송용주	1998.9. 공립학교 (유상)
	코네티컷 빛나는토요 한국학교	35 PulaskiSt. Norwalk, CT06851 pakcba@gmail.com	917-705-7369	종교단체 박준련	2006.3.14. 교회부설 (자체)
	코네티컷 우리한국학교	121 TimrodTrailGlastonbury CT06033 cindyjoo@hotmail.com	860-508-2249	기타 이윤경	2007.9.10. Trinity College (유상)
델라웨이	델라웨어 한국학교	4 NathalieDr., Hockessin, DE19707 icm1212@gmail.com	302-737-8737 302-737-2639	교민단체 박영은	1987 교회임대 (유상)
	영원한교회 한글학교	1141 OldBaltimorePike, Newark, DE19702 koshinsuk1216@hotmail.com	302-733-0101	종교단체 고신석	1999.3. 교회부설 (자체)
필라델피아	벤살렘 한국 문화학교	2814 MechanicsvilleRd. Bensalem, PA19020 myungcha@yahoo.co.kr	215-639-1320 215-639-3119	종교단체 차명훈	1975.5. 교회부설 (자체)

필라델피아	벅스카운티 한국학교	1550 WoodbouneRd. Levittown, PA19057 ohartbox@yahoo.com	215-945-1512	종교단체 오정선미	1980.9.20. 교회부설 (자체)
	피츠버그 중앙 한국학교	821S. AikenAve. Pittsburgh, PA15232 soyeon1004@hotmail.com	412-302-3711 412-224-2099	종교단체 이소연	1981.1.4. 교회부설 (자체)
	리하이밸리 한국학교	1987 SchadtAve. Whitehall, PA18052 mint915@hotmail.com	484-809-2202	종교단체 계은애	1983 교회부설 (자체)
	필리 임마누엘 한국학교	4723-41 SpruceSt. Philadelphia, PA 19139 kyi63@yahoo.com	215-476-0330 215-474-7775	종교단체 김태권	1983.6.12. 교회부설 (자체)
	스테이트 칼리 한국학교	758 GlennRoad StateCollege, PA16803 sgroh1009@gmail.com	814-360-5746	종교단체 김광일	1988.9.1. 종교단체 (자체)
	영생 한국학교	706 WitmerRd. Horsham, PA19044 yskspa@gmail.com	267-577-7007 215-542-9037	종교단체 심수목	1989.3.4. 교회부설 (자체)
	포코노 한국학교	107 WoodAcresDr. Cresco, PA18326 paulmoon@paran.com	570-595-7710	종교단체 문성록	1989.4.22. 교회부설 (자체)
	필라델피아 원광한국학교	423 AbingtonAve. Glenside, PA19038 wonphilly@yahoo.com	215-886-8443 215-886-8443	종교단체 김복희	1991.4. 원불교부설 (자체)
	필라한인 연합교회 부설연합 한국학교	1200 W. Cheltenham Ave. Philadelphia. PA19126 synhkim@gmail.com	215-745-0694 215-927-0643	종교단체 조진모	1992.3.1. 교회부설 (자체)
	낙원 한국학교	3364 Susquehanna Rd.Dresher, PA19025 hyungkwanchoi@yahoo.com	215-646-3887 215-646-4122	종교단체 최형관	1994.9.6. 교회부설 (자체)

필라델피아	필라안디옥 한국학교	One Antioch Ave. Conshohoken, PA 19428 jaejinma@hanmail.net	610-828-6760 610-260-1343	종교단체 호성기	1996 교회부설 (자체)
	기쁜소식 필라델피아 교회부설 한국학교	305-309 Township Line Rd. Elkins Park, PA 19027 graceofthelord1@gmail.com	215-379-0501	종교단체 김혜정	1997 종교단체 (자체)
	새하늘 한국학교	651 East Spring Field Rd. Springfield, PA 19064 ktoora73@hotmail.com	267-475-1553	종교단체 조창수	1998.9.13. 교회부설 (자체)
	몽고메리 한국학교	3260 Morris Rd. Lansdale, PA 19446 lee.sukgu@verizon.net	610-222-0691	종교단체 이석구	1999.3. 교회부설 (자체)
	챔튼햄 한국학교	7507 Tookany PKWY Cheltenham, PA 19012 inmul1@hotmail.com	215-635-5643 215-635-2614	종교단체 최정권	2007.9.15 종교단체 (자체)
	랜스데일 연합한국학교	501N. Line St. Lansdale, PA 19446 dpthan@hotmail.com	267-250-9085 215-855-7430	기타단체 민영선	2008.9.13. 시온교회 (무상)
	제일 한인교회 한국학교	3436 Winchester Road Allentown, PA 18104 korschool@hotmail.com	484-221-8133	종교단체 한창수	2009.10.1. 종교단체 (무상)
	양의문 한국학교	1302 Maryland Ave. Havertown, PA 19083 scyoon1138@hotmail.com	610-449-7799	종교단체 윤상철	2009.4.24. 교회부설 (자체)
	필몬트 한국학교	1081 Carriage Lane Blue Bell, PA 19422 soo.kyungjun813@hotmail.com	267-481-1586	전수경 전수경	2010.3.10. 독립시설 (무상)
	한솔 한국학교	1218 Welsh Rd. North Wales, PA 19454 limbyungae@hanmail.net	215-667-4034 215-412-9255	온승준 임병애	2010.3.11. 독립시설 (무상)

필라델피아	다솜 한국학교	11047 Bustleton Ave., Philadelpia, PA19116 email@philadasom.org	267-231-2222	종교단체 장덕상	2010.9.11. 교회부설 (자체)
	필라한겨레 교회부설 한국학교	351E. Butler Pike, Ambler, PA19002 woongryul@hotmail.com	267-242-7850	종교단체 황해은	2011.9. 교회부설 (자체)
	케이컬한국 문화학교	219S wedeland Rd. KingofPrussia, PA 19406 kculacademy@gmail.com	484-213-4603	유한기 노영선	2012.9.1. 독립시설 (유상)
	필라한인 천주교회 한글학교	700 OldYork Road Philadelphia, PA19126 susapark63@gmail.com	215-927-1662	종교단체 최성희	2013.8.27. 교회부설 (자체)
	기쁨의교회 한국학교	1911W.MarshallSt. W.Norriton, PA19403 philayou@gmail.com	215-266-6380	종교단체 박성일	2013.9.26. 종교단체 (자체)

2 SATⅡ한국어

이광호

SATⅡ한국어란 무엇인가?

SAT(Scholastic Assessment Test)란 미국 대학 입학 시 학생들의 수능 자격을 평가하기 위하여 대부분의 미국 대학들이 요구하는 시험이다.

SATⅠ은 영어 수학과 논술을 평가하기 위한 시험이고 SATⅡ는 과목별 시험(Subject Test)으로서 특정 과목의 지식과 능력을 평가하는 시험으로 다섯 개의 일반과목으로 구분되어 있으며 과목당 한 시간에 걸쳐 보는 시험이다.

- 영어(논술, 문학)
- 역사(미국사, 세계사) 및 사회학
- 수학(수학1, 수학1C, 수학ⅡC)(여기서 C는 계산기를 사용할 수 있음)
- 과학(물리, 화학, 생물)
- 언어

언어 선택 과목은 1994년까지는 12과목으로 8개의 외국어 과목이었는데 1997년에 한국어가 Korean with Listening으로 채택됨으로 외국어로는 아홉 번째로, 아시아 언어로는 일본어와 중국어에 이어 세 번째로 채택되었으며, 과목은 13개로 늘어나게 되었다.

1993년까지는 SAT가 Scholastic Aptitude Test로 알려졌고 이 시험은 Assessment Test와 Achievement Test의 두 부문으로 구분되어 실시되었다.

1993년에 개편되면서 영어 약자 SAT는 동일하지만 Scholastic Assessment Test Ⅰ & Ⅱ로 바뀌었다. 현재 UC 계열 Harvard, Yale등 150여 개의 소위 명문대학에서는 SAT Ⅰ은 물론 SAT Ⅱ 시험 결과도 요구하는 추세이다.

현재 SAT Ⅱ 언어평가시험 과목

SAT Ⅱ

- English Language Proficiency
- French/French with Listening
- German/Herman with Listening
- Spanish/Spanish with Listening
- Latin
- Modern Hebrew

- Italian
- Japanese with Listening
- Chinese with Listening
- Korean with Listening

SAT Ⅱ 한국어 채택과정

SAT Ⅱ 한국어 채택은 미 대학 수능시험을 주관하는 대학위원회(The College Board)에 외국어 시험 과목으로 동양 언어를 배제하고, 유럽언어만 실시하는 것에 대한 불공평성이 제기되면서 시작되었다. 유럽 중심의 시각으로 역사, 문화, 정치, 사회 문제를 이해하려는 부당성을 지적하고, 아시안 언어도 SAT Ⅱ 수능시험에 추가시켜 줄 것을 University of California의 동양계 교수들이 UC Presidents Office의 직속 산하기관으로, 1983년 아시안언어위원회(Task Force in Asian Language)를 조직하면서 본격화되었다. 이때 정말 다행히도 장태한 교수가 UC Riverside 대표로서 위원으로 참여하게 되었다.

대학위원회는 일본과 중국의 국제적 위치와 비중이 크기 때문에 별 어려움 없이 채택에 동의하여, 1993년에 일본어에 이어 1994년에 중국어 시험이 실시되었다. 그에 반해 한국어의 경우는 '전략언어'로 채택되어 있지도 않고 미국인들의 한국에 대한 인지도가 낮으며 한국학도 상당히 낙후되어 있고, 미국 고등학교에서 한국어를 가르치는 학교가 전국에 3개 학교밖에 없으며, 학생 수도 극히 적기 때문에 시험의 필요성이 적다는 주장이 우세했다. 그래서 착안한 것이 한인동포사회에서 운영되고 있는 주말 한국학교가 전국에 1,000개 이상이며 학생 수가 5만 명이 넘는다는 점이었고, 한인 사회의 관심이 매우 높다는 점을 강조하였다. 이를 입증하기 위해 남가주 지역의 한국학교연합회의 협조로 약 15,000명의 서명을 받아 대학위원회의 Donald Stewart 회장에게 전달하였다.

SAT II 한국어채택위원회

1994년 4월 제2차 아시안언어위원회와 한인사회 대표들과의 회의에서 한국어 시험을 채택하기로 확정하고, 6월에 시험문제 출제를 위해 500,000달러의 경비가 필요하다는 서신을 받았다. 이 비용은 대학위원회에서 산출한 것으로 시험문제 출제를 위해 약 2년 동안 미 전국에서 한국어 학자들에게 시험문제 출제를 의뢰하고, 여러 번의 모의시험을 시행한 후 최종적으로 공정한 시험문제를 출제하는데 드는 경비이다. 1994년 6월 23일 드디어 한인사회는 기금모금 발기대회를 개최하여 SAT II 한국어채택위원회(Committee for SAT ll Korean)를 구성하고 지금까지 수고해 온 장태한 교수를 회장으로 추대하였다.

채택위원회는 LA를 비롯한 미 전국 18개 지역(NAKS의 12개 지역협의회 중심)에 위원회를 발족시켜 모금운동을 전개했다. 한인 언론기관들은 한국어 채택의 중요성과 기금모금의 필요성에 뜻을 같이하고 홍보에 앞장섰다. SAT II 한국어 채택이라는 대 명분 아래 동포 사회는 단결했고 한국 정부도 적극 협조하였다. 마침내 한국의 대기업인 삼성재단(회장: 이건희)이 한국어 채택의 중요성을 인지하고 500,000달러를 기부했다. 기부금은 1995년 5월 10일 대학위원회에 전달되었고, 그동안 모금한 SAT Ⅱ 한국어진흥재단(이사장: 정채환)으로 이월되어 한국어 진흥에 사용하도록 결의되고 채택위원회는 해체되었다.

SAT Ⅱ 한국어 시험 준비를 위한 재미한국학교협의회(NAKS)와 한국어진흥재단의 활동

미주한인사회는 SAT Ⅱ에 한국어를 채택시켰다는 역사적 성과를 이뤄냈다. 하지만, 더불어 이 시험을 발전·유지·지속시켜가야 한다는 과제를 떠안게 되었다. 이 작업은 재미한국학교협의회와 한국어진행재단 두 기관이 주도해 나갔다.

1. 재미한국학교협의회(NAKS), 모의고사 실시 등 시험응시자 확보

SAT Ⅱ 한국어의 첫 시험일이 1997년 11월 첫째 토요일로 결정되었다. 이를 앞두고 NAKS는 1995년 11월에 SAT Ⅱ 한국어연구위원회(위원: 이광자, 박규영, 방정웅, 이광호, 함혜란)를 구성하였고, 시험 전반에 관한 정책과 과정을 협의하기 위한 College Board SAT Ⅱ Korean Task Force 회의에 이상오 회장과 방정웅 총무가 참석하였다.

1995년 9월 재미한인학교 동북부협의회 정기총회에서 제6대 회장으로 선출된 이광호 회장과 회원교들은 한국어 시험 준비에 총력을 기울이기로 결의하였다. 채택은 되었지만 이 방면에 관한 정보나 지식이 전혀 없는 상태였기 때문에, 동북부지역협의회 관할인 뉴저지 프린스턴에 위치한 ETS(Educational Testing Service)를 방문하여 협조를 요청하고, 일본어와 중국어 시험 견본을 얻어 번역하여 본 협의회 회보 12호(1996.1.27.)에 싣고, 회원교 교사들이 교육과 홍보를 시작하였다. 또한 ETS 시험관 Judy Morag과 한국인 컨설턴트 정인숙을 임시총회장에 초청하여 시험에 관한 전반적인 과정을 듣고 교육도 받았다.

1996년 1월에는 본 협의회의 요청으로 ETS가 맨해튼에서 'Item-Writing Workshop'을 개최하여 Director, Brian OReilly와 시험관 2명, 실제 시험출제위원 6명 전원이 참석하여 50여 명의 교사들에게 문제유형, 출제방법, 응시방법 등을 구체적으로 강의해 주어 큰 도움과 자신감을 갖게 되었다.

한국어 시험에 관한 전반적인 지식을 갖게 된 본 협의회는 모의고사를 준비하여 동북부 지역 회원교를 대상으로 실시하기로 하였다. 모의시험을 직접 임해 봄으로써 학생이나 부모들이 시험문제를 실감할 수 있었으며, 지역 언론 매체들의 대대적인 홍보와 회원교들의 전폭적인 협조와 참여로 큰 성과를 거두었다.
(출제위원: 이선근 위원장, 이종숙, 윤순철, 허병렬, 김혜순)

2. 제1회 SAT II 한국어 모의고사 실시
· 일시: 1996년 4월 20일(토), 21(일)
· 장소: 각 한국학교
· 응시학교 및 응시자 수: 64학교 1,212명
· 평균성적: 641/800점
  듣기(233/270점), 용어(190/260점), 독해력(218/270점)
  남자(587명): 618점, 여자(625명): 663점
  학년별: 7학년 602점, 8학년 644점, 9학년 656점, 10학년 676점,
        11학년 689점, 12학년 728점

* 지난 교사연수회에서 종합 분석과 대책에 대한 발표가 있었으며 시험문제와 자세한 분석결과는 [한인교육연구] 1996년 제7권 2호 통권 13호에 수록됨.

3. SAT II 한국어 모의고사 참가교 현황(1996년)

학 교 명	인원	장소	학 교 명	인원	장소
S. I. 한인학교	24	S.I.	벅스카운티 한국어학교	31	P.A.
St. Andrew Kim's 한국학교	11	N.J.	베다니 한글성서 학교	38	N.J.
YWCA 퀸즈 한국학교	44	Flushing	부르클린 연합감리교회 한국학교	7	Brooklyn
갈릴리 한국학교	12	N.J.	불루벨 한국학교	7	P.A.
낙원 한국학교	16	P.A.	사랑침례교회 사랑 한국학교	9	N.J.
남부뉴져지 감리교회 한국학교	12	N.J.	산돌 한국학교	7	N.J.
남부뉴져지 한국학교	16	N.J.	서부 한국학교	5	P.A.
뉴욕 백민 한국학교	11	Bronx	서포크 한국학교	6	L.I.
뉴욕 브로드웨이 한국학교	13	Manhattan	성도 한국학교	10	P.A.
뉴욕 신광 한국학교	33	Bayside	세종서원	10	Bronx
뉴욕 웨체스터 한국학교	12	N.Y.S.	아콜라 문화학교	24	N.J.
뉴욕 퀸즈 정하상 천주교회 한글학교	40	Flushing	에리자베스 한국학교	44	N.J.
뉴욕 한국학교	42	Bronx	원광 한국학교	22	Flushing
뉴욕 한민 한국학교	15	Bayside	이사야 한국학교	13	P.A.
뉴욕 중부교회 한글학교	7	L.I.	진아 한국학교	7	N.Y.S.
뉴욕 청소년 한국학교	6	Flushing	찬양 한국학교	11	N.J.
뉴욕 한빛교회	17	Queens	천주교회 필라델피아 한국학교	29	P.A.
뉴져지 YWCA 한국학교	9	N.J.	퀸즈감리교회 한글학교	14	Queens
뉴져지 무궁화 한국학교	21	N.J.	퀸즈장로교회 한국학교	23	Flushing
뉴져지 안디옥 한국학교	22	N.J.	트렌톤 한국학교	19	N.J.
뉴져지 온누리 한국학교	15	N.J.	트렌톤 한국학교(장로교회)	22	N.J.
뉴져지 한국학교	75	N.J.	필리버 한국학교	8	N.J.
뉴져지 한국학교(외부학생)	10	N.J.	필라 소망장로교회	12	P.A.
뉴져지 한인연합 장로교회	12	N.J.	필라 안디옥 한국학교	16	P.A.
대한 한국학교	6	N.J.	필라 영생 한국학교	37	P.A.
델라웨어 한국학교	14	D.E.	필라 제일 한국학교	32	P.A.
로렌스 한국 문화학교	10	L.I.	필라 한인연합교회 토요 한국학교	18	P.A.
로체스터 한글학교	15	N.Y.S.	필라델피아 한글학교	24	P.A.
롱아일랜드 K.U.M.C. 한국학교	29	L.I.	하드포드 한국학교	7	C.T.
롱아일랜드 연합 한국학교	31	L.I.	한소망 한글학교	10	N.J.
리빙스턴 연합 감리교회 한글학교	100	N.J.	한인 동산 한국학교	12	Bronx
만백성 샛별 한국학교	19	S.I.	합 계	1,212명	
문화 한국학교	51	Flushing			

4. SAT II 한국어진흥재단, 공립교에 한국어반 개설 및 SAT II Korean 교재개발

SAT II 한국어진흥재단은 미국공립학교에 한국어반을 조성하여 동포자녀와 미국학생들이 한국어를 배울 수 있도록 하기 위해 많은 노력을 기울였다. 1995년

3월에는 모금한 100,000달러를 NAKS 산하 12개 지역협의회를 통해 노력한 결과 2년 동안(4/10/1997~7/5/1999) Hawaii, Los Angeles, New York, Washington D.C., Seattle지역의 12개 학교에 한국어반을 개설하는 종잣돈으로 지원하여 큰 성과를 거두었다. 같은 해 4월에는 SAT II한국어를 공부할 수 있는 교재개발을 위해 70,000달러를 NAKS에 기증하고 당시 Buffalo State University의 김석연 교수에게 의뢰하여 〈Living Korean for SAT II 한국어〉 초급독본과 학습본, 중급 독본과 학습본을 1997년 6월에 발행하였다.

진흥재단은 고등학교의 SAT II 한국어의 홍보와 발전을 위해 더 큰 시도를 하였다. 1996년 7월 19일부터 21일까지 3일간 제1회 국제한국학학술대회를 LA Omni Hotel에서 개최했다. 이 학술대회에는 미국의 대학에서 가르치는 교수들을 중심으로 국내외 74명의 석학들이 참가하여 42편의 논문을 발표하였다(주제: 해외 한민족과 차세대-계명대학교 출판부 발행 논문집).

제2회 국제한국학학술대회는 세종대왕 탄신 600돌을 기념하여 계명대학교와 공동주최로 1997년 6월 25일부터 28일까지 한국의 계명대학교에서 개최되었다. 국내외 한국어 관련자 70여 명이 참가하여 37편의 논문이 발표되었다(주제: 해외 한민족와 차세대–계명대학교 아카데미아 코리아나 발행 논문집). 국내외 한국학 학자들이 한 데 모여 연구논문을 발표하고 토론하고 네트워크를 구성하는 작업은 매우 드문 일이며 값진 모임이었다. 미국에서 이루어 낸 SAT II 한국어가 한인들이 진출해 있는 다른 국가에도 큰 영향을 끼칠 것이라는 것에 참석자 모두가 공감하며 끝내는 감동과 감격의 눈물을 쏟아내었다. NAKS 제14차 학술 대회 및 정기총회가 1996년 8월 8일부터 10일까지 워싱턴 주 타코마에서 열렸다. NAKS는 매년 미주지역을 순회하며 학술대회를 개최한다. NAKS는 이 대회에 한국어 및 한국학 전문가들을 강사로 초빙해 미 전역에서 참가하는 한국학교 교사들에게 전문지식과 아울러 자긍심을 심어주고 있다.

15차 대회에는 이익섭 박사(국립국어연구원 원장), 전혜성 박사(East Rock Institute 이사장), 이정노 박사(SAT II 한국어출제위원장)가 주제 강연자로 초청되었고, 국제한국학학술대회때와 마찬가지로 SAT II Program Director인 Dr. Brian ORerlly를 초청하였다(제16차 학술대회에도 초청함). 그의 강의 제목은 'SAT II Korean Test Development - Status Report였으며 질의/응답을 통해 궁금증을 해결하였고, SAT II 한국어의 후속조치로 무엇을 어떻게 해야 할 것인가에 대한 활발한 토론이 있었다. 같은 해 12월 6일에 열린 12개 지역협의회 회장단 및 NAKS 임원 연석회의에서, 내년 11월에 처음으로 실시될 시험에 대비하기 위해 4월에 모의고사를 미국 전역에 동시에 실시하도록 결의하였다. 책임자로는 바로 직전해인 1996년 4월 동북부지역협의회 회원교를 대상으로 모의고사를 실시한 바 있는 이광호 NAKS 부회장을 SAT II 한국어 담당 부회장으로 임명하였다. 미국의 한국어 관련 세 협의회가 마음을 모아 이루어 낸 작품이었다. 진흥재단은 모의고사에 필요한 재정을 담당하고 재미한국학교협의회(NAKS)와 미주한국학교 연합회는 출제위원이 되어 함께 노력한 결과, 1997년 4월 19~20일 제1회 SAT II 한국어 모의고사는 전국 265학교에서 4,815명이 응시하는 성과를 거두었다(별첨 통계자료 참고).

1997년부터 2014년까지 18년 동안 지속되어 온 모의고사는 실제 시험 응시자들에게 큰 도움을 주는 것으로 평가받는다.

NAKS SAT II 한국어 담당 부회장 (모의고사 총괄)

이광호(1,2회)	남경숙(7,8회)	김대영(13,14회)
이광자(3,4회)	정삼숙(9,10회)	강남옥(15,16회)
김근순(5,6회)	전수경(11,12회)	문윤희(17,18회)

1997년 8월에는 예상문제집(How To Practice For The SAT II Korean Test with Listening)을 500부 발행하였고, 2001년 6월에 제2집, 2005년 5월에 제3집을 발행하면서 꾸준히 연구해 오고 있다. 2002년 5월에 미주 한국학교 연합회와 2003년 9월에는 한국어진흥재단에서도 예상문제집을 출판하여 수험생들에게 도움을 주고 있다. 1997년 11월 1일(첫째 토요일)은 미국의 한인동포사회의 역사적인 날이다. 많은 사람과 단체들이 수고하고 공을 들인 첫 번째 한국어 시험 응시자가 무려 2,447명이었다. 미국 대학위원회에 의하면 예상을 훨씬 뛰어넘는 많은 응시자로 인해 고사장소와 시험 감독관을 배정하는 데 애를 먹었다고 했다.

참고로 2012년 11월 3일에 실시된 16번째 시험 결과, 응시자 수는 3,552명으로 중국어 6,585명, 스페인어 4,898명에 이어 3위였다. 평균점수는 769점으로 중국어가 759점, 스페인어가 670점이었으며, 한국어가 가장 높은 점수를 기록했다 (College Board 의 SAT II외국어 고사 응시상황 비교 참고).

통계로 보는 SAT II 한국어 모의고사

1. SAT II 한국어 모의고사 지역별 응시 상황

번호	지역/연도	'97	'98	'99	'00	'01	'02	'03	'04	'05	'06	'07	'08	'09	'10	'11	'12	'13	'14
01	남서부	157	202	158	130	93	77	116	170	177	121	63	39	76	155	69	88	144	148
02	뉴잉글랜드	74	99	60	51	73	77	77	50	94	90	120	112	157	106	123	101	94	116
03	동남부	144	111	119	100	109	97	138	139	175	141	155	155	206	181	136	168	171	141
04	동북부	1,358	1,204	1,050	786	586	694	606	657	713	643	477	455	468	400	362	266	267	262
05	미시간	82	80	62	35	58	42	58	45	43	58	66	82	78	99	123	91	93	85
06	북가주	464	452	396	285	310	452	515	569	712	600	591	492	349	316	287	260	319	285
07	서북미	410	213	301	160	202	219	167	128	130	127	161	138	146	125	90	143	144	121
08	와싱톤	371	206	197	135	131	146	119	122	102	188	133	168	266	193	154	185	160	92
09	중서부	300	247	182	148	175	209	169	187	191	144	143	71	76	84	85	60	49	47
10	콜로라도	69	40	43	31	23	17	23	29	24	21	21	64	51	36	78	51	33	43
11	플로리다	185	74	64	70	17	33	47	36	19	25	30	38	22	17	10	33	55	34
12	하와이	118	69	72	79	114	102	93	76	79	86	74	46	72	50	57	28	45	33
13	동중부	*	*	*	*	132	174	126	113	92	108	128	116	136	67	80	74	46	52
14	중남부	*	*	*	*	*	*	*	*	*	*	*	37	23	43	41	34	24	12
20	한국학교 연합회	1,083	1,652	929	1,300	1,231	1,411	1,255	1,440	1,792	1,640	1,437	1,050	823	760	703	653	619	575
	합계	4,815	4,649	3,633	3,310	3,254	3,750	3,509	3,761	4,343	3,992	3,599	3,063	2,949	2,632	2,398	2,235	2,263	2,046

참고: 1) 동중부지역협의회는 동북부지역협의회에서 분리되어 2000년에 창립되어 2001년부터 모의고사에 참여되었음.
　　　2) 중남부지역협의회는 중서부지역협의회에서 분리되어 2007년에 창립되어 2008년부터 모의고사에 참여되었음.

2. College Board의 SAT 외국어 고시 응시상황 비교

응시 연도	응시자수						평균점수					
	한국어	중국어	일본어	불어	독일어	스페인어	한국어	중국어	일본어	불어	독일어	스페인어
'97	2,447	3,428	1,174	4,183	1,045	6,543	649	748	627	582	567	574
'98	2,448	3,918	1,070	2,849	907	5,279	751	749	651	599	574	603
'99	2,128	4,297	1,141	2,454	814	4,671	723	746	662	609	604	615
'00	2,220	4,657	1,155	2,500	919	4,872	736	745	669	625	606	614

'01	2,370	4,990	1,270	2,492	938	5,105	746	748	672	625	605	631
'02	2,555	5,113	1,371	2,369	779	4,979	740	752	676	623	611	622
'03	2,826	5,234	1,404	2,457	848	5,308	737	756	675	630	628	638
'04	2,878	4,917	1,303	2,279	751	5,428	745	756	682	627	612	635
'05	3,240	5,062	1,465	2,542	830	5,656	752	758	687	629	631	635
'06	3,888	6,166	1,683	3,358	1050	8,252	754	764	682	621	596	638
'07	4,176	6,542	1,733	2,993	1039	7,794	757	764	687	618	582	644
'08	4,443	6,878	1,732	2,900	949	7,876	760	763	693	624	601	647
'09	4,625	6,896	1,759	2,684	919	7,045	763	763	689	637	609	652
'10	4,540	6,877	1,818	2,700	854	7,152	764	761	688	620	612	653
'11	4,273	7,294	1,966	2,370	770	6,399	767	758	684	646	611	663
'12	3,552	9,585	1,750	2,288	710	4,898	769	759	692	656	614	670
'13	2,986	6,167	1,521	1,972	675	3,868	767	759	688	654	624	668

참고: 1) 위의 통계는 9개의 외국어 중에서 청취력을 요구하는 외국어만을 비교한 것임.
2) 한국어를 택하는 숫자는 매년 증가하고 있음.
3) 한국어의 평균 점수가 2011년부터 중국어보다 높아짐.
4) 미국 고등학교 외국어반 숫자(추정): 중국어반 – 약 1000개, 일본어반 – 약 700개, 한국어반 – 약 70개.

SAT II 한국어 채택의 의의

- 한국어의 중요성을 미국 교육계 및 정부가 인정함으로 국제 언어로서의 위상을 확립하게 되어 한국어의 세계화를 통한 한국의 세계화에 크게 기여.
- 대학에 진학하고자 하는 동포학생들이 높은 점수를 받아 직접적인 혜택을 받을 수 있고, 모국어에 무관심한 자녀들에게 모국어를 배우게 하는 동기 제공.
- 해외에서 한국어 교육의 표준화 및 체계화가 이루어져서 한국어 교육 발전에

크게 기여할 것이며, 일본학이나 중국학의 그늘에서 현저히 낙후되어 있는 한국학 연구와 발전에도 원동력이 됨.

• 주말 한국학교의 질적·양적 발전에 기여할 것이며, 공립학교에 한국어반이 조성되어 타 민족 학생들도 한국어를 제2외국어 과목으로 선택할 수 있는 동기를 부여함.

• SAT II 한국어 채택이라는 대 명분 아래 재미 한인사회가 주도하고 단합하여 힘을 모은 후에, 한국 정부의 적극적인 후원에 힘입어 한국기업이 기금을 기부해서 성공시킨 선례를 남기게 됨.

출제유형

SECTION A LISTENING

<u>Directions:</u> In this part of the test you will hear short spoken selections. You will hear them only once and they are not printed in your test book. After each selection you will be asked one or more questions about what you have just heard. These questions, with four possible answers, are printed in your test booklet. Select the best answer to each question from among the four choices printed and fill in the corresponding oval on your answer sheet.

Now listen to the following example, but do not mark the answer on your answer sheet.

You will hear:

You will see:

What is the woman going to do during the vacation?

(A) Stay home.
(B) Go to Korea.
(C) Go to school.
(D) Study Korean.

Sample Answer

Ⓐ ● Ⓒ Ⓓ Ⓔ

The best answer to the question is (B) "Go to Korea". Therefore, you should select choice (B) and fill in the corresponding oval on the answer sheet. Now listen to the first selection.

334

SECTION B

USAGE

Directions: This section consists of a number of incomplete statements, each of which has four suggested completions. Select the word or phrase that best completes the sentence structurally and logically and fill in the corresponding oval on the answer sheet.

20. 동생이 다섯 _____ 있습니다.

    (A) 개   (C) 장

    (B) 마리   (D) 명

SECTION C

READING COMPREHENSION

Directions: Read the following selections carefully for comprehension. Each selection is followed by one or more questions or incomplete statements based on its content. Choose the answer or completion that is best according to the selection and fill in the corresponding oval on the answer sheet.

미나는 취미가 음식 만드는 것이다. 그런데 한국 요리는 좋아하지만 만들어 본 적이 없다. 동네 도서관에 가 보니 마침 한국 요리 책이 한 권이 있어서 빌리기로 했다. 일 주일 안에만 돌려주면 된다고 했다. 미나는 집 근처에 도서관이 있어서 참 편리하다고 생각했다.

36. What does Mina like to do?

    (A) Read novels
    (B) Dine out
    (C) Cook
    (D) Sew

37. Mina found it convenient to have

    (A) a library in her neighborhood
    (B) Korean food for a week
    (C) her mother share recipes with her
    (D) a Korean restaurant nearby

출제경향

- **Section Ⅰ :** 듣기(Listening Comprehension)
  주로 일상생활에서 쉽게 접할 수 있는 여러 범위의 지식을 짧은 구어체 대화(혹은 독백)나 서술을 듣고 적절한 반응을 고른다.
- **Section Ⅱ :** 용어(Usage)
  문장을 완성하는데 구조나 문법, 어휘, 문맥 등에 비추어 옳은가 혹은 존칭어, 시제, 토씨, 수, 접속어, 조건문, 수식어, 완료형 등을 바르게 쓸 수 있는가를 물어본다.
- **Section Ⅲ :** 독해력(Reading Comprehension)
  독해 내용은 한국어로 하고 질문은 영어로 하며 주로 timetables, forms, advertisements, notes, letters, menus, diaries, newspaper articles 등을 근거로 해서 수험생이 내용중에서 main and supporting ideas의 요점을 이해하는가를 시험해 본다.

시험문제를 만들 때 유의할 점
(Multiple choice-Do's and Don'ts)
① 내용은 늘 학생을 염두에 두라.
② 용어나 표현은 간결하고 분명하게 하라.
③ 한 번에 한 가지만 시험하라.
④ 사용빈도가 낮은 어휘는 사용하지 말라.
⑤ 반드시 한 개의 정답만이 되는가 확인하라.
⑥ 존재하지 않는 단어나 형태는 사용하지 말라.
⑦ 성 차별은 피하라.
⑧ 문화, 종교, 국가적인 편견을 피하라.
⑨ 80-85문항을 60분이 초과하지 않도록 제한한다.
⑩ Section별 문제수는 각 33% 정도로 한다.
⑪ 모든 문항은 선다형(Multiple-choice questions)으로 한다.

STIMULUS MATERIALS WITH THE FOLLOWING CONTENT AREAS ARE APPROPRIATE FOR THIS TEST:

- social amenities/greetings
- time(calendar/clock)
- biographical information
- family relationships
- school
- work
- extra-curricular activities
- travel/transportation
- routines
- food
- clothes
- money
- friends
- social events
- health
- post office
- directions
- weather
- sports
- apologizing
- requesting/refusing
- arguing
- expressing opinion
- likes/dislikes
- hobbies
- entertainment
- phone conversation/messages
- invitations
- shopping/prices
- recreation
- celebrations

첫 번째 시험 출제자 명단(1997년)

The responsibility for test development and administration rests with Educational Testing Service, which works with College Board-appointed committee to develop the SAT II: Korean Language Test. The following people serve on the College Board Korean Language Test Development Committee for 1996-1997

Joe Jungno Ree, Chair	Florida State University, Tallahassee
Lenore Kim Blank	San Francisco Unified School Dictrict
Grace H. Chi	Sunny Hills High School, Fullerton, CA
Mark Peterson	Brigham Young University, Provo, UT
Carol Schulz	Columbia University, New York, NY
Sung-Ock S. Sohn	University of California - Los Angeles

한국어가 SAT Ⅱ 외국어 과목에 포함된 후의 루머

한국어가 SAT 외국어 과목에 포함된 후, 'Korean-American 학생들은 고득점을 받아도 대학당국에서 인정을 해 주지 않는다.', '응시생 수가 적으면 곧 외국어 과목에서 탈락시킨다.', 등의 루머가 생겨 우리를 당황하게 했다. 그래서 College Board 책임자가 출제위원장인 이정노 교수에게 보낸 공문의 전문을 게재한다.

The College Board
45 Columbus Avenue, New York, New York 10023-6992
(212) 713-8000

April 2, 1997

Dr. Joe Jungno Ree
Professor, Florida State University
Department of Modern Languages and Linguistics
Tallahassee, Florida 32308

Dear Joe:

I'm sending this letter in the hope that it will provide the true and accurate information to help combat false rumors that I'm told are being spread about the SAT Ⅱ Korean Test. I'll try to make this as clear as possible.

1.) The College Board is totally committed to the SAT Ⅱ Korean Test. The test is in absolutely no jeopardy of being dropped. That would make no sense. We're putting a great deal of effort and resources into developing this test and into communicating with Korean teachers and students about the test. We've completed a lovely brochure on the test, which has just gone to the printer, and will soon be mailed out to Korean teachers throughout the country. And if anyone needs more reassurance, look at our record. The College Board has not dropped an SAT Ⅱ test in 25 years! Korean is safe.

2.) Colleges will accept SAT Ⅱ Korean Test scores, and will use them in exactly the same way they use other SAT Ⅱ test scores. If students do well on this test, and achieve high scores, this will help them a great deal in the college admissions process. Colleges that require applicants to submit SAT Ⅱ test scores, like the University of California, typically use those scores in an admissions formula. The college may require students to take specific tests (e.g., Writing and two tests of the student's choice), but the scores are simply added together -- regardless of which tests are being used.

3.) How well a student scores on the SAT I will not affect how a college views their score on SAT Ⅱ Korean; nor will their score on SAT Ⅱ Korean affect how a college views their scores on SAT I. The two tests are totally independent measures of a student's potential to succeed in college.

Joe, I hope this helps, and thank you so much for trying to get out useful, accurate information.

Sincerely,

Brian O'Reilly
Director, SAT Program

3 한국어정규과목채택추진회

이선근

설립 동기

2003년에 이광규 박사님이 재외동포재단 이사장으로 취임한 이후 미국에 출장을 오시면 우리 한국어교육원 사무실에 종종 들르셔서 미국에서의 한국어 교육 현황을 물으시곤 하셨는데, 이사장을 마치고 Connecticut에 있는 동암문화연구소에 1년 동안 연구차 와 계셨을 때도 우리 사무실에 종종 들르셨다. 이광규 박사님이 우리 사무실에 오신 어느 날, 내가 오랫동안 생각해 오면서 우리 한인동포가 해야 할 중요한 사업이 하나 있다고 말씀 드렸다.

미국 대학교 입학시험 외국어과목에 한국어가 있어도 응시생은 거의 대부분이 한국계 학생이니, 미국에서 한국어의 세계화는 아주 어렵다며, 미국 고등학교에 한국어를 정규 외국어 과목으로 개설하는 길만이 한국어의 세계화를 실현시킬 수 있는 방법이라고 말씀을 드렸다. 그리고 이 박사님이 이 일에 직접 참여해 주시고 이 일을 성공시키기 위하여 유능한 분도 찾아 주실 것을 요청 드렸다. 이 박사님은 한국인으로서 한국어의 세계화를 어느 누구보다도 더 원하시던 분이기에 기꺼이 알아보겠다고 하셨다.

얼마 후 현대중공업 부사장으로 현대종합상사 미주사장 및 Korea Society 설립 때부터 직접 참여하셨고 현재도 이사로 계시는 김영덕 박사님을 추천해 주셨다. 이에 용기를 얻어 나도 한국어 교육 발전에 큰 도움을 주고 계신 재미한국학교 동북부지역협의회 회장과 재미한국학교협의회 총회장(후에 이사장도 역임)으로 계셨던 이광호 회장님께 전화를 드려 참여해 주실 것을 요청했다. 이 회장님도 기꺼이 허락해 주셨다.

위의 세 분이 참여하시게 되니 천군만마를 얻은 기분이었다. 그래서 그토록 내가 바라고 바라던 한국어 정규과목 채택 추진회가 설립될 수 있었다. 드디어 미국 고등학교에서 한인 2세, 3세는 물론 타 민족 미국 학생들도 한국어와 한국문화와 역사를 배울 수 있는 정규외국어 과목으로서의 한국어를 개설할 한국어 정규과목채택추진회(Korean Language Association)가 2007년 10월 27일 뉴욕에 설립되었다. 이광규 박사를 고문으로, 김영덕 박사와 재미한국학교협의회 이광호 회장, 뉴욕한인회 이세목 회장, 이렇게 세 분을 공동 회장으로, 한국문화연구재단 이선근 원장이 사무총장으로 각각 선출되었다.

한국어는 미국에서 1970년대부터 주말 한국학교와 대학교에서만 가르쳐 왔는데, 마침내 한인 동포들의 노력으로 1997년에 한국어가 미국 대학입학시험의 외국어 과목(SAT II)으로 채택되어 첫 해에 2,300여 명이 응시하였고, 그 후로 응시자가 계속 늘어 2009년에는 4,700여 명의 학생이 응시하였다. 그러나 2012년 칼리지보드 발표에 의하면 한국어 시험 응시자가 3,500여 명이다. 그런데 응시자의 대다수가 한인 1.5세나 2세들이었다. 비 한국계 학생 응시자는 아주 적은 수였다. 국제 언어로서의 한국어가 정착되기는 쉽지 않은 실정이었다.

2004년, 조지 부시 대통령이 6개 특수 언어(한국어, 중국어, 일본어, 아랍어, 스페인어, 러시아어) 육성 지원책을 발표한 후 일본은 Japan Foundation을 통해 미국 주요 주 교육청에 일본어를 정규 외국어 과목으로 채택해 주도록 요청했으며, 뒤이어 중국도 Hanban이라는 기관을 통해 미 정부와 주정부를 상대로 정규 과목 채택운동에 가담하여 명실공히 무기 없는 문화전쟁이 시작되었다. 지난 수년 사이에 중국어는 1,000여 개 고등학교에, 일본어는 750여 개 학교에 정규 외국어 과목으로 채택되었다. 이에 비해 한국어는 100여 개 미만의 학교밖에 안 되었다. 이런 현실을 극복하고 한국어를 미국학교에서 국제 언어로 만들기 위해 그동안 한국어정규과목추진회는 한국어교사 양성과 정규 외국어 과목 한국어반 개설을 주요 사업으로 설정하고 지금까지 많은 노력을 해왔다. Rutgers University 에 단기 한국어 교사 양성과정 개설 추진, 한국어교사 양성을 위한 기금 모금, 중고등학교에 한국어반 개설, 한국어 교육자 연수회 실시, 사물놀이 세트 지원 사업 등을 단계적으로 추진해 왔다.

2008년에 뉴저지에 있는 Rutgers University에 단기 한국어교사 양성과정 개설을 추진했으며, 5명의 장학생을 선발하여 장학금을 지원했고, 그중 두 명이 2010년에 Palisades Park High School에서, 그리고 2011년에는 Ridgefield Memorial High School에서 한국어를 정규 외국어 과목으로 가르치게 되었다. 그러나 미국 중·고등학교에서 외국어 과목으로 채택된 중국어나 일본어에 비하면 한국어반은 그 수가 턱없이 적은 실정이다.

한글이 세계 문자 올림픽에서 당당히 금상을 받아 그 우수성을 세계적으로 인정받고 한국이 경제 강대국 서열에 들어가 있는 이 시점에서, 한국어가 인류의 소중한 문화유산으로 세계의 모든 사람들이 함께 누리는 언어가 되도록 추진회는 최선을 다하고 있다. 한국어정규과목추진회가 그동안 뉴욕 메트로폴리탄 지역에 있는 우리 한인동포들의 정성어린 도움과 한국정부의 지원으로 추진해 온 사업은 아래와 같다.

추진사업

1. 한국어 교사 자격증 획득을 위한 단기 교육 실시

그 당시 중고등학교에서 TESOL이나 다른 과목 교사자격증을 갖고 한국어

를 가르치고 있는 교사(그 당시 한국어 교사자격증이 없는 교사)와 사범학교에서 TESOL 학과에 재학하고 있는 학생 등 한국인 5명을 장학생으로 선발하여 Rutgers 대학교 사범대학원과 협의를 거쳐 2008년 9월 학기부터 단기 한국어교사 양성 프로그램 과정에 입학하여 2년 동안 수업을 이수토록 하였다. 한편 추진회는 뉴저지 주 교육청에 다른 외국어 교사자격증처럼 한국어 교사자격증도 발급해 줄 것을 요청했다. 드디어 2010년에 뉴저지 주 교육청을 통해 황정숙 교사와 원지영 교사가 한국어교사 자격증(제1호, 제2호)을 취득하였다. 뉴욕에 거주하고 있는 조미경 교사, 이지선 교사, 김지선 교사는 현재 뉴욕 주 교육청에 서류를 제출하고 수속 중이다. 2013년 9월에 모집한 한국어교사 양성프로그램 장학생 선발에서는 김민정, 박찬미, 이명진, 세 사람이 장학생으로 선발되어 2014년 봄학기부터 Rutgers 대학교 사범대학원에 입학하여 수강하고 있다.

2. Palisades Park High School 한국어반 개설

한국어정규과목추진회가 추진한 사업 중에 가장 중요한 것이 미국 고등학교에 정규 외국어 과목으로 한국어반을 개설하는 것이다. 2010년, Palisades Park 학군 교육감을 만나 2년 동안 교사봉급을 지원해 주는 조건으로 한국어반 개설에 합의를 보았다. 동포들의 후원으로 모금한 후원금 25,000달러와 한국정부가 지원해 준 25,000달러를 학교 측에 전달하여 2010년 9월 학기에 뉴저지 주에 처음으로 한국어반이 개설되었다. 황정숙 한국어 교사가 맡은 한국어반이 개설된

첫 학기에는 학생이 27명밖에 없었으나, 3년이 지난 2013년 9월 학기에는 한국어반이 5개로 늘어나고 115명이 한국어를 배웠다.

3. Ridgefield Memorial High School 한국어반 개설

2011년, Ridgefield Memorial High School에서도 한국어반 개설 의사를 전해와 Dr. Robert Jack 교육감을 만나 협의를 거쳐 2년 동안 교사봉급을 지원해 주는 조건으로 한국어반 개설에 합의를 보았다.

2011년 9월 학기에 동포들로부터 받은 후원금 25,000달러와 한국정부의 지원금 25,000달러를 학교에 전달하고 한국어반을 개설하였다. 원지영 한국어 교사 밑에서 36명의 학생이 등록하여 한국어

반에서 공부를 시작했으며, 2년이 지난 2013년 9월 학기에 83명의 고등학생과 34명의 중학생, 총 117명이 한국어를 배웠다.

4. 한국어 교육자연수회 개최

2008년 11월, 한국어 교육의 질을 향상시키기 위하여 뉴욕과 뉴저지 주에 있는 초·중·고등학교 및 대학교의 한국어 교육자들을 대상으로 제1회 한국어교육자연수회를 개최하였다. 유능한 한국어 전문 강사들을 초빙하여 한국어 문법, 새로운 언어교수법, 효과적인 학습지도, 한국어 교육을 위한 문법이론 습득 등을 강의하였다. 한국어정규과목추진회 주최, 한국문화연구재단 주관, 뉴욕총영사관과 뉴욕문화원이 후원을 하였다. 강사는 이종숙 교수(헷갈리기 쉬운 한글맞춤법 공부), 이현규 전임강사(한국어 교육자료 개발), 서윤정 박사(한국 문화와 풍습교육), 이선근 박사(효과적인 한글 자모 교육), 이정혜 교사, 이지선 교사, 조미경 교사(효과적인 학습지도 발표)였고 수강자는 48명이었다.

5. 사물놀이 세트 지원

2011년부터 한국어반이 개설되어 있는 뉴욕 메트로폴리탄 지역 미국 고등학교에 한국의 고유한 문화를 소개하는 한편, 한국어반 활성화를 위해 사물놀이 세트 지원 사업을 시작하였다. 한양문화재단(한혜진)과 재외동포재단(김경근 이사장)에서 기증한 사물놀이 세트를 Palisades Park High School, Ridgefield Memorial High School, High School of Language and Innovation, 그리고 International Leadership Charter High School의 한국어반에 기증하였다. 사물놀이 팀이 조직된 학교에서는 사물놀이 팀이 교내외 행사에 특별출연을 하며 좋은 반응을 받고 있다.

6. 다도 체험과 한국 전통차 소개

한국어반 활성화의 일환으로 2008년부터 한국 전통 녹차와 전통 다기 세트, 그리고 다도 교육을 위한 동영상을 준비해 고등학교를 방문, 한국어반 학생들에게 한국 전통차를 소개하고 다도 체험도 할 수 있는 차 시음회 시간을 가지고 있다. 뉴욕 브롱스에 있는 MS 142 중학교를 시작으로, East-West School for International Studies, Fordham Leadership Academy, High School of Language and Innovation, Palisades Park High School, Ridge-field Memorial High School의 한국어반 학생들이 다도 체험의 시간을 가졌다.

향후 추진 사업

1. 고등학교 정규 한국어반 개설 확장 및 유지

한국어의 보급을 위하여 미국 고등학교에 한국어를 정규외국어로 채택시켜 한인 후손들은 물론 미국 학생들에게도 한국어를 가르치고 한국문화와 역사, 풍습을 가르쳐야 한다. 추진회가 조사한 한국어반 개설 가능 학교는 현재 뉴저지 버겐 카운티 지역 학교들과 뉴욕시 학교들이다. 한국정부에서도 2010년부터 한국어반 개설 학교에 재정지원을 하고 있어 몇 년만 더 모금운동을 한다면 그 다음부터는 재정지원이 없어도 미국 정부 지원으로 한국어반 개설이 가능하게 될 것이다. 한국어반이 개설된 후에도 유지를 잘 하기 위해 교사연수, 문화교육 자료 개발 등 다양한 방법으로 적극적으로 계속 후원할 계획이다.

2. 한국어 교사 양성을 위한 장학금 모금 운동

한국어반 개설을 위하여서는 한국어교사 양성이 절대적으로 필요하다. Rutgers 대학교에는 이미 대학원 과정에 한국어 교사양성 프로그램이 있지만 한국정부의 지원을 받아 한국어 교사양성 프로그램이 정규 프로그램이 되도록 추진할 계획이다. CUNY Queens College 대학원 과정에도 한국어 교사양성 프로그램 개설을 추진하고 있다. 여기에 우수한 학생들을 유치시키기 위하여 장학금이 필요하다. 이를 위해 추진회는 한인 동포들을 대상으로 언론의 도움을 받아 신문 기사나 방송인터뷰를 통해 그동안 모금을 해왔으며, 2012년 8월 30일에는 뉴저지 Fort Lee 소재 풍림연회장에서 제1회 한국어반 개설추진 및 한국어교사 양성기금 모금 만찬회를 개최하여 53,000달러를 모금하였다. 그리고 2013년 11월 9일에는 뉴저지 소재 나비박물관에서 제2회 한국어반 개설 및 한국어교사 양성 기금모금 만찬회를 개최하여 31,900달러를 모금하였다. 앞으로는 더 많은 한국어교사 양성과 더 많은 한국어반 개설을 위하여 현지 모금 사업과 더불어 미국 기업이나 한국 대기업, 그리고 한국정부의 지원을 받을 수 있는 길을 모색하려고 한다.

3. 한국어 교육자 연수회 실시

한국어 교육의 질을 향상시키기 위하여 뉴욕과 뉴저지 주에 있는 초·중·고등학교 및 대학교의 한국어 교육자들을 대상으로 한국어 교육자 연수회를 정기적으로 열어 효과적인 교수법, 한국어 문법, 새로운 언어교수법, 교육 현장에서 얻은 산 경험 등을 강의와 토론을 통해 새로운 교수법

을 배우고, 서로 좋은 정보를 나누고 격려하여, 한국어 학습현장에 바로 적용하는 데에 도움이 되는 연수회 자리를 다시 마련하려고 한다. 제2회 한국어 교육자 연수회를 금년에 개최하기로 하고 일자와 장소를 곧 결정하여 준비를 시작할 것이다.

4. 비 한국계 대상 한국어 백일장 및 말하기 대회 주관

한국어를 배우고 있는 비 한국계 고등학생과 성인을 대상으로 한국어 백일장과 말하기 대회를 개최하여, 그동안 배운 한국어 실력을 점검하는 한편, 자신감과 성취감을 갖는 계기가 되도록 하고, 학생들 스스로가 한국어의 우수성과 자랑스러운 한국문화를 알리는 홍보대사의 역할을 할 수 있도록 하려고 한다. 이를 위해서는 체계적으로 행사를 주관하는 기관이 필요하다. 지금까지 뉴욕한국문화원과 한국문화연구재단이 공동으로 2010년부터 이 행사를 주최하여 왔는데 금년 제4회 대회부터 한국어 정규과목추진회가 주관을 맡아 이 뜻있는 행사를 더 성공적으로 개최할 수 있도록 노력하려고 한다. 백일장 대회의 참가 대상은 뉴욕, 뉴저지, 커네티컷 그리고 펜실베이니아 4개 주에 있는 대학생, 대학원생 그리고 일반 성인과 고등학교 학생으로 비 한국계여야 한다. 개최 일자는 2014년 10월 10일이다.

5. 사물놀이 세트 지원 및 사물놀이반 활성화

앞으로도 계속해서 각 학교의 한국어반에 사물놀이 세트 지원사업을 추진해 나갈 것이다. 또한 한국 정부에서 재정지원을 받아 사물놀이팀 조직과 전문 강사 파견에 힘쓰고, 교내 행사는 물론 지역학군 행사, 추석행사, 한국퍼레이드 등에도 참여토록 지원하여 한국 문화를 체험하고 미국에 한국문화를 알리는 기회를 마련하려고 한다.

한국어반 현황과 교사 동정

1. Palisades Park High School

Palisades Park High School의 한국어반은 한국어정규과목채택추진회에서 2년간 지원하기로 하고 2010년 9월 학기에 신설되었다. 황정숙 교사가 정식 교사로 채용되어 열심히 수고한 끝에 한국어반이 안정기에 접어들었다. 한국어반에 한국정부의 지원도 점차 늘었고 학교의 협조도 늘고 있고 학교의 협조도 적극적으로 바뀌어 한국어가 학교의 중요한 외국어로 자리 잡아가고 있다.

2013년, 한국어반은 8학년에서 12학년까지 총 6개 반이 운영되고 있는데, Korean 1,2,3반에 이어 2013년 가을학기에 새롭게 Korean 4 고급반도 신설되었다. 이탈리아어, 프랑스어, 스페인어, 한국어를 외국어과목으로 개설하고 있는 Palisades Park High School은 전체 학생 수가 560명인데 그중 115명이 한국어를 배우고 있다. 한인학생이 70%, 타 민족 학생이 30% 정도다.

Palisades Park High School의 한국어반에서는 한국문화 수업도 진행하고 있으며 앞으로 더 늘릴 예정이다. 우수학생을 위한 Korean Honor Society도 만들어 운영되고 있다. 또한 한국어반 학생을 중심으로 Hope Club이라는 방과후 클럽을 만들어 다양한 한국문화 공연을 준비하고 있다. 사물놀이, 태권도, 댄스팀, K-POP팀 등을 만들어 학교 행사인 탤런트 쇼에도 나가고 있다. 학기 말에는 기금 모금 Hope Club Concert도 개최하여 Palisades Park High School 학생들에게 해마다 소정의 장학금도 지급하고 있다. 그리고 한국어반에서는 한국 정부에서 실시하는 TOPIK(한국어 능력시험)과 SAT II Korean 모의고사에 학생들이 응시하도록 하고 있으며, 한국어 백일장대회, 한국어 시 낭독대회 등 다양한 행사에 학생들이 참여하도록 격려하고 있다.

2014년에는 Honor Society를 개설하여 3년 이상 한국어를 선택한 학생 중 학업 성적이 우수한 학생 8명을 선정하였다.

2. Ridgefield Memorial High School

Ridgefield Memorial High School의 한국어반은 원지영 교사가 담당하고 있다. 2011년 9월에 4개 학급으로 시작된 한국어반은 이듬해인 2012년에 고등학교 한국어반과 더불어 초등학교에까지 외국어로 신설되었다. 초등학교 3, 4학년 전체가 이 주일에 한 시간씩 한국어를 공부하게 되었다. 2013년 현재, Ridgefield 학군에는 총 117명의 학생이 9개의 학급에서 공부하고 있는데, Slocum Skewes 중학교에 2개의 한국어반이 있고, 고등학교에 7개의 한국어반이 있다. 또한 지난해에는 미국에서는 처음으로 이 학교에 Korean Honors Class가 만들어졌다.

2014년에는 한국어 고급과정에 해당하는 4 Honor Korean Class가 새로 개설되어 Korean 1부터 Korean 4 Honor까지 한국어를 체계적으로 공부할 수 있게 되었다. 2013년에 만들어진 Korean Honor Society에는 전 과목 평균 성적이 B학점 이상, 한국어반 성적 A 이상인 학생만이 등록할 수 있다. Korean 4 Honors반 학생들은 대학교 학점까지 함께 얻을 수 있다. 한국어반 개설 이후 지난 2년간 한국어반에 등록하는 학생은 꾸준히 증가하고 있으며 특히 타 민족 학생들도 늘고 있다. Ridgefield Memorial High School의 한국어반 수업은 한국어와 한국문화를 접목한 수업으로 진행되고 있으며, 특히 한국의 예의범절을 배워 실생활에서도 지키는 것을 한국어반의 기본규칙으로 하고 있다.

3. High School of Language and Innovation

한국어정규과목채택추진회의 제1기 장학생인 조미경 교사는 2004년 9월부터 Bronx의 142중학교에서 2010년 6월까지 한국어를 정식 과목으로 가르쳐 왔다. 당시 Alan Borer 교장의 지도 아래 142학교를 포함하여 4개의 초등학교와 1개의 고등학교에서 한국어를 보급할 목적으로 연방정부의 지원금 45,000달러를 얻어 3년 동안 여섯 학교에 한국어반이 운영되었다. 현재 조미경 교사는 High

School of Language & Innovation으로 옮겨 3년간 9학년과 10학년 학생을 대상으로 한국어를 가르치고 있다.

4. Democracy Prep Charter High School

한국어정규과목채택추진회의 장학금을 받은 강리아 교사는 Rutgers 대학교 사범대학원을 졸업하고, 뉴저지주 교육청에서 한국어교사 자격증 제4호를 받고 2013년부터 Democracy Prep Charter High School에서 한국어를 가르치고 있다. 이 학교는 한국 학생이 한 명도 없는 학교로 4명의 한국어 교사가 재직하고 있으며 9학년부터 11학년까지 전교생이 한국어를 매일 55분 동안 필수 외국어 과목으로 배우고 있으며, 학생들의 성적이 좋아져 뉴욕시 교육청으로부터 주목을 받고 있으며, 한국 언론의 집중 보도를 통해 한국에서도 주목을 하고 있다. 강리아 교사는 현재 9학년을 맡고 있으며 120명의 학생을 가르치고 있다.

결론

한국어정규과목채택추진회는 미국 중·고등학교에 한국어반을 개설하여 한인 2,3세들과 비 한국계 미국학생들에게 한국어와 한국 역사 및 문화와 풍습을 가르쳐 주기 위하여 설립한 비영리단체이다. 미국 대학교에 한국어교사 양성프로그램을 만들어 우수한 한국어교사를 양성하여 한국어반에 보내 주고, 연수회를 개최하여 교사들이 더 우수한 교사가 되게 하며 한국어반을 활성화시키기 위하여, 한국문화와 관련된 여러 가지 행사를 지원해 주고 있다. 앞으로 수백 개의 고등학교에 한국어반을 개설시키는 일에 앞장설 것이며, 자랑스러운 한국어와 반만 년의 한국역사 그리고 훌륭한 한국 문화를 미국에 심어주는 일에 일조하는 단체가 될 것이다.

한국어정규과목채택추진회 연혁

2007년 8월 31일	한국어정규과목채택추진회 발기 모임과 이광규 박사 초청강연회
10월 20일	한국어정규과목채택추진회 창립 총회 개최 공동회장: 김영덕 박사, 이광호 회장, 이세목 회장, 고문: 이광규 박사 사무총장: 이선근 박사, 후원회장: 서진형 회장
2008년 1월~5월	한인고등학생들을 위한 강연회 개최 Danny K. Chun, Mayor Joon Choi, 이광규 박사, Anchor Juju Jang, Bill Hwang
1월 25일	뉴저지 한인 교육위원 초청 간담회
3월 5일	미국 대학교 한국어 교수 초청 간담회
5월 7일	박준구 국제교류재단 기획이사와 NYU Frank Tang 교수초청 간담회를 하고 NYU에 한국어교사 양성프로그램을 개설키로 원칙적 합의
4월 23일	Rutgers University Mary Curran 교수와 유영미 교수 예방 한국어교사 자격증 과정 개설 요청, 2008년 9월 학기부터 개설키로 합의
8월 1일	한국어교사자격증 과정 장학생 선발 김지선, 원지영, 이지선, 조미경, 황정숙(2년 등록금 $55,000 모금)
11월 28일	제1회 한국어교육자연수회 개최 강사: 이종숙 교수, 이선근 박사, 이현규 교수, 이정혜, 이지선, 조미경 교사
2009년도	정기총회에서 회장단 선출 공동회장: 김영덕·이광호·하용화, 고문: 이광규, 사무총장: 이선근
12월 3일	김영덕 회장, 이광규 고문, 이선근 사무총장, 한국브랜드위원회, 교육과학기술부 재외동포교육과 예방하여 미국 중고등학교 한국어반 개설지원 요청
2010년 4월 29일	Palisades Park 고등학교에 한국어반 개설 합의 Dr. Mark Hays 교육감이 한국어반 개설 결정 발표
5월 7일~18일	한국어반 개설을 위한 모금 전개하여 $61,560 모금
5월 20일	Palisades Park 고등학교 한국어반 개설 지원금 전달 (추진회 $25,000, 한국정부 $25,000)
9월 학기	Palisades Park High School 한국어반 시작
4월 28일	CUNY Queens College 부총장을 예방하여 2011년 봄학기부터 한국어 교사 양성 프로그램 개설하기로 합의

2011년 8월 1일	Palisades Park High School 한국어반 제2차연도 지원금 전달 (추진회 $40,000, 한국정부 $10,000)
7월 1일~8월 30일	Ridgefield Memorial High School 한국어반 개설 (모금운동 $41,000 모금)
9월 6일	Ridgefield Memorial High School 지원금 전달 (추진회 $25,000 한국정부 $25,000)
9월 5일	Ridgefield Memorial High School 한국어반 수업 시작
12월 5일	후원자 감사 만찬회 개최
2012년 8월 30일	뉴저지 Fort Lee 소재 풍림연회장에서 한국어반 개설추진 및 한국어 교사 양성기금모금 만찬회를 개최하여 $53,000 모금
2월 22일	한국어반 활성화를 위해 High School of Language & Innovation에 사물놀이세트를 기증
4월 30일	Rutgers 대학교 사범대학원에서 한국어를 전공하는 강리아 학생에게 장학금 $5,000 지원
9월 29일	제2차 한국어교사 단기양성과정 장학생 선발(김민정, 박찬미, 이명진)
11월 9일	뉴저지 소재 나비박물관에서 제2회 한국어반 개설 추진 및 한국어교사 양성기금모금 만찬회를 개최하여 $31,900 모금

한국어정규과목채택추진회 현황

- 창립 연도: 2007년 10월 20일
- 회장: 김영덕
- 사무총장: 이선근
- 주소: 38 West 32nd Street, #1112, New York, NY 10001
- 연락처: 사무총장 이선근 212-563-5763, 347-229-3723
- 이메일: leeklc@hotmail.com
- 임원 수: 14명

4 동서국제학학교(East-West School of International Studies) 한국어반

이정혜

개요

동서국제학학교(East-West School of International Studies-281Q25, 46-21 Colden Street, Flushing, NY11355, tel: 718-353-0009)는 퀸즈 지역 플러싱에 위치하고 있으며 중학교 6, 7, 8학년과 고등학교 9, 10, 11, 12학년이 있으며 각 학년마다 3반씩이 있고, ESL 학생과 특수교육 학생들을 합하여 약 640명이 재학하고 있다. 교사와 보조 직원을 합하여 약 45명 정도가 학생들의 교육을 담당하고 있다.

뉴욕시 교육청의 학교 구조조정 정책에 따라 small school들이 많이 설립되었는데 동서국제학학교도 아시아 교육을 특수화한 학교로 인가를 받아 2006년에 설립되었다. 그래서 이 학교에서는 외국어는 한국어, 중국어, 일본어, 세 가지만 가르친다.

처음 3년간은 중학생들도 한국어1, 한국어2, 한국어3이 있었으나, 8학년 학생 수의 반 정도가 졸업 후 특수학교나 타교로 진학하는 바람에, 본교로 진학하는 학생들의 고등학교 과정에서 외국어반 학급을 구성하는 데 어려움을 겪었다. 그래서 현재는 중학교 7학년 학생 전부가 한국어1을 수강하게 되었다. 참고로 6학년 학생들은 일본어를, 그리고 8학년 학생들은 중국어를 1년씩 배우고 졸업을 한다.

이렇게 정착되기까지 한국어반은 우여곡절을 겪었다. 학교가 생긴 지 3년차

되던 해에 갑자기 교장 선생님께서 한국어반을 없애겠다고 하였다. 예산 삭감이 그 이유였다. 그런데 개인적인 시각으로는 프로그램을 짜는 데 문제가 더 많았던 것 같다. 그래서 당시 한국어 교사였던 이정혜 교사가 당장 한인 사회에 알리고 뜻있는 한인사회 지도자들을 모아 대책위원회를 조직하였다. 뉴욕한인교사회가 적극적으로 동참하였고, 김인자 전 교육위원이 대책위원회 회장을 맡았다. 이정혜 교사는 교사로서 뉴욕한인회 전 회장으로서 한인 사회를 잘 아는 정치가들을 만나 상황을 설명하고 선처를 희망하는 편지를 전달했다. 그리고 그 당시 하용화 뉴욕한인회 회장을 비롯하여 정승진, 론 김, 케빈 김, 존 최 등 한인사회의 정치가 지망생들이 개인적으로 또는 학교 행사 때에 학교를 방문해서 우려를 표명함과 동시에 학교를 도와줄 방법 등을 교장 선생님과 의논하였다. 그리하여 약 두 달 반 만에 교장 선생님은 한국어반 폐지 계획을 철회하였다.

연혁

2006년 개교 이후부터 2014년 현재까지 정규수업으로 한국어반이 운영되고 있다.

학사일정

- 중학교: 7학년 학생 전부가 3반으로 나뉘어 한국어1을 일주일에 3번씩 수강.
- 고등학교: 한국어1, 한국어2, 한국어3이 각각 한 반씩 있으며
  각 반마다 주 5회 수업.
- 한국어 3은 리전츠 준비반으로서 수강 학생들은 리전츠 졸업장에 필수인 리전츠 시험을 통과해야 한다. 지금까지는 적어도 85% 이상 합격률을 보여 왔다.

교과목, 특별활동

- 한국어반은 모두 6반이며 한국어 수업과 더불어 한 학기에 2~3회씩 수업 중 한국음식을 만든다.
- 반드시 문화 수업을 정기적으로 실시한다.
- 리전츠 합격을 위한 보충 수업을 운영하기도 한다.
- 특별수업: 외부에서 전문가 강사를 초청해 한국의 전통음악이나 K-Pop 강연, 전통차 강연, 한국 음식 강연, 인형극 공연, 탈춤 강연, 문학 강연, 민화 강연, 보자기 강연, 사군자 그리기, 전통 공예 만들기 등.
- 매 학기당 1회 이상 현장학습(인근의 한국 슈퍼마켓, 한국음식점, 메트 뮤지엄, 삼성 전시관, 맨해튼의 코리아 타운, 이영희박물관, 뉴욕한국문화원, 코리아 소사이어티 등).
- 코리안 퍼레이드 참여.
- 풍물 수업: 7학년 3개 반, 주 2회 정규 음악수업으로 실시.
- 방과 후 특별활동: 동양화반, K-Pop 댄스 반, 코리안 클럽 등.
- 여름 캠프: 여름 방학 동안에는 교사와 학생들의 모금을 통한 소수의 학생들이 한국에서 하는 여름 캠프에 참가함.
- 한국어 장학금: 졸업 시에 소정의 한국어 장학금을 지급.

학생 상황

한국어반 학생은 약 150명 정도이며 이 중 95% 정도가 비 한국계 학생이다. 학년별로 보면 7학년이 약 90명, 9학년이 30명, 10학년 15명, 11학년과 12학년이 합하여 15명 정도이다.

조직

한국어 교사는 두 명이다. 한국어반은 외국어 분과에 속해 있다.

재정(수입 및 지출, 특히 교사 대우)

교사들은 뉴욕 주 한국어 교사자격증을 소지하고 있는 정규 교사로서 뉴욕시 교육 공무원으로서 봉급은 뉴욕 시로부터 받고 있다. 그러나 방과후 활동 운영비 및 특별수업 강사료, 재료비 등 봉급 이외의 비용은 한국어반 활성화를 위한 기금으로 충당한다.

학교자랑(성공사례)

지금까지 짧은 학교 역사에도 불구하고 한국어반 학생 출신이 두 명이나 졸업 연설을 맡았고 한국어반에서 6년간 공부한 한 학생은 학교 역사상 최초로 아이비리그 학교에 입학하기도 했다. 2011년 1월 13일 한국의 날 기념행사에서 10명의 비 한국계 한국어반 학생들이 애국가를 불렀다. 2010년 국제국악경연대회에서 우리학교의 학생들이 비한국계 부문에서 장려상을 받았고, 2012년에는 K-Pop 댄스경연대회에서 우수상을 받았다. 한국어진흥재단이 주관한 에세이 콘테스트에서 해마다 수상했으며, 2013년에는 비 한국계 대상 쓰기 대회에서 12학년 학생이 1등상을 받기도 했다. 현재는 12학년 학생 두 명이 한국으로 유학가기를 희망하고 있다.

동서국제학교의 다양한 한국체험

2012년 5월 25일 – 동양화 그리기

2013년 10월 5일 – 뉴욕한인회 주최 맨해튼 '코리안 퍼레이드'

2013년10월8일 플러싱 소재 한양마트 현장학습

편저자 소개

이광호

　대구 대륜고등학교 영어교사로 재직 중 경북도교육위와 미국의 고향장학회 공동주관으로 선발한 영어교사 미국연수 프로그램 선발시험에 수석 합격, 1980년 뉴저지 주 소재 Vail Deane School에서 수학한 후 귀국하였다. 다시 유학을 오게 되어 Montclair State University 대학원에서 영문학과 교육학을 전공하면서 1985년 에리자베스한인교회 부설 한국학교 창립에 기여 하였다. 재미한국학교 동북부협의회 창립(1985년)부터 참여하여 6대, 7대 회장(1995.10 ~ 1999.9)과 전국협의회 부회장으로 봉사하면서, 미국대학 입학시험 SAT II 외국어 과목에 한국어를 채택 하는 일에 참여했다. 1997년 11월에 시행될 첫 번째 SAT II Korean을 앞두고 모의고사를 창안하여, 1996년 4월에 동북부지역 산하 회원 교를 대상으로 모의고사를 실시하였다. 1997년 7월에 재미한국학교 협의회가 처음으로 발행한 예상문제집의 편찬위원장과 출제위원을 맡았다. 전국협의회 제11대 총회장 재임(2002.9-2004.8)시 한인이민 100주년 기념 학술대회를 하와이에서 성공리에 개최 하였고, 그 후 이사장을(2010.9-2013.8) 역임하며 미국 공립학교에 한국어 과목을 보급하기 위해 '한국어 정규과목 추진회'를 창립해 5년간 공동회장으로 재임했다. 현재 Palisades Park H.S. 과 Ridgefield Memorial H.S.에서 한국어를 정규과목으로 채택하여 한인자녀 뿐만 아니라 미국학생들도 한국어를 배우고 있다. 한국어 관련 외에도 뉴욕 스태튼아일랜드 한인회장, Community Board Member, 뉴저지 한인청소년 센타 공동회장, 민주평화통일자문회의 뉴욕협의회에서 다년간 봉사 하였다.

민병갑

뉴욕시립대학교(The City University of New York) 퀸즈칼리지(Queens College)와 대학원(The Graduate Center) 사회학과에서 석좌교수로 재직 중이며, 퀸즈칼리지에 소속된 재외한인사회연구소의 소장을 맡고있다. 그는 한인 이민자 및 한인 2세들에 관한 다섯 권의 영어저서를 출판하였다. 그의 저서 중 『중간에 끼어서: 뉴욕 및 로스엔젤레스 한인 커뮤니티』는 두 개의 최우수도서상을 받았으며, 또다른 책인 『미국에서 종교를 통해 정체성 유지하기: 한인 개신교와 인도 힌두교의 세대별 비교』도 세 개의 최우수 및 우수도서상을 받았다. 이 밖에 그는 편저자 및 공동 편저자로서 11권의 책을 출판하였다. 그가 가장 최근에 공편저한 도서로는 『젊은 세대 재미한인의 경험: 민족 및 인종정체성에 관한 자전적 이야기』(2014)가 있다. 민병갑은 2012년, 미국 사회학협회의 이민연구분과로부터 '평생공로상'을 수상하였으며, 뉴욕지역 한인단체 및 여러 대학의 연구기관으로부터도 한인 커뮤니티를 위한 그의 노력을 인정받아 다양한 상을 받았다.

박종권

현재 재미한국학교 동북부협의회 수석부회장을 맡고 있으며, 뉴욕한국학교 교감으로 재직 중이다. 88년 도미, 중앙일보 뉴욕지사 근무 및 한민족포럼재단 사무총장, [월간 한민족] 편집인을 역임하며 오랜기간 해외동포사회 문제, 동포 2세 정체성 확립 문제에 천착해 왔다. 중앙일보 재직시 러시아(93년), 중국(98년), 북한(98년)을 방문, 르포기사를 연재해 큰 화제를 낳은 바 있다. 이번 편찬과정에서는 자료위원으로 역사자료수집 및 취재, 인터뷰 역할을 담당했다. 한인커뮤니티를 위한 봉사활동으로는 뉴욕한인기자협회장(93~95), 뉴욕한인테니스협회장(2004~2012)을 역임했다. 2005년 USTA 내셔널테니스센터에 테니스학교를 설립했고, 한인청소년 테니스꿈나무 육성을 위해 장학회를 세우는 한편 2006년부터는 '한국일보배테니스대회'를 개최해 오고 있다. 민주평통 뉴욕협의회 위원장 및 부회장(2005~2009)을 역임했고, 자랑스런 올해의 한인상(뉴욕한인회, 2008.1월), 대통령 표창을 수상(대한민국 정부, 2008년 12월)했다.

오지영

1999년 대구교육대학을 졸업하고 경기도교육청 초등교사로 발령을 받아 안산광덕초등학교, 용인남촌초등학교, 용인신촌초등학교에서 초등교사로 재직하였으며, 2011년 경기도용인교육청 용인심곡초등학교 재직중 미국으로 건너와 10여 년간의 교육 현장경험을 바탕으로, 뉴욕 일대 한국학교에서 2세들을 위한 한국인으로서의 정체성 확립 및 한국어, 한국문화, 역사 등의 교육을 위해 활동하고 있으며, 현재 재미한국학교 동북부협의회 재무임원을 맡고 있다.